2025
ROTC
학사장교

대표유형 + 실전문제

2025
ROTC
학사장교
대표유형
+
실전문제

인쇄일 2025년 1월 1일 4판 1쇄 인쇄
발행일 2025년 1월 5일 4판 1쇄 발행
등 록 제17-269호
판 권 시스컴2025

ISBN 979-11-6941-531-6 13320
정 가 21,000원

발행처 시스컴 출판사
발행인 송인식
지은이 정윤성

주소 서울시 금천구 가산디지털1로 225, 514호(가산포휴) **| 홈페이지** www.nadoogong.com
E-mail siscombooks@naver.com **| 전화** 02)866-9311 **| Fax** 02)866-9312

선발 요소 및 배점

육군 ROTC

구분	계	1차 평가			2차(최종) 평가				
		필기고사	대학성적	수능·내신성적 (선택)	면접평가	한국사	체력평가	신체검사	신원조회
63기	1,000점	220점	100점	250점	300점	30점	100점	합/불	합/불
64기	900점	220점	–	250점	300점	30점	100점		

※ 최종 선발에서 동점자는 면접, 필기, 체력, 대학성적, 수능 · 내신성적 순 상위자 우선 선발
※ 자세한 육군 ROTC 시험 정보는 육군 모집 홈페이지에서 반드시 확인하시기 바랍니다.

해군 학사장교

계	1차 평가				2차 선발		
	필기평가		가산점	신체/인성검사	면접	신원조회
	국사	간부선발도구				
500점	40점	210점	50점	합/불	200점	최종 선발 심의 시 활용

※ 국사(한국사능력검정시험 급수 적용) – 심화 등급: 40점 / 기본 등급(4급: 36점, 5급: 34점, 6급: 32점)
※ 국민체력인증센터 – 1~3등급 받을 시 가산점 부여)
※ 신원조회 서류는 안보지원사 인터넷 홈페이지에서 지원자들이 서류 및 파일 등록
※ 자세한 해군 학사장교 시험 정보는 해군모병센터 홈페이지에서 반드시 확인하시기 바랍니다.

공군 ROTC

계	1차 평가			2차 선발				최종선발 위원회
	국사	대학성적	필기시험	신체/인성검사	체력검정	면접	신원조사	
2학년(52기)	100점	100점	150점	합/불	합/불	25점	적/부	1, 2차 전형결과 종합 선발
1학년(53기)		–						

국사시험 ➡ 한국사능력검정시험 대체

한국사능력검정시험 인증서 취득(1~6급)		간부선발 진행에 인증서 제출		서류전형 평가

▌ 변경 사항

- 국사시험이 군 자체 평가에서 국사편찬위원회의 '한국사능력검정시험'으로 대체
- 한국사능력검정시험 인증서(심화1급~기본6급) 취득 후 지원한 선발 과정에서 서면으로 제출(미제출시 국사 점수는 0점 처리됨)
- 한국사능력검정시험 인증서 유효기간: 서류접수 마감일 기준 4년 이내

▌ 한국사능력검정시험 인증서 등급별 차등점수

구분	심화 등급			기본 등급		
	1급	2급	3급	4급	5급	6급
ROTC · 학사장교 필기평가	각 선발 과정별 국가시험 배점의 만점			배점의 90%	배점의 80%	배점의 70%

ROTC
학사장교
대표유형
+
실전문제

지적능력평가

▌언어 · 논리력

풍부한 어휘를 활용하여 문장 내에서의 적절한 쓰임에 대한
지식과 이해를 바탕으로 단어의 정확한 의미를 추론해 내는
능력과 문장을 구성하는 능력을 평가하는 문제입니다.

▌자료해석

업무를 수행하는 데 필수적인 기초적 산술지식과 통
계적 지식을 이해하는 능력을 평가하는 문제입니다.

▌공간지각

주어진 지도를 보고 목표지점의 위치와 방향을 정확히 찾아
낼 수 있는 능력을 평가하는 문제입니다.

▌지각속도

시각적인 형태의 세부 항목을 정확하고 신속하게
파악하여 비교 및 대조 등의 처리 과제를 수행하는
능력을 평가하는 문제입니다.

상황판단능력평가 & 직무성격검사

▌상황판단능력평가

인성/직무성격검사에서 측정하기 힘든 직무 관련 상황을
제시하고 각 상황에 대해 어떻게 반응할 것인지 묻는 상황
판단검사입니다.

▌직무성격검사

간부에게 요구되는 인성, 행동(성격특성 파악)을
중점적으로 평가하는 검사입니다.

▌인성검사

원만한 인간관계, 조직에의 적응, 정신질환의 유무, 정서적
안정의 정도를 파악하기 위해 개인이 갖는 다양한 심리적
특성인 성격이나 품성을 검사합니다.

▌지적능력평가 정복을 위한 핵심 다이제스트

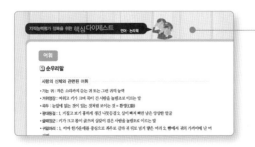

본문에서 다루고 있는 시험문제 외에 알아두면 좋을
언어·논리력, 자료해석의 참고내용을 정리하여 시
험 전에 점검할 수 있도록 하였습니다.

Contents

제1편 지적능력평가

제2편 상황판단능력평가 & 직무성격검사

제3편 인성검사

부록 지적능력평가 정복을 위한 핵심 다이제스트

ROTC · 학사장교

제1편

지적능력평가

군 간부로서 기본적인 직무수행에 필요한 인지능력을 측정하는 검사로 언어 · 논리력, 자료해석, 공간지각, 지각속도의 총 4개 하위검사로 구성되어 있다. 각 하위검사 모두 특별한 암기나 지식 없이도 문제 내에서 생각하여 풀 수 있도록 구성되어 있다.

▶ 언어 · 논리력 : 25문항 20분
▶ 자료해석 : 20문항, 25분
▶ 공간지각 : 18문항, 10분
▶ 지각속도 : 30문항, 3분

Guide 언어로 제시된 자료를 논리적으로 추론하고 분석하는 능력을 측정하기 위한 검사로, 어휘력 검사와 언어논리력(언어추리 및 독해 검사)로 구성되어 있다. 어휘력 검사는 문맥에 가장 적합한 어휘를 찾아내는 문제로 구성되어 있으며, 언어논리력(언어추리 검사와 독해 검사)는 글의 전반적인 흐름을 파악하고 논리적 구조를 올바르게 분석한 것을 고르거나 배열하는 문제로 구성되어 있다.

(1) 어휘력

대표유형

다음 문장의 문맥상 (　) 안에 들어갈 말로 가장 적절한 것은?

> 　문신(文身)은 위치나 형태를 통해 신분의 고하(高下)나 결혼의 유무 등 사회적 신분을 표시하는 기능도 수행하는데 이때 문신하기는 일종의 (　　　)이다. 그러나 문신은 이와 같은 종교적 · 실용적 기능 외에도 미적 기능이 있다.

① 주술　　　　　　　　② 문화　　　　　　　　③ 예술
❹ 통과의례　　　　　　　⑤ 허례의식

신분이나 결혼의 유무 등 사회적 신분을 표시한다고 하는 것은 사람이 어떤 새로운 상태로 넘어갈 때 겪어야 할 의식을 말하는 것으로 문맥상 의미가 연결되는 단어는 '통과의례' 이다.

① 주술 : 초자연적인 존재의 힘을 빌어 재앙을 물러가게 하거나 앞으로 다가올 일을 점치는 행위
② 문화 : 자연 상태에서 벗어나 삶을 풍요롭고 편리하고 아름답게 만들어 가고자 사회 구성원에 의해 습득, 공유, 전달이 되는 행동 양식
③ 예술 : 아름다움을 표현하고 창조하는 일에 목적을 두고 작품을 제작하는 모든 인간 활동과 그 산물을 통틀어 이르는 말
⑤ 허례의식 : 형편에 맞지 않게 겉만 번드르하게 꾸밈. 또는 그런 예절이나 법식

풍부한 어휘를 갖고, 이를 활용하면서 그 단어의 의미를 정확히 이해하고, 이미 알고 있는 단어와 문장 내에서의 쓰임을 바탕으로 단어의 의미를 추론하고 의사소통 시 정확한 표현력을 구사할 수 있는 능력을 측정한다. 일반적인 문항 유형에는 동의/반의어 찾기, 어휘 찾기, 어휘 의미 찾기, 문장완성을 들 수 있는데, 많은 검사들이 동의(유의)/반의어, 또는 어휘(의미)찾기를 활용하고 있다.

01~10 다음에 제시된 문장의 문맥상 ( ) 안에 들어갈 단어로 가장 적절한 것을 고르시오.

01

사실 초봉이는 승재를 못 잊어하는 ( )이(가) 있기는 있으면서도, 이 새로운 생활환경이 불만인 것은 아니었다.

① 번뇌(煩惱)　　　② 환희(歡喜)　　　③ 행복(幸福)

④ 만족(滿足)　　　⑤ 충족(充足)

> **해설** 번뇌(煩惱)는 마음이 시달려서 괴로워함을 의미한다.
> ② 환희(歡喜) : 매우 기뻐함. 또는 큰 기쁨.
> ③ 행복(幸福) : 생활에서 충분한 만족과 기쁨을 느끼어 흐뭇함.
> ④ 만족(滿足) : 마음에 흡족함.
> ⑤ 충족(充足) : 넉넉하여 모자람이 없음.

02

그는 병역을 ( )한 혐의로 조사를 받고 있다.

① 거피(去皮)　　　② 기피(忌避)　　　③ 도피(逃避)

④ 면피(免避)　　　⑤ 외면(外面)

> **해설** '기피'는 '꺼리거나 싫어하여 피함'을 의미한다.
> ① 콩, 팥, 녹두 등의 껍질이나 소, 돼지, 말 등의 가죽을 벗김
> ③ 도망하여 몸을 피함
> ④ 면하여 피함
> ⑤ 마주치기를 꺼리어 피하거나 얼굴을 돌림

03
사태의 심각성 때문에 국민의 감정이 ( )되었다.

① 고양(高揚) 　　　② 고조(高調) 　　　③ 배양(培養)

④ 격양(激揚) 　　　⑤ 증진(增進)

해설 '고조'는 '감정이나 사상, 세력 등이 한참 무르익거나 높아짐(또는 그런 상태)'을 의미한다.
　① 정신이나 기분 등을 북돋워서 높임
　③ 식물을 북돋아 기름 또는 인격·역량·사상 따위가 발전하도록 가르치고 키움
　④ 기운이나 감정 등이 세차게 일어나 들날림
　⑤ 기운이나 세력 등이 점점 더 늘어 가고 나아감

04
• 그는 자신의 지위와 ( )하는 대우를 요구했다.
• 외교 정책은 중국 사회의 변화에 ( )하여 신축성 있게 전개되어 갔다.

① 부응(符應) 　　　② 대응(對應) 　　　③ 호응(呼應)

④ 상통(相通) 　　　⑤ 상응(相應)

해설 '상응'은 '(~에, ~과) 서로 응하거나 어울리다. 서로 기맥이 통하다'의 뜻을 가진다.
　① 부응(符應) : 어떤 요구나 기대 따위에 좇아서 응함
　② 대응(對應) : 어떤 일이나 사태에 맞추어 태도나 행동을 취함 또는 어떤 두 대상이 주어진 어떤 관계에 의하여 서로 짝이 되는 일
　③ 호응(呼應) : 부름에 응답한다는 뜻으로, 부름이나 호소 따위에 대답하거나 응함
　④ 상통(相通) : 서로 어떠한 일에 공통되는 부분이 있음

Tip 한자어의 이해

한자가 글자 하나하나를 가리킨다면, 한자어는 한자가 모여서 일정한 응결된 의미를 갖고 있어 하나의 덩어리처럼 느껴지는 단위이다. 따라서 한자어에 대한 학습은 그 한자어를 구성하고 있는 개별적인 단어들의 의미에 얽매이지 말고 그것들이 모여 새롭게 형성된 의미를 정확히 이해하고 활용하는 방향으로 해야 한다.

05

우리 경제의 건전성을 확보하기 위해 무엇보다 필요한 것은 경제 단체들과 정치권의 오래된 (   )관계를 조속하게 근절하는 것이다.

① 안착(安着) ② 유착(癒着) ③ 토착(土着)

④ 집착(執着) ⑤ 흡착(吸着)

해설 '유착'은 '사물들이 서로 깊은 관계를 가지고 결합하여 있음'을 의미한다.
① 안착(安着) : 어떤 장소나 신분에 편안하게 자리잡음
③ 토착(土着) : 대를 이어 그 땅에서 살고 있음
④ 집착(執着) : 어떤 일이나 사물에 마음을 쏟아, 버리지 못하고 매달림
⑤ 흡착(吸着) : 어떤 것이 달라붙음

06

지난해 경찰청에서는 300억 원 상당의 물품을 압수하였으며, 그 중 150억 원에 달하는 자동차, 보석류, 컴퓨터 등이 금주 토요일 경매에 (   )될 예정이다. 이 물품들은 모두 상태가 양호하며 당 행사에서 바로 판매될 것이다.

① 낙찰(落札) ② 응찰(應札) ③ 입찰(入札)

④ 상장(上場) ⑤ 회부(回附)

해설 '입찰'은 '상품의 매매나 도급 계약을 체결할 때 여러 희망자들에게 각자의 낙찰 희망 가격을 서면으로 제출하게 하는 일'을 의미한다.
① 경매나 경쟁입찰 등에서 물건이나 일이 어떤 사람이나 업체에 돌아가도록 결정하는 일
② 입찰에 참가함
④ 주식이나 어떤 물건을 매매 대상으로 하기 위해 해당 거래소에 일정 자격이나 조건을 갖춘 거래 물건으로서 등록하는 일
⑤ 물건이나 사건 등을 어떤 대상이나 과정으로 돌려보내거나 넘김

07   작금에 국민은 정치로부터 소외되고, 결국 정치가 소수의 엘리트들의 (   )이 되는 결과까지 초래하게 되었다.

① 담보물   ② 전유물   ③ 소유물
④ 공유물   ⑤ 분실물

> **해설** 전유물(專有物) : 혼자 독차지한 물건 ⑧ 독점물 ⑪ 공유물
> ① 담보물(擔保物) : 민법에서, 채무자가 채무를 이행하지 못할 때를 대비하여 채무의 대가가 될 수 있도록 채권자에게 제공하는 물건
> ③ 소유물(所有物) : 자기 것으로 가지고 있는 물건
> ④ 공유물(共有物) : 두 사람이 공동으로 사용하는 물건
> ⑤ 분실물(紛失物) : 자기도 모르는 사이에 잃어버린 물건

08   교과부는 그간의 운영체제에 대한 비판이 계속 제기돼 왔다는 점을 들어 이번 계획의 정당성을 밝히려고 했지만 일반인이 보기에 이번 교과부의 정책 결정은 의 · 치의학 교육계의 부정적 시각을 결국 극복하지 못해 나온 (   )이라는 느낌을 떨치기 어렵다.

① 만년책   ② 호구지책   ③ 근본책
④ 고육지책   ⑤ 미봉책

> **해설** 고육지책(苦肉之策) : 자기 몸을 상해 가면서까지 꾸며 내는 계책이라는 뜻으로, 어려운 상태를 벗어나기 위해 어쩔 수 없이 꾸며 내는 계책을 이르는 말
> ① 만년책(萬年策) : 먼 훗날까지 미리 내다보고 세운 방책
> ② 호구지책(糊口之策) : 가난한 살림에서 그저 겨우 먹고살아 가는 방책
> ③ 근본책(根本策) : 근본이 되는 방책
> ⑤ 미봉책(彌縫策) : 눈가림만 하는 일시적인 계책

09

향유고래의 배설물은 한 마리당 50t이나 되는 철분을 바다에 내놓는다. 이 철분이 식물성 플랑크톤의 먹이가 돼 이들이 광합성을 통해 대기 중 이산화탄소를 빨아들이는 방식으로 온난화 방지에 (   )한다고 설명했다.

① 기증　　　　　　② 기여　　　　　　③ 기부
④ 환원　　　　　　⑤ 순환

해설 기여(寄與) : 도움이 되도록 이바지함
① 기증(寄贈) : 선물이나 기념으로 남에게 물품을 거저 줌
③ 기부(寄附) : 자선사업이나 공공사업을 위해 돈이나 물건을 대가 없이 내놓음
④ 환원(還元) : 본디의 상태로 다시 되돌아감
⑤ 순환(循環) : 주기적으로 되풀이하여 돎

10

그는 술에 취하면 끝도 없는 (   )을(를) 늘어놓는 버릇을 가지고 있다. 한두 번은 좋게 들어주던 우리들은 그러나 몇 번이고 (   )되는 그의 술버릇에 질려, 지금은 (   )을(를) 대고 그 자리를 빠져나오곤 한다.

① 핑계 – 반복 – 원인　　　② 말솜씨 – 번복 – 핑계
③ 푸념 – 번복 – 원인　　　④ 넋두리 – 반복 – 핑계
⑤ 자랑 – 반복 – 원인

해설 첫 번째 빈칸에 들어갈 단어로는 푸념이나 넋두리가 알맞다. '반복'은 같은 일을 되풀이하는 것으로, 두 번째 빈칸에 알맞으며, 세 번째 빈칸에는 '핑계(어떤 일을 정당화하기 위하여 공연히 내세우는 구실)'가 원인보다 적절하다.
넋두리 : 억울하거나 불만스러운 일 따위가 마음속에 있을 때 하소연하듯 길게 늘어놓는 말
번복 : 진술이나 주장, 입장 따위를 이리저리 고쳐 뒤집음
원인 : 어떤 사물이나 상태보다 먼저 존재하여 그것을 발생시키거나 변화시키는 일이나 사건
푸념 : 마음속에 품은 불평을 늘어놓음
자랑 : 자기와 관계있는 것을 남에게 드러내어 뽐냄

11~14 다음에 제시된 지문의 밑줄 친 부분과 같은 의미로 사용된 것을 고르시오.

11

    수치 지도는 토지이용도, 지적도, 지하 시설물 위치도, 도로 지도, 기상도, 식생도와 같은 주제도에 널리 활용되고 있는데, 이와 같이 수치 지도를 활용하는 체계를 '지리 정보 시스템[GIS]' 이라고 부른다.

① 운동을 할 때는 날씨 같은 것을 고려해야 해.

② 하늘의 별과 같은 너의 눈동자.

③ 도대체 사람 같은 사람이 없다.

④ 마치 귀신이 나올 것만 같은 분위기이다.

⑤ 그들은 같은 동아리에 소속되어 있었다.

> **해설** 제시된 지문 '같다'는 '그런 부류에 속한다'는 의미이다. 이와 같은 의미는 ①이다.
>   ②, ④ 다른 것과 비교하여 그것과 다르지 않다.   ③ 기준에 합당한
>   ⑤ 서로 다르지 않고 하나이다.

12

    모두 그 물을 그대로 마셨다. 노동에 있어서도 절대로 무리해서 일을 끝내지는 않는다. 해야 할 일을 매일 꾸준히 할 뿐이다. 또한 먹는 것에 욕심을 내지도 않아 과식하는 사람도 없었다. 다만, 마른 과일을 간식처럼 자주 먹는 노인들이 많았다. 이렇게 오염되지 않은 환경에서 적당한 노동을 하고 건강에 좋은 음식을 먹기에 그곳 사람들은 대부분 건강하게 오래도록 산다.

① 그 옹기 마을에는 아직 옛 전통이 그대로 살아 있다.

② 그 마을 사람들은 대부분 농사를 지으며 살고 있다.

③ 그는 몇 달간 구류를 살거나 벌금형을 받을 것이다.

④ 그가 무심코 던진 담배의 불씨가 아직 살아 있었다.

⑤ 나는 내 신념을 위해서라면 죽든 살든 상관이 없소.

> **해설** 제시된 지문의 '살다'는 '생명을 지니고 있다'는 의미이다. 이와 같은 의미로 사용된 것은 ⑤이다.
>   ① 본래 가지고 있던 색깔이나 특징 따위가 그대로 있거나 뚜렷이 나타나다.
>   ② 어떤 생활을 영위하다.
>   ③ 어떤 직분이나 신분의 생활을 하다.
>   ④ 불 따위가 타거나 비치고 있는 상태에 있다.

13

제2차 세계대전 중, 태평양의 한 전투에서 일본군은 미군의 흑인 병사들에게 자신들은 유색인과 전쟁할 의도가 없으니 투항하라고 선전하였다. 이 선전물을 본 백인 장교들은 그것이 흑인 병사들에게 미칠 영향을 우려하여 급하게 부대를 철수 시켰다. 사회학자인 데이비슨은 이 사례에서 아이디어를 <u>얻어서</u> 대중매체가 수용자에게 미치는 영향과 관련한 '제2자 효과' 이론을 발표하였다.

① 남편은 친구에게 돈은 <u>얻어</u> 빚을 갚았다.

② 지난 번 여행에서 <u>얻은</u> 병이 아직도 낫지 않았다.

③ 그들은 십 년 만에 <u>얻은</u> 자식 앞에서 흐뭇한 미소를 지었다.

④ 교과서에서 <u>얻은</u> 지혜가 모두 쓸모없는 것은 아니다.

⑤ 회의 규칙상 먼저 발언권을 <u>얻어야</u> 자신의 생각을 발표할 수 있다.

> **해설** 제시된 지문의 '얻어서'는 '구하거나 찾아서 가지다'의 의미이다. 이러한 의미로 사용된 것은 ④이다.
> ① 돈을 빌리다.
> ② 병을 앓게 되다.
> ③ 사위, 며느리, 자식, 남편 아내 등을 맞다.
> ⑤ 권리나 결과·재산 따위를 차지하거나 획득하다.

14

성리학자들은 해와 달이 모두 왼쪽으로 돈다고 생각했다. 그들에 따르면 하늘은 날마다 365°씩 왼쪽으로 돈다. 해의 운행은 하늘에 비해 늦어서 하루의 낮과 밤 사이에 365°에서 1° 못 <u>미치게</u> 돈다.

① 금융 위기의 여파는 우리나라에도 <u>미쳤다</u>.

② 그는 작년까지만 해도 노름에 <u>미쳐</u> 있었다.

③ 김 선수의 광고는 판매량에 영향을 <u>미친다</u>.

④ 그녀의 바느질 솜씨는 어머니에게 <u>미치지</u> 못했다.

⑤ 갑작스런 웃음과 울음을 반복하는 것으로 보아 <u>미친</u> 것 같았다.

> **해설** 지문의 '미치다'는 '공간적 거리나 수준 등이 일정한 선에 닿다'는 의미이다. 이러한 의미로 사용된 것은 ④이다.
> ①, ③ 영향이나 작용 등을 어떤 대상에 가하다(가하여지다).
> ② 어떤 일에 지나칠 정도로 열중하다.
> ⑤ 정신에 이상이 생겨 말과 행동이 보통 사람과 다르게 되다.

15~34 다음에 제시된 문장의 밑줄 친 부분과 같은 의미로 사용된 것을 고르시오.

15

새로 부임한 지방관은 가혹한 수취로 인해 백성들로부터 원성을 <u>샀다</u>.

① 그들에게 의심을 <u>살</u> 행동을 하지 않았다.

② 여자 친구에게 줄 선물을 <u>샀다</u>.

③ 젊어서 고생은 <u>사서도</u> 한다.

④ 사장은 그 직원의 근면함을 높이 <u>샀다</u>.

⑤ 일꾼을 <u>사</u> 그 공사를 정해진 기일 안에 끝마쳤다.

> **해설** 제시된 문장에서의 '사다'는 '다른 사람에게 어떤 감정을 가지게 하다' 라는 의미이다. 이러한 의미로 사용된 것은 ① 이다.
> ② 값을 치르고 어떤 물건이나 권리를 자기 것으로 만들다.
> ③ 안 해도 좋을 일을 일부러 하다.
> ④ 타인의 태도나 어떤 일의 가치를 인정하다.
> ⑤ 대가를 치르고 사람을 부리다.

16

단오 때면 장터에 씨름판이 <u>서</u> 마을 청년들이 힘을 겨루곤 했다.

① 갓 태어난 송아지는 뒤뚱거리면서도 제 다리로 땅을 딛고 <u>서</u> 있었다.

② 스산한 바람마저 불고 있는 밤거리를 혼자 걷고 있자니 나뭇잎이 흔들리는 소리만으로도 머리카락이 쭈뼛쭈뼛 <u>섰다</u>.

③ 직장을 잃은 후부터 가족들에게 위신이 <u>서지를</u> 않는다고, 그는 술에 취하지 않았더라면 입 밖에 내지 않았을 속내를 털어놓았다.

④ 밤새 일을 하고 난 다음 날 아침, 거울에 비친 나는 시뻘겋게 핏발이 <u>선</u> 눈을 하고 있었다.

⑤ 메밀꽃이 필 무렵, 나는 봉평에 <u>설</u> 오일장을 기대하며 차를 몰았다.

> **해설** 제시된 문장의 '서'는 '장이나 씨름판 따위가 열리다'의 의미로 이와 같은 뜻으로 사용된 것은 ⑤이다.
> ① 사람이나 동물이 발을 땅에 대고 다리를 쭉 뻗으며 곧게 서 있다.
> ② 쳐져 있던 것이 똑바로 위를 향하여 곧게 되다.
> ③ 체면 따위가 바로 유지되다.
> ④ 어떤 모양이나 현상이 이루어져 나타나다.

17 오랫동안 장사를 했던 그 할머니는 일흔이 넘었음에도 불구하고 아직도 <u>셈</u>에 밝다.

① 조금만 <u>셈</u>이 피면 공부를 시켜서 제 손을 벌어라도 먹게 만들어 주고 싶지만….

② 윤태는 벌써 한 달이 넘게 오르내린 충계건만 발을 옮길 때마다 번번이 그 숫자를 <u>셈</u>하게 되는 것이 싫었다.

③ 내가 무슨 <u>셈</u>을 다져서 그들을 사랑했던 것이 아니었다.

④ 나는 처음에 어떻게 되는 <u>셈</u>인지 몰라서 멀거니 천장만 바라보았다.

⑤ 그로서는 만세를 불렀다는 말이 마지막 방패였던 <u>셈</u>이다.

해설 제시된 문장에서 '셈'은 '주고받은 액수의 수량을 서로 밝혀 따지는 일'로 이와 같은 의미는 ③이다.
① 생활의 형편
② 수효를 세는 일
④ 영문, 까닭
⑤ 사실의 형편이나 결과

18 나는 <u>쓰다</u> 남은 양초를 서너 개 찾아다가 그 애의 몸 주위에 여기저기 밝혀 놓았다.

① 그녀는 그 일을 준비하는 데 너무 많은 돈을 <u>썼다</u>.

② 최근 문서 작성에 있어 컴퓨터를 <u>쓰지</u> 않는 경우는 거의 없다.

③ 그 프로젝트 수행을 위해 회사에서는 경험자를 <u>쓰기로</u> 했다.

④ 청사 보수를 위해 30여 명의 인부를 새로 <u>썼다</u>.

⑤ 공을 더 빠르게 던지기 위해서는 어깨와 손목 외에 허리를 잘 <u>써야</u> 한다.

해설 제시된 문장에서의 '쓰다'는 '어떤 일을 하는 데에 재료나 도구, 수단을 이용하다'의 의미이다. 이러한 의미로 사용된 것은 ②이다.
① 어떤 일을 하는 데 시간이나 돈을 들이다.
③ 사람을 어떤 일정한 직위나 자리에 임명하여 일을 하게 하다.
④ 사람에게 일정한 돈을 주고 어떤 일을 하도록 부리다.
⑤ 몸의 일부분을 제대로 놀리거나 움직이다.

19

> 자원봉사를 하기 위해 아프리카로 떠나겠다는 그의 생각은 각종 매체에서 전하는 제3세계의 소식들을 접하면서 더욱 <u>굳어졌다.</u>

① 범인이 누구인지 심증이 <u>굳어졌다.</u>

② 비 온 뒤에 땅이 더 <u>굳어지는</u> 법이다.

③ 오랫동안 책을 읽지 않아서 머리가 <u>굳어진</u> 것 같다.

④ 내가 협조를 거절하자 그의 얼굴이 <u>굳어졌다.</u>

⑤ 너무 당황하니까 혀가 <u>굳어져</u> 말이 잘 안 나온다.

> **해설** 제시된 문장의 '굳어졌다'는 '흔들리거나 바뀌지 않을 만큼 힘이나 뜻이 강하게 되다'의 의미이다. 이와 같은 뜻으로 사용된 것은 ①이다.
> ② 누르는 자국이 나지 않을 만큼 단단하게 되다.
> ③ 기억력 따위가 무디어지다.
> ④ 표정이나 태도 따위가 긴장으로 딱딱하게 되다.
> ⑤ 근육이나 뼈마디가 뻣뻣하게 되다.

20

> 이 가구는 많은 사람의 <u>손을</u> 거쳐 만들어졌다.

① 사기꾼의 <u>손에</u> 놀아나다.

② 농사철에는 <u>손이</u> 부족하다.

③ 집안의 운명은 나의 <u>손에</u> 달려 있다.

④ 일제의 <u>손에</u> 국권을 잃은 지 36년!

⑤ 우리 집에는 늘 자고 가는 <u>손이</u> 많다.

> **해설** 제시된 문장에서의 '손'은 '일손' 또는 '노동력'의 의미이다. 이러한 의미로 사용된 것은 ②이다.
> ① 수완, 꾀
> ③ 능력, 솜씨, 재주, 역량
> ④ 영향력이나 권한이 미치는 범위
> ⑤ 손님

21 이번 일은 내 <u>얼굴</u>을 봐서라도 네가 참아줘.

① 저도 제 죄가 얼마만큼인지 아는지라, 동생은 잔뜩 긴장한 <u>얼굴</u>로 집안 분위기부터 살피기 시작했다.

② 그는 주민등록증의 사진과 내 <u>얼굴</u>을 한참이나 번갈아 보더니 뒤쪽에 놓인 빈 의자를 가리켰다.

③ 나이가 지긋한 영감님들에게 도련님이라고 불릴 만큼 있는 집 자식인 그가 상거지 꼴로 유리걸식하는 이유는 전부 자기 아버지 <u>얼굴</u>에 먹칠을 하려는 심산이기 때문이다.

④ 그녀의 두툼한 입술과 토실토실한 <u>뺨</u>, 펑퍼짐한 콧망울을 본 마을 어른들은 맞며느리가 될 <u>얼굴</u>이라고 좋아했지만, 정작 그녀는 자신의 그런 얼굴을 좋아하지 않았다.

⑤ 눈을 감고 있던 아이는 햇빛에 눈이 부신지 <u>얼굴</u>을 찡그렸다.

해설 제시된 문장의 '얼굴'은 '주변에 잘 알려져서 얻은 평판이나 명예, 또는 체면'의 의미이다. 이와 같은 뜻으로 사용된 것은 ③이다.
① 어떤 심리 상태가 나타난 형색
②, ⑤ 눈, 코, 입이 있는 머리의 앞면
④ 머리 앞면의 전체적인 윤곽이나 생김새

22 자유와 평등의 <u>문제</u>가 현재 그 사회의 딜레마이다.

① 김 교수는 그 <u>문제</u>로 오해를 받고 있다.

② <u>문제</u>의 인물로 지목된 사람은 지금 발표하고 있는 여자이다.

③ 취학 아동의 감소로 그 학교의 존폐 <u>문제</u>가 거론되고 있다.

④ 다음에 제시된 <u>문제</u>의 정답을 고르시오.

⑤ 그 학생은 늘 <u>문제</u>를 일으켜 비난을 받는다.

해설 제시된 문장에서의 '문제'는 '논쟁, 논의, 연구 등의 대상이 되는 것'의 의미이다. 이러한 의미로 사용된 것은 ③이다.
①, ⑤ 성가신 일이나 논쟁이 될 만한 일
② 세상의 이목이 쏠리는 것
④ 해답을 요구하는 물음

23 그 시험의 경쟁률은 굉장히 세다.

① 그는 술이 무척이나 세다.

② 힘이 세다고 꼭 이기는 것은 아니다.

③ 바람이 세게 불어 옷을 꼭 껴입고 나갔다.

④ 우물 옆에 있는 큰 집은 집터가 세다.

⑤ 의장은 즉시 참석자의 수를 세어 보았다.

> **해설** 제시된 문장에서의 '세다'는 '능력이나 수준 등의 정도가 높거나 심하다'는 의미이다. 이러한 의미로 사용된 것은 ①이다.
> ② 기운이나 힘이 많다.
> ③ 물, 불, 바람 등의 기세가 크거나 빠르다.
> ④ 운수나 터, 팔자 등이 사납다(나쁘다).
> ⑤ 사물 등의 수효를 헤아리거나 꼽다.

24 우리 회사는 대기업에 부품을 대는 건실한 중소기업체입니다.

① 약속에 대려고 헐레벌떡 뛰어왔는데 정작 약속장소에는 아무도 없었다.

② 사람들은 주인에게 판돈을 대고 경기 결과를 초조하게 지켜보았다.

③ 그가 할 수 있었던 것은 경찰서 구내식당에 나날이 늘어가는 사식 값이나 제때 제때 대는 것이었다.

④ 그는 차마 동포에게 총부리를 댈 수 없었다.

⑤ 그들은 서로 연줄을 대려고 오랫동안 이야기를 나누었지만, 결국 발견한 것은 서로 간에 공통점이라고는 하나도 없다는 것뿐이었다.

> **해설** 제시된 문장의 '대는'은 '돈이나 물건 따위를 보내거나 가져다주다'의 의미이다. 이와 같은 뜻으로 사용된 것은 ③이다.
> ① 정해진 시간에 닿거나 맞추다.
> ② 노름, 내기 따위에서 돈이나 물건을 걸다.
> ④ 어떤 것을 목표로 하여 총 따위를 겨냥하다.
> ⑤ 잇닿게 하거나 잇닿다.

25

미국은 쿠바보다 힘센 나라이지만 궐련의 생산에 있어서는 쿠바보다 떨어진다.

① 그는 인물이 비교적 남에 비해 떨어진다.

② 여행 갔다 오는 길에 나 혼자만 대열에서 떨어져 삼촌 댁에 갔다.

③ 아이가 부모와 떨어져 지내는 것은 무척이나 힘든 일이다.

④ 그 마라톤 선수는 지쳐서인지 달리는 속도가 시간이 지날수록 떨어졌다.

⑤ 만약 그 지역이 적의 손에 떨어진다면 전세는 급격하게 불리해질 것이다.

> **해설** 제시된 문장의 '떨어진다'는 '다른 것보다 수준이 처지거나 못하다'의 의미이다. 이와 같은 뜻으로 사용된 것은 ①
> 이다.
> ② 함께 하거나 따르지 않고 뒤에 처지다.
> ③ 관계가 끊어지거나 헤어지다.
> ④ 값, 기온, 수준, 형세 따위가 낮아지거나 내려가다.
> ⑤ 진지나 성 따위가 적의 손에 넘어가게 되다.

26

그 부대에 주어진 임무는 결코 가벼이 여길 수 없는 막중한 것이었다.

① 그렇게 입을 가벼이 놀렸다가는 언젠가 큰 실수를 범할 것이다.

② 야구대표팀은 WBC 예선전에서 상대팀들을 가볍게 물리쳤다.

③ 형의 집행유예와 집행면제의 경중에 있어서 더 가벼운 것은 집행유예이다.

④ 찬란한 햇빛을 온몸으로 받으며 그는 걸음걸이도 가벼이 그 계단을 올랐다.

⑤ 그날 업무 종료 후 회사 동료들과 가볍게 한잔할 예정이었다.

> **해설** 제시된 문장에서의 '가볍다'는 '비중이나 가치, 책임 등이 낮거나 적다'라는 의미이다. 이러한 의미로 사용된 것은
> ③이다.
> ① 생각이나 언어, 행동이 침착하지 못하거나 진득하지 못하다.
> ② 다루기에 힘이 들지 않고 수월하다.
> ④ 몸이나 손발 등이 재빠르다.
> ⑤ 노력이나 부담 따위가 적다.

27

> 시험을 망쳐서 기분이 안 좋은 형을 자꾸 <u>긁지</u> 말고 저리로 가라.

① 딱히 선재를 사랑하고 있는 것도 아닌데 오빠의 그런 투가 영희의 자존심을 <u>긁어</u> 놓았다.

② 그녀는 흥얼흥얼 콧노래에 맞추어 누룽지를 박박 <u>긁었다.</u>

③ 그 나쁜 놈들이 마지막 남은 보리쌀 한 되까지 모두 <u>긁어</u>갔다.

④ 내가 먹다 준 콩을 플라스틱 숟가락으로 닥닥 <u>긁어</u> 비우면서 말했다.

⑤ 그는 비지땀을 흘리며 솔밭에 수북이 깔린 솔잎을 <u>긁었다.</u>

> **해설** 제시된 문장의 '긁지'는 '남의 감정, 기분 따위를 상하게 자극하다'의 의미이다. 이와 같은 뜻으로 사용된 것은 ①이다.
> ②, ④ 뾰족하거나 날카롭고 넓은 끝으로 무엇에 붙은 것을 떼어내거나 벗겨 없애다.
> ③ 남의 재물을 교활하고 악독한 방법으로 모두 빼앗아 들이다.
> ⑤ 갈퀴 따위로 빗질하듯이 끌어들이다.

28

> 인터넷에서 그런 행동으로 처벌을 <u>받는</u> 일은 한 번도 본 적이 없다.

① 그 나라는 다시 독재자의 지배를 <u>받았다.</u>

② 고객으로부터 정성이 담긴 선물을 <u>받았다.</u>

③ 그녀는 우리 학교에서 석사학위를 <u>받았다.</u>

④ 이렇게 형편없는 결과를 <u>받을</u> 줄은 몰랐다.

⑤ 두 사람은 달빛을 <u>받으며</u> 나란히 누워 있었다.

> **해설** 제시된 문장에서의 '받다'는 '다른 사람이나 대상이 가하는 어떤 행동이나 심리적 작용 등을 당하거나 입다'의 의미이다. 이러한 의미로 사용된 것은 ①이다.
> ② 다른 사람이 주거나 보내오는 물건 등을 가지다.
> ③ 점수나 학위 등을 따다.
> ④ 어떤 상황이 자기에게 미치다.
> ⑤ 빛이나 별, 열, 바람 등의 기운이 닿다.

29

> 그는 숲 속에서 길을 잃고 한참이나 헤맸다.

① 그는 어렸을 때부터 대로 의사의 길을 걷고 있다.

② 아버지가 돌아가시고 나니 먹고 살 길이 막막해졌다.

③ 갈 길이 머니 서두르자.

④ 인류문명이 발전해온 길을 돌아보는 것이 순서일 것이다.

⑤ 고향에 가는 길에 잠깐 들러 밥이나 먹고 가라.

해설 제시된 문장의 '길'은 '걷거나 탈것을 타고 어느 곳으로 가는 노정'의 의미이다. 이와 같은 뜻으로 사용된 것은 ③이다.
① 사람이 삶을 살아가거나 사회가 발전해 가는 데에 지향하는 방향, 지침, 목적이나 전문 분야
② 방법이나 수단
④ 시간의 흐름에 따라 개인의 삶이나 사회적 · 역사적 발전 따위가 전개되는 과정
⑤ 어떤 일을 하는 도중이나 기회

30

> 금메달을 딴 선수들은 모두 기쁨에 찬 얼굴로 눈물을 흘렸다.

① 영아들은 항상 기저귀를 차야 한다.

② 부대원 모두가 패기에 차 있었다.

③ 향긋한 냄새가 부엌에 가득 찼다.

④ 그 사람은 팔뚝에 완장을 차고 있었다.

⑤ 소대장은 복무연한이 차서 한 달 전에 제대했다.

해설 제시된 문장에서의 '차다'는 '감정이나 기운 따위가 가득하게 되다'는 의미이다. 이러한 의미로 사용된 것은 ②이다.
①, ④ 어떤 것을 몸의 한 부분에 달아매달거나 끼워서 지니다.
③ 일정 공간에 냄새 등이 가득하게 되다.
⑤ 정해진 기간이나 나이, 수량 등이 다 되다.

31

> 그들은 근거 없는 소문의 진상을 <u>알아보고</u> 싶었다.

① 그렇게 어두운 밤에는 아군을 <u>알아볼</u> 수 없다.

② 졸업한 지 20년이 넘은 제자가 나를 <u>알아보았다</u>.

③ 이 일로 그 사람의 됨됨이를 <u>알아보게</u> 되었다.

④ 그는 즉시 훈련소로 가는 교통편을 <u>알아보았다</u>.

⑤ 그녀는 멀리서도 나를 쉽게 <u>알아보았다</u>.

해설 제시된 문장에서의 '알아보다'는 '조사하거나 살펴보다'는 의미이다. 이러한 의미로 사용된 것은 ④이다.
①, ⑤ 눈으로 보고 분간하다.
② 잊어버리지 않고 기억하다.
③ 사람의 능력이나 물건의 가치 따위를 밝히어 알다.

32

> 책만 <u>파던</u> 사람이 세상 물정을 알겠니?

① 그는 한 번 어떤 일을 <u>파기</u> 시작하면 반드시 끝을 본다.

② 목둘레선을 깊이 <u>파서</u> 목이 허전하다.

③ 그는 지금까지 자기 전공분야만 <u>파서</u> 다른 분야에 대해서는 아는 것이 거의 없다.

④ 그는 동생의 의문사에 대한 진상을 <u>파기</u> 시작했다.

⑤ 깊숙이 <u>파</u> 내려갈수록 흙이 차지고 검붉었다.

해설 제시된 문장의 '파던'은 '전력을 기울이다'의 의미이다. 이와 같은 뜻으로 사용된 것은 ③이다.
①, ④ 어떤 것을 알아내거나 밝히기 위하여 몹시 애를 쓰다.
② 천이나 종이 따위의 한 부분을 도려내다.
⑤ 구멍이나 구덩이를 만들다.

33

불과 며칠 전의 맹추위를 비웃기라도 하는 듯 어느새 봄기운이 곳곳에 흐르고 있었다.

① 영화는 뒤로 갈수록 이야기가 예기치 못한 방향으로 흐르고 있었다.

② 내가 즐겨 찾는 까페에서는 항상 조용한 재즈 음악이 흐른다.

③ 세련은커녕 옷차림에 촌티가 좔좔 흐르던 모습만이 떠올랐다.

④ 이곳에는 고압 전류가 흐르고 있으므로 관계자 외에는 출입을 엄금합니다.

⑤ 시간은 흐르고 모든 것은 변했지만 그곳만큼은 변하지 않은 옛 모습 그대로였다.

> **해설** 제시된 문장에서의 '흐르다'는 '기운이나 상태가 겉으로 드러나다'는 의미이다. 이러한 의미로 사용된 것은 ③이다.
> ① 어떤 한 방향으로 치우쳐 쏠리다.
> ② 빛, 소리, 향기 따위가 부드럽게 퍼지다.
> ④ 전기나 가스 따위가 선이나 관을 통하여 지나가다.
> ⑤ 시간이나 세월이 지나가다.

34

그녀의 노랫소리가 청중들의 침묵을 깼다.

① 하늘이 무너질 듯 요란한 소리에 그만 잠을 깼다.

② 한나절을 자고 일어나자 술이 완전히 깼다.

③ 불한당이 나타나 파티장의 분위기를 깼다.

④ 계단에서 굴러 무릎이 깨졌다.

⑤ 총탄이 돌 조각을 산산이 깨어 갈대 위로 우수수 소낙비처럼 내려 쏟는다.

> **해설** 제시된 문장의 '깼다'는 '일이나 상태 따위를 중간에서 어그러뜨리다'의 의미이다. 이와 같은 뜻으로 사용된 것은 ③이다.
> ① 잠이나 꿈 따위에서 벗어나다. 또는 벗어나게 하다.
> ② 술기운 따위가 사라지고 온전한 정신 상태로 돌아오다.
> ④ 머리나 무릎 따위를 부딪치거나 맞거나 하여 상처가 나게 하다.
> ⑤ 단단한 물체를 쳐서 조각이 나게 하다.

35~53 다음에 제시된 문장의 밑줄 친 부분과 의미가 가장 비슷한 것을 고르시오.

35 동생은 내가 하는 말을 늘 <u>귓등으로 듣는다.</u>

① 말을 이해하지 못한다.　　② 듣고도 들은 체 만 체하다.
③ 듣지 않는다.　　④ 열심히 듣는다.
⑤ 흥미를 가진다.

> **해설** '귓등으로 듣는다'는 관용적으로 '듣고도 들은 체 만 체 하다'는 의미로 사용된다.

36 심 봉사는 <u>귀가 얇아</u> 뺑덕어멈의 한 마디에 마음을 정하지 못했다.

① 귀가 어두워　　② 의심이 많아
③ 남을 잘 믿지 못해　　④ 여러 가지 일로 마음이 심란해
⑤ 남의 말에 마음이 쉽게 흔들려

> **해설** '귀가 얇다'는 '남의 말에 따라 행동하다', '속는 줄도 모르고 남의 말을 그대로 잘 믿다'를 뜻하는 관용구이다. '귀가 여리다'는 표현도 같은 의미이다.

37 그의 헌신적인 모습은 아직도 <u>가슴에 새겨져있다.</u>

① 가슴을 칼로 베는 듯한 아픔을 느끼게 하다.
② 모진 마음을 먹는다.
③ 맺힌 것이 풀리어 환해지다.
④ 몹시 놀라 섬뜩하다.
⑤ 잊지 않게 단단히 마음에 기억하다.

> **해설** '가슴에 새기다'는 관용적으로 '잊지 않게 단단히 마음에 기억하다'의 의미이다.
> ① 가슴(을) 저미다

38

내가 들은 그녀의 한마디에 <u>귀가 번쩍 뜨였다.</u>

① 소리가 날카롭고 커서 듣기에 괴롭다.

② 남의 이야기나 의견에 관심을 가지고 주의를 모으다.

③ 들리는 말에 선뜻 마음이 끌리다.

④ 같은 말을 여러 번 듣다.

⑤ 세상의 명리를 떠나 깨끗하게 살다.

> **해설** '귀가 번쩍 뜨이다'는 관용적으로 '들리는 말에 선뜻 마음이 끌리다'의 의미를 가지고 있다.
> ① 귀(가) 따갑다.
> ② 귀(를) 기울이다.
> ④ 귀에 못이 박히다.
> ⑤ 귀를 씻다.

39

<u>눈에 차는</u> 것이 없었다.

① 잊혀지지 않고 자꾸 눈에 떠오르는

② 여러 번 보아서 익숙한

③ 흡족하게 마음에 드는

④ 호기심을 자극하는

⑤ 돋보이는

> **해설** '눈에 차다'는 '흡족하게 마음에 들다'는 의미의 관용표현이다.
> ① 눈에 밟히다.
> ② 눈에 익다.

40　10년이 지났지만 그 때 그 모습은 아직도 <u>눈에 어리다</u>.

① 어떤 모습이 잊혀지지 않고 머릿속에 뚜렷하다.

② 안목이 높다.

③ 아주 태연하다.

④ 어찌할 바를 모르다.

⑤ 몹시 욕심을 내서 관심을 기울이다.

> **해설**　'눈에 어리다'는 관용적으로 '어떤 모습이 잊혀지지 않고 머릿속에 뚜렷하다'의 의미로 사용된다.
> ② 눈이 높다.
> ③ 눈썹도 까딱하지 않는다.
> ④ 눈앞이 캄캄하다.
> ⑤ 눈에 불을 켜다.

41　그는 <u>코가 세서</u> 남의 말을 들으려 하지 않았다.

① 기운이 다 빠져　　② 술에 취하여　　③ 고집이 세서

④ 몸이 아파서　　⑤ 거만하여

> **해설**　'코가 세다'는 '남의 말을 잘 듣지 않고 고집이 세다'라는 의미의 관용표현이다.

42　이번 공연은 매우 중요한 공연이니 <u>머리를 싸매야겠어</u>.

① 사고방식을 완고하게하다.

② 머리를 써서 해결 방안을 생각하다.

③ 신중하게 하다.

④ 있는 힘을 다하여 노력하다.

⑤ 어떤 일을 의논하거나 결정하기 위하여 서로 마주 대하다.

> **해설**　'머리를 싸매다'는 관용적으로 '있는 힘을 다하여 노력하다'의 의미로 사용된다.
> ① 머리가 굳다.
> ② 머리를 굴리다.
> ⑤ 머리를 맞대다.

43 그 사건에 대해 관련자 모두가 <u>말을 맞추었다</u>.

① 입을 다물고 아무 말도 하지 않았다.

② 여러 사람이 같은 의견을 말했다.

③ 모르는 체 시치미를 뗐다.

④ 말이 일치하도록 했다.

⑤ 좋게 생각했다.

> **해설** '말을 맞추다'는 '서로의 말이 일치하도록 하다'라는 의미로 사용된다.
> ② 입을 모으다.

44 최근 모 연예인의 발언이 <u>도마 위에 올랐다</u>.

① 몹시 부러워지다.　　　　　② 얼굴에 화색이 돌다.

③ 염치없고 뻔뻔해지다.　　　④ 모범의 대상이 되다.

⑤ 비판의 대상이 되다.

> **해설** '도마 위에 오르다'는 관용적으로 '비판의 대상이 되다'의 의미로 사용된다.

45 이번 사건을 경험하고 모든 일에 대하여 <u>손을 털었다</u>.

① 관계를 청산하다.　　　　　② 자기 통제 아래에 두다.

③ 전혀 믿을 수 없다.　　　　④ 심술이 나다.

⑤ 다급해하다.

> **해설** '손을 털다(씻다)'는 관용적으로 '부정적인 일이나 찜찜한 일에 대하여 관계를 청산하다'의 의미를 가진다.
> ② 손아귀에 넣다.
> ③ 손에 장을 지지다.

46 우리 대장을 보고 있으면 정말 입의 혀 같아.

① 말만 그럴듯하게 하다.

② 겉치레로 말한다.

③ 시치미를 떼다.

④ 말이 적거나 함부로 옮기지 않는다.

⑤ 일을 시키는 사람의 뜻대로 움직여주다.

> **해설** '입의 혀 같다'는 관용적으로 '일을 시키는 사람의 뜻대로 움직여 주다'의 의미로 사용된다.
> ① 입만 살다
> ② 입에 발린 소리
> ③ 입을 씻다(닦다)
> ④ 입이 무겁다

47 그 사람은 정말 발이 길다.

① 아는 사람이 많아 활동하는 범위가 넓다.

② 관계를 완전히 끊고 물러나다.

③ 움직일 수 없게 되다.

④ 적극적으로 나서다.

⑤ 먹을 복이 있다.

> **해설** '발이 길다'는 '음식 먹는 자리에 우연히 가게 되어 먹을 복이 있다'는 표현이다. 이와는 반대로 '발이 짧다'는 '먹는 자리에 남들이 다 먹은 뒤에 나타나다(먹을 복이 없다)'는 표현이다.
> ① 발이 넓다(너르다).
> ② 발을 빼다(발을 씻다).
> ③ 발이 묶이다.
> ④ 발 벗고 나서다.

48

큰집 어머님은 <u>손이 걸어서</u> 많은 음식을 준비하셨다.

① 조금 쉬거나 다른 것을 할 틈이 생겨서

② 일 다루는 솜씨가 꼼꼼하지 못하여

③ 자기 과시욕이 많아서

④ 씀씀이가 후하여

⑤ 타고난 천성이 성실하여

> **해설** '손이 걸다'는 '씀씀이가 후하고 크다' 또는 '일솜씨가 날쌔거나 좋다'는 의미이다.
> ① 손이 나다.
> ② 손이 거칠다.

49

그의 이야기를 들으니 구미가 당기기 시작했다.

① 의심을 품기

② 욕심이나 관심을 가지기

③ 포부가 생기기

④ 의심이 생기기

⑤ 생각이 많아지기

> **해설** '구미가 당기다'는 '욕심이나 관심이 생기다'라는 뜻의 관용구이다.

50

> 저 사람은 맨날 달밤에 체조하듯 움직이는데 왜 그런지 모르겠어.

① 자랑스럽게　　　　　　② 누구나 따라할 수 있게

③ 힘차게　　　　　　　　④ 격에 맞지 않게

⑤ 부끄럽게

> **해설** '달밤에 체조하듯'은 관용적으로 '격에 맞지 않은 짓을 하는 말'로 사용된다.

51

> 이번 일은 많은 사람들에게 경종을 울리게 될 것이다.

① 어떤 일을 시작하다　　　　② 비판의 대상이 되다

③ 권한을 가지다　　　　　　④ 잔소리를 심하게 하다

⑤ 위험을 미리 경계하여 주위를 환기 시키다.

> **해설** '경종을 울리다'는 관용적으로 '잘못이나 위험을 미리 경계하여 주의를 환기시키다'는 의미로 사용된다.
> ① 닻을 올리다

52

> 그 사람은 마치 소 죽은 귀신 같다.

① 행동이 매우 느리고 느긋한 사람이다.

② 몸매가 매우 깔끔하고 좋은 사람이다.

③ 모질고 단단하게 생긴 사람이다.

④ 고집이 세고 질긴 사람이다.

⑤ 지조가 높고 굳센 사람이다.

> **해설** '소 죽은 귀신 같다'는 몹시 고집 세고 질긴 사람의 성격을 나타내는 속담이다. '쇠 멱미레 같다'도 비슷한 표현이다.

53   자신을 속인 친구를 찾지 못하고 집으로 돌아온 그는 <u>부레가 끓어</u> 도무지 잠을 이룰 수가 없다.

① 성이 나서   ② 후회가 돼서   ③ 연민이 생겨
④ 몹시 그리워   ⑤ 매우 막막하여

> **해설** '부레가 끓다'는 '(속되게)몹시 성이 나다'의 뜻을 가지고 있다.

54~58 다음 제시된 설명에 가장 부합하는 것을 고르시오.

54   해가 져서 밝은 빛이 약하다.

① 가뭇하다   ② 어릿하다   ③ 실팍하다
④ 설핏하다   ⑤ 희떱다

> **해설** '설핏하다'는 '해의 밝은 빛이 약하다' 또는 '짜거나 엮은 것이 거칠고 성긴 듯하다'는 의미이다.
> ① 빛깔이 조금 검은 듯하다.   ② 쓰리고 따가운 느낌이 있다.
> ③ 사람이나 물건 등이 보기에 매우 실하다.   ⑤ 실속은 없어도 마음은 넓고 손이 크다.

55   한 발은 들고 한발로만 뛰는 짓

① 앙감질   ② 아람치   ③ 소걸음
④ 선걸음   ⑤ 내친걸음

> **해설** '앙감질'은 '한 발은 들고 한발로만 뛰는 짓'을 의미한다.
> ② 개인이 사사로이 차지하는 몫
> ③ 소처럼 느릿느릿 걷는 걸음
> ④ 이미 내디뎌 걷고 있는 그대로의 걸음
> ⑤ 이왕 나선 걸음, 이왕에 시작한 일

---

56 여기저기 널려 있는 물건을 하나하나 주워 거두는 모양

① 언죽번죽　　　　② 생게망게　　　　③ 자근자근

④ 주섬주섬　　　　⑤ 드문드문

해설　'주섬주섬'은 '여기저기 널려 있는 물건을 하나하나 주워 거두는 모양', 또는 '조리에 맞지 아니하게 이 말 저 말 하는 모양'의 뜻이다.

① 조금도 부끄러워하는 기색이 없고 비위가 좋아 뻔뻔한 모양

② 하는 행동이나 말이 갑작스럽고 터무니없는 모양

③ 자꾸 가볍게 씹는 모양, 또는 조금 성가실 정도로 은근히 자꾸 귀찮게 구는 모양

⑤ 시간적으로 잦지 않고 드문 모양, 또는 공간적으로 배지 않고 사이가 드문 모양

57 넓은 들에서 다른 곳으로 이어지는 좁은 지역

① 고샅　　　　　　② 노루목　　　　　③ 두메

④ 들머리　　　　　⑤ 둔치

해설　'노루목'은 '넓은 들에서 다른 곳으로 이어지는 좁은 지역' 또는 '노루가 자주 다니는 길목'의 뜻을 가지고 있다.

① 시골 마을의 좁은 골목길 또는 골목 사이, 좁은 골짜기 사이

③ 도회에서 멀리 떨어져 사람이 많이 살지 않는 변두리나 깊은 곳

④ 들어가는 맨 첫머리, 들의 한쪽 옆이나 한쪽 가장자리

⑤ 물가의 언덕, 강, 호수 따위의 물이 있는 곳의 가장자리

58

마구 뒤섞여 있어 갈피를 잡을 수 없는 상태

① 혼돈(混沌)　　　② 혼동(混同)　　　③ 혼란(混亂)

④ 혼선(混線)　　　⑤ 혼잡(混雜)

> **해설** '혼돈'은 마구 뒤섞여 있어 갈피를 잡을 수 없음(또는 그런 상태), 또는 '하늘과 땅이 아직 나누어지기 전의 상태'를 의미한다.
> ② 구별하지 못하고 뒤섞어서 생각함
> ③ 뒤죽박죽되어 어지럽고 질서가 없음
> ④ (전신이나 전화, 무선 통신 등에서) 선이 서로 닿거나 전파가 뒤섞여 통신이 엉클어지는 일
> ⑤ 여럿이 한데 뒤섞이어 어수선함

59~62 다음 밑줄 친 부분의 의미와 같은 뜻으로 사용된 것을 고르시오.

59

자전이란 천체가 스스로 고정된 축을 중심으로 회전운동을 하는 것을 의미한다.

① 선거철이 다가옴에 따라 국회의원들의 선거운동에 쓰이는 현수막이 도시 곳곳에 걸리기 시작했다.

② 물리학에서 등가속도운동이란 가속도가 언제나 일정한 운동을 말한다.

③ 미래를 위한다면 자연보호운동에 참여해야 한다.

④ 수영을 할 때, 안전사고를 예방하기 위해서는 반드시 준비운동을 해야 한다.

⑤ 일본에 빚진 국가 부채를 갚기 위해 1907년 국채보상운동이 시작되었다.

> **해설** 제시문의 '운동'은 '물리학에서 물체가 시간의 경과에 따라 그 공간적 위치를 바꾸는 일'을 뜻하므로, 같은 의미로 사용된 것은 ②이다.
> ①, ③, ⑤ 어떤 목적을 미루려고 힘쓰는 일, 또는 그런 활동
> ④ 사람이 몸을 단련하거나 건강을 위하여 움직이는 일

60

> 이 바위에 얽혀있는 한 맺힌 여인의 <u>이야기</u>를 들었다.

① 성선설을 옹호하는 사람들은 인간의 본성이 착하다고 <u>이야기</u>한다.

② 전해지는 <u>이야기</u>에 따르면 천자문은 중국의 주흥사가 하룻밤 동안 지었다고 한다.

③ 기분이 울적할 때는 친구들과 <u>이야기</u>를 하는 것이 도움이 된다.

④ 둘이서 한동안 수군수군 <u>이야기</u>를 하더니 이제는 조용해졌다.

⑤ 가만히 있지만 말고 이제 네 생각을 자세히 <u>이야기</u>해 봐라.

해설 제시문의 '이야기'는 '어떤 사물의 사실, 현상에 대하여 일정한 줄거리를 가지고 있는 말'로 같은 의미로 쓰인 것은 ②이다.
① 자신의 주장이나 견해를 남에게 일러주는 말
③ 다른 사람과 주고받는 말
④ 사람들이 서로 나누는 대화나 말
⑤ 마음속에 품고 있는 생각을 남에게 일러주는 말

61

> 부모님은 나에게 어려서부터 아무리 작은 일이라도 <u>맡은</u> 일에는 최선을 다해야 한다고 말씀하셨다.

① 내가 자리를 <u>맡아둘</u> 테니까 빨리 와야 해.

② 그녀의 가방을 <u>맡아둔</u> 지 30분이 지났음에도 그녀는 돌아오지 않았다.

③ 부모님께 여행을 다녀와도 좋다는 허락을 <u>맡았다</u>.

④ 이번 임무는 내가 직접 <u>맡는다</u>.

⑤ 자율적이어야 하는 일기를 검사 <u>맡아야</u> 하는 이유를 당시에는 이해하지 못했다.

해설 제시문의 '맡은'은 '어떤 일에 대한 책임을 지고 담당하다'의 뜻으로, 같은 의미로 사용된 것은 ④이다.
① 자리나 물건 따위를 차지하다.
② 어떤 물건을 받아 보관하다.
③, ⑤ 면서나 증명, 허가, 승인 따위를 얻다.

62

이름 없는 신설 병원 같은 것은 숫제 비온 장날 시골 전방처럼 한산한 속에 찾아오는 손님을 기다리고 있는 형편이다.

① 고구려에서 신라의 사신을 보호한다는 이름 밑에 춘추 장군이 묵고 있는 공관을 철통같이 보호하고 있는 것이다.

② 그는 흉내를 잘 낸다고 해서 원숭이라는 이름을 얻었다.

③ 그는 자신의 이름으로 등기된 집을 갖기 위해 청춘을 소비했다.

④ 머루며 다래, 칡, 게다가 이름 모를 잡초들이 위아래로 이리저리 서리어 좀체 길을 내지 않는다.

⑤ 흥선대원군은 정치가로서만이 아니라 특유의 기상을 엿볼 수 있는 묵란으로도 이름을 날렸다.

해설 제시문의 '이름'은 '세상에 알려진 평판이나 명성'을 뜻하므로, 같은 의미로 사용된 것은 ⑤이다.
① 명분(일을 꾀할 때 내세우는 구실이나 이유 따위)
② 어떤 일이나 하는 짓에 특별한 데가 있어 일반인에게 불리는 것을 일컬음
③ 명의(어떤 일이나 행동의 주체로서 공식적으로 알리는 개인 또는 기관의 이름, 문서상의 권한과 책임이 있는 이름)
④ 다른 것과 구별하기 위하여 사물, 단체, 현상 따위에 붙여 부르는 말

> **·Tip** 여러 가지 관용어
>
> • 신체와 관련된 관용어
>   – 간담이 서늘하다 : 몹시 놀라서 섬뜩하다.
>   – 배알이 꼴리다 : 비위에 거슬려 아니꼽다.
>   – 어깨가 으쓱거리다 : 뽐내고 싶은 기분이나 떳떳하고 자랑스러운 기분이 되다.
>   – 코가 납작해지다 : 몹시 무안을 당하거나 기가 죽어 위신이 뚝 떨어지다.
> • 사물과 관련된 관용어
>   – 나발을 불다 : 당치 않은 말을 함부로 하다, 술이나 음료를 병째로 마시다, 자백하다
>   – 방아를 찧다 : 방아를 찧듯이 고개나 몸을 끄덕이다.
> • 자연물과 관련된 관용어
>   – 바람을 잡다 : 사회적으로 많은 사람에게 영향을 미치다. 사회적 문제를 만들거나 소란을 일으키다.
>   – 불꽃이 튀다 : 겨루는 모양이 치열하다, 격한 감정이 눈에 내비치다.

63~66 다음 제시된 글과 관계있는 고사성어를 고르시오.

63

나 보기가 역겨워
가실 때에는
죽어도 아니 눈물 흘리오리다.

① 哀而不悲　　② 我田引水　　③ 同生共死

④ 孤城落日　　⑤ 反哺報恩

> **해설** ① 애이불비(哀而不悲) : 속으로는 슬프지만 겉으로는 슬픔을 나타내지 아니함
> ② 아전인수(我田引水) : 자기 논에 물을 댄다는 뜻으로, 자기의 이익만을 생각하고 먼저 행동함
> ③ 동생공사(同生共死) : 서로 생사를 같이 함
> ④ 고성낙일(孤城落日) : 홀로 있는 성에 해까지 지니 남의 도움을 받지 못할 외로운 형세라는 뜻
> ⑤ 반포보은(反哺報恩) : 자식이 부모님께서 길러 주신 은혜에 보답하는 것

64

어쩌다 우리 사회가 이렇게 삭막해 졌는지 모르겠습니다. 지난 15일 한낮 뇌출혈로 쓰러진 노인이 다섯 시간동안 방치되었다가 사망한 사건이 발생했습니다. 순찰하던 경찰이 발견했을 때는 이미 숨이 거의 멎은 상태여서 손을 쓸 수 없었습니다.

① 沙上樓閣　　② 三人成虎　　③ 首丘初心

④ 守株待兎　　⑤ 束手無策

> **해설** ⑤ 속수무책(束手無策) : 손을 묶은 것처럼 어찌할 도리가 없어 꼼짝을 못함을 이르는 말
> ① 사상누각(沙上樓閣) : 모래 위에 세운누각이란 뜻으로, 기초가 튼튼하지 못하여 오래 견디지 못할 일이나 물건을 이르는 말
> ② 삼인성호(三人成虎) : 세 사람이 짜면 거리에 범이 나왔다는 거짓말도 꾸밀 수 있다는 뜻으로, 근거 없는 말이라도 여러 사람이 말하면 곧이 듣게 됨을 이르는 말
> ③ 수구초심(首丘初心) : 여우가 죽을 때에 머리를 자기가 살던 굴 쪽으로 둔다는 뜻으로, 고향을 그리워하는 마음을 이르는 말
> ④ 수주대토(守株待兎) : 한 가지 일에만 얽매여 발전을 모르는 어리석은 사람을 비유적으로 이르는 말

65

> 기술 혁신의 역사를 돌아보고 그 의미를 되짚는 이유는, 그러한 위험 요인들을 예측하고 적절히 통제할 수 있는 능력을 갖춘 자만이 앞으로 다가올 기술 혁신을 주도할 수 있으리라는 믿음 때문이다.

① 同床異夢　　　　② 漁父之利　　　　③ 溫故知新

④ 四面楚歌　　　　⑤ 烏飛梨落

해설 ③ 온고지신(溫故知新) : 옛것을 익히고 그것을 통하여 새것을 앎
① 동상이몽(同床異夢) : 한 자리에서 같이 자면서도 서로 다른 꿈을 꾼다는 뜻으로, 겉으로는 같이 행동하면서 속으로는 각기 딴생각을 하는 것을 비유적으로 이르는 말
② 어부지리(漁父之利) : 어부의 이득. 두 사람이 맞붙어 싸우는 바람에 엉뚱한 제삼자가 덕을 본다는 것을 비유하는 말
④ 사면초가(四面楚歌) : 사방에서 들리는 초나라의 노래라는 뜻으로, 적에게 둘러싸인 상태이나 누구의 도움도 받을 수 없는 처지를 당함
⑤ 오비이락(烏飛梨落) : 까마귀 날자 배 떨어진다는 뜻으로, 어떤 일이 마침 다른 일과 공교롭게 때가 같아 관계가 있는 것처럼 의심을 받거나 난처한 위치에 서게 됨을 비유적으로 이르는 말

66

> 반평생을 같이 지내 온 짐승이었다. 같은 주막에서 잠자고, 같은 달빛에 젖으면서 장에서 장으로 걸어 다니는 동안에 이십 년의 세월이 사람과 짐승을 함께 늙게 하였다.

① 怒蠅拔劍　　　　② 望雲之情　　　　③ 同苦同樂

④ 上行下效　　　　⑤ 囊中之錐

해설 ③ 동고동락(同苦同樂) : 괴로움과 즐거움을 함께한다는 뜻으로, 같이 고생하고 같이 즐김을 이르는 말
① 노승발검(怒蠅拔劍) : 파리를 보고 화를 내어 칼을 빼들고 쫓는다는 뜻으로, 사소한 일에 화를 잘 내고 일에 비해 지나치게 큰 대책을 세움을 일컬음
② 망운지정(望雲之情) : 멀리 떠나온 자식이 어버이를 사모하여 그리는 정
④ 상행하효(上行下效) : 윗사람이 하는 행동을 아랫사람이 본받음
⑤ 낭중지추(囊中之錐) : 주머니 속에 있는 송곳이라는 뜻으로, 재능이 아주 빼어난 사람은 숨어 있어도 저절로 남의 눈에 드러남을 비유함

67~75 다음 단어의 상관관계를 보고 빈칸에 들어갈 알맞은 단어를 고르시오.

67

진보 : 보수 = 창조 : ( )

① 창출   ② 답습   ③ 향상
④ 약진   ⑤ 퇴보

> **해설** 진보와 보수는 반의의 관계이다. 따라서 빈칸에는 창조의 반대말인 답습이 들어가야 한다.
> ② 답습(踏襲) : 예로부터 해 오던 방식이나 수법을 좇아 그대로 행함을 이르는 말

68

홈페이지 : 누리집 = 투어 : ( )

① 순회   ② 공연   ③ 잔치
④ 여행   ⑤ 연회/모임

> **해설** 누리집은 '홈페이지'를 알기 쉬운 우리말로 바꾼 순화어이다. 따라서 빈칸에는 투어의 순화어인 '순회'가 들어가는 것이 적절하다.
> ⑤ 연회/모임은 '파티'의 순화어이다.

69

여름 : 하지 = 겨울 : ( )

① 소만   ② 곡우   ③ 대서
④ 한로   ⑤ 동지

> **해설** 한 해를 스물넷으로 나눈 절기 중 하지는 낮이 가장 긴 여름의 절기이다. 따라서 빈칸에는 겨울의 절기인 동지가 들어가야 한다.

> **Tip** 24절기
> • 봄 : 입춘, 우수, 경칩, 춘분, 청명, 곡우
> • 여름 : 입하, 소만, 망종, 하지, 소서, 대서
> • 가을 : 입추, 처서, 백로, 추분, 한로, 상강
> • 겨울 : 입동, 소설, 대설, 동지, 소한, 대한

70 구기 종목 : 축구 = 예술 : (   )

① 무술   ② 음악   ③ 인사
④ 여자   ⑤ 빈곤

해설 구기 종목(상위어), 축구(하위어)로 상하 관계이다. 예술의 하위어로는 음악이 가장 적절하다.

71 옥수수 : 강냉이 = 고깃간 : (   )

① 정육점   ② 식당   ③ 도살장
④ 푸줏간   ⑤ 농장

해설 옥수와 강냉이는 표준어와 방언에 따른 유의 관계이다. 표준어와 방언에 따른 고깃간의 유의 관계는 푸줏간이다.

72 옥저 : 민며느리제 = 고구려 : (   )

① 신혼제   ② 데릴사위제   ③ 책화
④ 골장제   ⑤ 순장

해설 민며느리제는 옥저의 결혼풍습으로, 장차 며느리가 될 여자아이를 데려다 키워서 성인이 되면 남자 쪽에서 물품으로 대가를 치르고 혼례를 올리던 매매혼 제도(예부제)이다. 고구려의 결혼풍습은 데릴사위제로 혼인이 이루어지면 남자가 여자의 집에서 살던 제도(서옥제)이다.
③ 책화는 동예에서 한 씨족이 다른 씨족마을 사이의 경계를 침입하였을 때 노예 · 소 · 말 등으로 변상하던 제도이다.
④ 골장제는 가족이 죽으면 시체를 가매장했다가 나중에 그 뼈를 추려 가족 공동무덤에 안치하는 옥저의 장례풍습이다.
⑤ 순장은 한 집단의 지배층 계급에 속하는 인물이 사망했을 때 그 사람의 뒤를 따라 강제적으로, 혹은 자발적으로 죽은 사람을 함께 묻는 장례풍습이다.

73

팽창 : 수축 = 증가 : (   )

① 증량   ② 추가   ③ 감소
④ 평균   ⑤ 추락

해설 팽창(부풀어서 부피가 커짐), 수축(부피나 규모가 줄어듦)
증가(양이나 수치가 늚), 감소(양이나 수치가 줆)

74

밥 : 진지 = 주다 : (   )

① 던지다   ② 받다   ③ 줍다
④ 버리다   ⑤ 드리다

해설 '밥'과 '진지'는 높임체계에 따른 유의관계이다. '주다'와 높임체계에 따른 유의관계는 '드리다'이다.

75

개헌 : 호헌 = 개혁 : (   )

① 개선   ② 계몽   ③ 혁신
④ 수구   ⑤ 진보

해설 개헌은 헌법을 고치는 것이고, 호헌은 헌법을 옹호하는 것이다(반의어 관계). 개혁은 정치체재나 사회제도 등을 합법
적 · 점진적으로 새롭게 고쳐 나가는 것이고, 수구는 묵은 관습이나 제도를 그대로 지키고 따르는 것이다.

76~83 다음 중 단어들 사이의 관계가 다른 하나를 고르시오.

76

① 군인 – 무기 – 군대　　② 교수 – 연구 – 대학　　③ 요리사 – 요리 – 주방

④ 의사 – 진료 – 병원　　⑤ 판사 – 재판 – 법원

해설 ②~⑤의 경우 '주체 – 행위 – 장소'로 묶여 있으나 ①은 '주체(군인) – 도구(무기) – 장소(군대)'로 묶여 있다.

77

① 동물 – 포유류 – 사자　　② 생물 – 식물 – 무궁화　　③ 사람 – 황인종 – 백인종

④ 과일 – 복숭아 – 백도　　⑤ 사무용품 – 필기구 – 볼펜

해설 ③을 제외하고 모두 순서대로 상위어와 하위어이다.

78

① 젓가락 – 음식 – 섭취　　② 총 – 사람 – 전쟁　　③ 글러브 – 경기장 – 농구

④ 바이올린 – 음악 – 연주　　⑤ 상자 – 물건 – 보관

해설 ③을 제외하고 모두 '도구 – 대상 – 행위'의 관계를 가진 단어들이다.

79
① 어머니 – 모친 – 마더   ② 형님 – 처남 – 브라더   ③ 희다 – 백 – 화이트
④ 하늘 – 천 – 스카이   ⑤ 물 – 수 – 워터

해설 ②를 제외하고 모두 '고유어 – 한자어 – 영어'의 관계를 가진 단서들이다.

80
① 후보자 – 선거 – 당선   ② 수험생 – 응시 – 합격   ③ 선수 – 시합 – 패배
④ 작가 – 집필 – 탈고   ⑤ 화가 – 데생 – 채색

해설 ⑤를 제외하고 모두 '행위자 – 행위 – 결과'의 관계를 가진 단어들이다.

81
① 축구 – 공 – 골대   ② 군대 – 총 – 군복   ③ 남극 – 북극 – 얼음
④ 은행 – 금고 – 돈   ⑤ 우체국 – 편지 – 소포

해설 ③을 제외하고 모두 '전체 – 부분(구성요소) – 부분(구성요소)'의 관계를 가진 단어들이다.

82

① 거스름돈 – 잔돈 – 우수리 ② 길 – 거리 – 도로 ③ 관습 – 관행 – 관례

④ 교포 – 동포 – 교민 ⑤ 달리다 – 걷다 – 기어가다

해설 ⑤를 제외하고 모두 유의어로 이루어진 단어들이다. ⑤는 '움직임'이라는 의미성분을 공유하는 관계이다.

83

① 거리 – 오이 – 50개 ② 두름 – 조기 – 20마리 ③ 죽 – 옷 – 100벌

④ 쌈 – 바늘 – 24개 ⑤ 톳 – 김 – 100장

해설 ③을 제외하고 모두 '단위어 – 대상 – 수량'의 관계로 연결된 단어들이다.

> **Tip** 묶음을 세는 단위
>
> • 쾌 : 북어 20마리
> • 톳 : 김 100장
> • 우리 : 기와 2,000장
> • 쌈 : 바늘 24개
> • 거리 : 가지, 오이 50개
> • 접 : 채소나 과일 100개
> • 손 : 고등어 따위의 생선 2마리
> • 섬 : 쌀 1가마
> • 죽 : 버선이나 그릇 10벌
> • 담불 : 벼 100섬
> • 필 : 명주 40자
> • 첩 : 한약 20첩
> • 꾸러미 : 달걀 10개
> • 두름 : 조기, 청어 20마리
> • 강다리 : 쪼갠 장작의 100개

84~92 다음 제시된 단어와 비슷한 의미의 단어를 고르시오.

84

　가르다

① 막다　　　　　　② 나누다　　　　　③ 가리다
④ 자르다　　　　　⑤ 부수다

> **해설** • 가르다 : (사람이나 물체가 대상을)따로 나누어 서로 구분을 짓다
> ① 막다 : (무엇이 어떤 현상을)일어나지 않게 하다
> ② 나누다 : (어떤 사람이 다른 사람과 사물을, 또는 둘 이상의 사람이 사물을)몫을 분배하여 주거나 가르다
> ③ 가리다 : (어떤 물체나 장소가 다른 물체에)보이지 않도록 감추어지거나 막히다

85

　실책(失策)

① 전가(轉嫁)　　　　② 성찰(省察)　　　③ 과오(過誤)
④ 각축(角逐)　　　　⑤ 낭패(狼狽)

> **해설** • 실책(失策) : 잘못된 꾀나 방법
> ① 전가(轉嫁) : 잘못이나 책임을 다른 사람에게 넘겨씌움
> ② 성찰(省察) : 자기의 마음을 반성하고 살핌
> ③ 과오(過誤) : 부주의나 태만 따위에서 비롯된 잘못이나 허물
> ④ 각축(角逐) : 서로 이기려고 다투며 덤벼듦
> ⑤ 낭패(狼狽) : 계획한 일이 실패로 돌아가거나 기대에 어긋나 매우 딱하게 됨

86

　고요하다

① 조용하다　　　　② 무섭다　　　　　③ 긴장되다
④ 떨리다　　　　　⑤ 엄숙하다

> **해설** • 고요하다 : (무엇이)잠잠하고 조용하다
> ① 조용하다 : (장소가)아무런 소리도 없이 잠잠하고 고요하다
> ⑤ 엄숙하다 : (의식이나 분위기가)장엄하고 정숙하다

87 등반(하다)

① 등정 ② 동반 ③ 협동
④ 합격 ⑤ 상승

해설 • 등반 : 험한 산이나 높은 곳의 정상에 이르기 위해 기어오름
① 등정 : 산의 꼭대기에 오름
② 동반 : 어디를 가거나 무엇을 할 때, 함께 짝을 함
③ 협동 : 서로 마음과 힘을 하나로 합함
④ 합격 : 일정한 자격을 얻기 위한 시험이나 검사 따위에 붙거나 통과함
⑤ 상승 : 가치나 정도가 올라가거나 높아짐

88 금언

① 격언 ② 망언 ③ 실언
④ 식언 ⑤ 착각

해설 • 금언 : 삶에 본보기가 될 만한 귀중한 내용을 담고 있는 격언이나 명언
① 격언 : 인생을 올바로 살아가는 데 도움을 주는 경구.
② 망언 : 이치에 맞지 않고 허황되게 말함
③ 실언 : 하지 않아야 할 말을 실수로 잘못 말함
④ 식언 : 약속한 말을 지키지 않음
⑤ 허언 : 사실이 아닌 것을 사실인 것처럼 꾸며 말함

89 주관하다

① 주장하다 ② 준비하다 ③ 정리하다
④ 주최하다 ⑤ 성대하다

해설 • 주관하다 : (사람이나 단체가 행사나 일 따위를)주가 되어 책임지고 맡아 관리하다
① 주장하다 : (사람이 어떠하다고)자신의 의견이나 주의, 권리를 굳게 내세우다
② 준비하다 : 행동으로 옮기기 위한 마음가짐이나 주변 조건 등을 미리 채비하다
③ 정리하다 : 흐트러지거나 어수선한 상태에서 한데 모으거나 둘 자리에 두어서 질서 있는 상태가 되게 하다
④ 주최하다 : (기관이나 단체가 행사나 회합 따위를)주도적으로 기획하여 열다
⑤ 성대하다 : (예식이나 그 기세가)규모가 크고 훌륭하다

90 안이하다

① 어렵다   ② 비관적이다   ③ 박탈하다

④ 편안하다   ⑤ 강파르다

해설 • 안이하다 : 1. 너무 쉽게 여기는 태도나 경향이 있다. 2. 근심이 없이 편안하다.
③ 박탈하다 : 남의 재물이나 권리, 자격 따위를 빼앗다.
⑤ 강파르다 : 몸이 야위고 파리하다. 성질이 까다롭고 괴팍하다.

91 후원하다

① 기부하다   ② 후련하다   ③ 조성하다

④ 협찬하다   ⑤ 원망하다

해설 • 후원하다 : (어떤 사람이나 단체가 다른 사람이나 사업 따위를)뒤에서 도와주다
① 기부하다 : (사람이 단체에 재물을)자선 사업이나 공공사업을 돕기 위해 무상으로 내주다
④ 협찬하다 : (어떤 사람이 다른 사람이나 단체의 일을)옆에서 거들어 돕다

92 결의

① 결점   ② 단점   ③ 결심

④ 격려   ⑤ 개선

해설 • 결의 : 뜻을 정하여 굳게 다짐. 또는 그 뜻
① 결점 : 결함. 잘못되거나 완전하지 못한 점
③ 결심 : (어떻게 하기로) 마음을 굳게 작정함. 또는 작정한 마음

Tip 주요 유의어

• 끊임없다 = 줄기차다	• 단순하다 = 단조롭다	• 부루퉁하다 = 불만스럽다
• 끝나다 = 멎차다	• 달갑다 = 만족하다	• 상냥하다 = 곰살갑다
• 끝없다 = 무궁하다	• 닳다 = 해지다	• 수월찮다 = 어렵다
• 나무라다 = 야단치다	• 멀쑥하다 = 멀끔하다	• 수월하다 = 쉽다

93~100 다음 제시된 단어와 상반된 의미의 단어를 고르시오.

93 가결

① 의결   ② 타결   ③ 전결

④ 부결   ⑤ 표결

해설 • 가결 : (사람이나 단체가 안건을)투표나 다수결로 옳다고 결정하다
　　　① 의결 : 어떤 의제나 안건을 의논하고 합의하여 의사를 결정함
　　　③ 전결 : 결정권을 가진 사람이 혼자의 판단으로 책임지고 결정함
　　　④ 부결 : 회의에서, 의논한 안건을 승인하지 않기로 결정함

94 공유

① 공복   ② 전유   ③ 총유

④ 합유   ⑤ 공허

해설 • 공유 : (두 사람 이상이 한 물건을) 공동으로 소유함
　　　② 전유 : 독차지함. 독점

95 질타(叱咤)

① 꾸짖음   ② 걱정   ③ 문책

④ 칭찬   ⑤ 힐난

해설 • 질타(叱咤) : 큰 소리로 꾸짖음
　　　③ 문책(問責) : 잘못을 캐묻고 꾸짖음
　　　⑤ 힐난(詰難) : 트집을 잡아 거북할 만큼 따지고 듦

정답 90. ④   91. ④   92. ③   93. ④   94. ②   95. ④

96   간간이

① 가끔   ② 이따금   ③ 찰나

④ 늘   ⑤ 어쩌다

해설 • 간간이 : 1. 시간적인 사이를 두고 가끔씩 2. 공간적인 거리를 두고 듬성듬성   ㈜ 가끔씩, 이따금
③ 찰나(刹那) : 어떤 일이나 사물 현상이 일어나는 바로 그때
④ 늘 : 계속하여 언제나

97   산문

① 수필   ② 논문   ③ 소설

④ 운문   ⑤ 평론

해설 • 산문 : 글자의 수나 운율에 구애됨이 없이, 자유롭게 쓴 글
① 수필 : 자신의 경험이나 느낌 따위를 일정한 형식에 얽매이지 않고 자유롭게 기술한 산문 형식의 글
② 논문 : 학술적인 연구 결과나 연구 업적을 체계적으로 엮어 적은 글
④ 운문 : (산문에 상대하여)율을 가진 글

98   희박하다

① 절박하다   ② 간절하다   ③ 농후하다

④ 농염하다   ⑤ 농익다

해설 • 희박하다 : (가능성이)매우 적다
① 절박하다 : (일이나 사정이)매우 다급하고 절실하다
② 간절하다 : (마음이나 그 정도가)매우 지성스럽고 절실하다
③ 농후하다 : (어떤 경향이나 기색이)강하거나 뚜렷하다
④ 농염하다 : (주로 여자나 그 모습이)한껏 무르익어 관능적으로 매우 아름답다
⑤ 농익다 : (과일이나 곡식이)아주 푹 익다

99 호젓하다

① 후미지다　　　　② 홀가분하다　　　　③ 시끄럽다

④ 복잡다단하다　　⑤ 거추장스럽다

 • 호젓하다 : 1. 후미져서 무서움을 느낄 만큼 고요하다. 2. 매우 홀가분하여 쓸쓸하고 외롭다.
　　① 후미지다 : 1. 물가나 산길이 휘어서 굽어 들어간 곳이 매우 깊다. 2. 아주 구석지고 으슥하다.
　　② 홀가분하다 : 1. 거추장스럽지 않고 가볍고 편안하다. 2. 다루기가 만만하여 대수롭지 않다.
　　④ 복잡다단하다 : 일이 여러 가지가 얽혀 있거나 어수선하여 갈피를 잡기 어렵다.
　　⑤ 거추장스럽다 : 1. 물건 등이 크거나 무겁거나 하여 다루기가 거북하고 주체스럽다. 2. 일 등이 성가시고 귀찮다.

100 영민하다

① 아둔하다　　　　② 조용하다　　　　③ 잽싸다

④ 슬기롭다　　　　⑤ 민첩하다

해설 • 영민하다 : 매우 영특하고 민첩하다.
　　① 아둔하다 : 슬기롭지 못하고 머리가 둔하다.

> **Tip** 주요 반의어
>
> | | | |
> |---|---|---|
> | • 걸작 ↔ 졸작 | • 계승 ↔ 단절 | • 급급하다 ↔ 여유 있다 |
> | • 등한시 ↔ 중요시 | • 뚜렷하다 ↔ 막연하다 | • 만성 ↔ 급성 |
> | • 망각 ↔ 기억 | • 모방 ↔ 창조 | • 모호하다 ↔ 분명하다 |
> | • 묵독 ↔ 낭독 | • 방임 ↔ 간섭 | • 본토박이 ↔ 뜨내기 |
> | • 비천하다 ↔ 고상하다 | • 사근사근하다 ↔ 퉁명스럽다 | • 수두룩하다 ↔ 드물다 |
> | • 수축 ↔ 팽창 | • 신중 ↔ 경솔 | • 아둔하다 ↔ 명석하다 |
> | • 야무지다 ↔ 무르다 | • 어렴풋하다 ↔ 확실하다 | • 엄격 ↔ 관대 |
> | • 완만하다 ↔ 급격하다 | • 은폐 ↔ 폭로 | • 이완 ↔ 긴장 |
> | • 일시적 ↔ 영구적, 항구적 | • 파괴 ↔ 건설 | • 해이 ↔ 엄격 |
> | • 협의 ↔ 광의 | • 회고 ↔ 전망 | • 희박하다 ↔ 농후하다 |

(2) 맞춤법

대표유형

다음 밑줄 친 부분이 맞춤법에 맞게 쓰인 것을 고르시오.

① <u>거치른</u> 벌판으로 달려가자

❷ 집 잃은 꽃사슴이 산 속에서 <u>헤매다가</u>

③ 너라고 <u>부를께</u> 뭐라고 하든지

④ 천 번쯤 삼키고 또 만 번쯤 <u>추스려</u> 보지만

⑤ <u>푸르른</u> 언덕 위에 집을 짓고

정답 해설

'헤매다'는 '갈 바를 몰라 이리저리 돌아다니다, 갈피를 잡지 못하다, 어떤 환경에서 헤어나지 못하고 허덕이다'라는 뜻으로 틀린 표현인 '헤매이다'와 혼동하지 않도록 한다.

오답 해설

① '거친'이 바른 표현이다.
③ '부를게'가 바른 표현이다.
④ '추슬러'가 바른 표현이다.
⑤ '푸른'이 바른 표현이다.

핵심 정리

틀리기 쉬운 우리말 표현

바른 표현	틀린 표현	바른 표현	틀린 표현
가려지다	가리워지다	무릅쓰다	무릎쓰다
간질이다/간지럽히다	간지르다	바람	바램
구레나룻	구렛나루	빚쟁이	빚장이
구태여	구태어	살코기	살고기
깔때기	깔대기	설레다	설레이다
나지막하다	나즈막하다	아래층	아랫층
넉넉지 (않다)	넉넉치 (않다)	아지랑이	아지랭이
널찍하다	넓직하다	알쏭달쏭	알송달송
넓적다리	넙적다리	야트막하다	얕으막하다
넝쿨/덩굴	덩쿨	업신여기다	없신여기다
넷째/셋째	네째/세째	오뚝이	오뚜기
닦달하다	닥달하다	오므리다	오무리다
됐다	됬다	육개장	육계장
뒤치다꺼리	뒤치닥거리	요컨대	요컨데
뒤탈	뒷탈	으스대다	으시대다
뒤편	뒷편	으스스	으시시
머리말	머릿말	으슬으슬	으실으실

01~13 다음 밑줄 친 부분이 맞춤법에 맞게 쓰인 것을 고르시오.

01
① 애정이는 넓이뛰기에서 학급 최고점을 받았다.
② 그 아이는 눈꼬리를 치켜 뜨며 나를 노려봤다.
③ 언니는 결혼 7년 만에 임신하여 지금 홑몸이 아니다.
④ 결승골이 들어가자 선수들은 감독을 헹가래 태우기 위해 뛰어 나왔다.
⑤ 헙수룩하게 차린 할아버지 한 분이 차비를 좀 빌려 달라며 다가왔다.

해설 '옷차림이 어지럽고 허름함'을 뜻하는 표준어는 '헙수룩하다'이다.
① '멀리뛰기'가 바른 표현이다.
② '눈초리'가 바른 표현으로, '눈꼬리'는 귀 쪽으로 가늘게 좁혀진 눈의 가장자리를 말한다.
③ '홑몸이 아니다'가 바른 표현이다.
④ '헹가래 치다'가 바른 표현이다.

02
① 벌레 한 마리 때문에 학생들이 법썩을 떨었다.
② 실낱같은 희망을 버리지 않고 있다.
③ 오뚜기 정신으로 위기를 헤쳐나가야 한다.
④ 더우기 몹시 무더운 초여름 날씨를 예상한다.
⑤ 어릴 적 할머니의 반짓고리는 보물상자였다.

해설 '실낱'은 '실의 하나하나'로 '실낱같다'는 말은 '목숨이나 희망 따위가 미미하여 끊어지거나 사라질 듯 하다'라는 뜻이다.
① '법석'이 바른 표현이다. 한 단어 안에서 뚜렷한 까닭 없이 나는 된소리는 다음 음절의 첫소리를 된소리로 적지만, 'ㄱ, ㅂ' 받침 뒤에서 나는 된소리는 같은 음절이나 비슷한 음절이 겹쳐 나는 경우가 아니면 된소리로 적지 않는다.
③ '오뚝이'가 바른 표현이다.
④ '더욱이'가 바른 표현이다.
⑤ '반짇고리'가 바른 표현이다.

03
① 이 건물에서는 흡연을 <u>삼가하시오</u>.
② 학교 담에는 <u>덩쿨</u>이 뒤엉켜 있다.
③ 눈이 부시게 <u>푸르른</u> 하늘
④ 한국인은 김치를 <u>담궈</u> 먹는다.
⑤ 축낸 돈을 빨리 <u>메워</u> 넣으시오.

> **해설** '메우다'의 활용은 '메워'가 옳다.
> ① '삼가시오'가 바른 표현이다.
> ② '넝쿨' 또는 '덩굴'이 바른 표현이다.
> ③ '푸른'이 바른 표현이다.
> ④ '담가'가 바른 표현이다.

04
① <u>지리한</u> 장마가 끝나고 불볕더위가 시작되었다.
② 몇 가지 옷만 넣고 <u>단출하게</u> 여행 가방을 쌌다.
③ <u>못쓸</u> 병에 걸려서 요양을 갔다.
④ 도와주려고 했는데 <u>되려</u> 폐만 끼쳤습니다.
⑤ 친구를 <u>꼬셔서</u> 학교에 가지 않았다.

> **해설** ① '지루한'이 바른 표현이다.
> ③ '몹쓸 병'이 바른 표현이다.
> ④ '되레'가 바른 표현이다.
> ⑤ '꾀어'가 바른 표현이다.

05
① 언니는 상냥한데 동생은 너무 <u>냉냉하다</u>.
② 참고 있자니 은근히 <u>부화</u>가 치밀었다.
③ 사람들이 일하는 <u>본새</u>를 보니 오늘 안에 끝내기는 틀렸다.
④ 얼굴이 <u>누러케</u> 뜬 걸 보니, 많이 피곤하구나.
⑤ 뒷모습만 보면 남자인지 여자인지 <u>구분</u>하기 어렵다.

> **해설** ① '냉랭하다'가 바른 표현이다.
> ② '부아'가 바른 표현이다.
> ④ '누렇게'가 바른 표현이다.
> ⑤ 성질이나 종류에 따라 차이가 남을 뜻하는 '구별'이 바른 표현이다.

06
① 시험이 코앞인데 만날 놀기만 하는구나.
② 올해는 모두 건강하리라는 작은 바램을 가져 본다.
③ 이웃 조무라기들과 어울려 놀곤 했다.
④ 이 방은 놀이방으로 쓰기에 딱 쉽상이다.
⑤ 그는 여러 논문을 짜집기하여 학위가 취소되었다.

> **해설** ② '바라다'에서 온 말이므로 '바람'이 바른 표현이다.
> ③ '조무래기'가 바른 표현이다.
> ④ '십상이다'가 바른 표현이다.
> ⑤ '짜깁기'가 바른 표현이다.

07
① 비가 개이고 하늘에는 무지개가 떴다.
② 설레이는 마음에 잠을 이룰 수 없었다.
③ 내 이름을 불르는 소리에 뒤돌아봤다.
④ 가슴을 에는 것 같은 슬픔을 느꼈다.
⑤ 괘적이란 선인의 행적을 말한다.

> **해설** ① '개고'가 바른 표현이다.
> ② '설레는'이 바른 표현이다.
> ③ '부르는'이 바른 표현이다.
> ⑤ '궤적'이 바른 표현이다.

08
① 설겆이보다 빨래가 덜 힘들다.
② 혜성은 번거러운 일에 나서기를 서슴치 않는다.
③ 기말시험은 리포트로 갈음하기로 했다.
④ 낟알은 익을수록 고개를 숙이는 법이다.
⑤ 안경도수를 돋우었다.

> **해설** ① '설거지'가 바른 표현이다.
> ② '서슴지'가 바른 표현이다.
> ④ '낱알'이 바른 표현이다.
> ⑤ '돋구다'가 바른 표현이며, '돋우다'는 위로 끌어 올려 도드라지거나 높아지게 한다는 뜻이다.

09

① 그 일은 내가 <u>해 줄게</u>.

② 어머니는 <u>케케묵은</u> 옛날 일을 꺼내셨다.

③ <u>미류나무</u> 꼭대기에 조각구름이 걸려 있네.

④ 그 사람은 성격이 워낙 <u>괴퍅스러워서</u> 탈이야.

⑤ 그는 부모님을 <u>여위고</u> 아주 힘든 대학 생활을 했다.

> **해설** 어떤 행동을 할 것을 약속하는 뜻을 나타내는 종결 어미는 '-ㄹ께'가 아닌 '-ㄹ게'이다.
> ② '케케묵은'이 바른 표현이다.
> ③ '미루나무'가 바른 표현이다.
> ④ '괴팍스러워서'가 바른 표현이다.
> ⑤ '여의고'가 바른 표현이다.
>
> ┌─ **Tip** '여위다'와 '여의다' ─────────────────────────┐
> • 여위다 : 살림살이가 매우 가난하고 구차하게 되었거나 파리하게 초췌해지는 것을 말한다.
> • 여의다 : 딸을 시집보내거나 부모나 사랑하는 사람이 죽어서 이별하는 것을 뜻한다.
> └──┘

10

① 걷다가 벽에 머리를 <u>부딪쳤다</u>.

② <u>넉넉치 않은</u> 가정 형편에서도 웃음을 잃지 않고 살고 있다.

③ 우산을 <u>받혀</u> 들고 길을 갔다.

④ 어머니의 속을 <u>썩히고</u> 말았다.

⑤ 그녀는 온갖 <u>허드레일</u>을 마다하지 않았다.

> **해설** '부딪치다'는 자동사와 타동사 모두 사용하는 동사이다.
> ② '넉넉지 않은'이 바른 표현이다.
> ③ '받쳐'가 바른 표현이다.
> ④ '썩이고'가 바른 표현이다.
> ⑤ '허드렛일'이 바른 표현이다.

11

① 공연장은 후텁지근한 것이 눈쌀을 찌푸리게 했다.

② 동치미는 있다가 입가심할 때나 먹고 밥부터 먹어라.

③ 어머니는 아들이 군대에 간 후로 마음을 조리며 잠을 이루지 못하셨다.

④ 축하주 한 잔 사주는 게 나의 간절한 바람이다.

⑤ 막상 졸업을 하자 듣든 대로 취직 문제가 잘 풀리지 않았다.

> **해설** 어떤 일이 이루어지기를 기다리는 간절한 마음은 '바램'이 아니라 '바람'이다.
> ① '눈살'이 바른 표현이다.
> ② '이따가'가 바른 표현이다.
> ③ '졸이며'가 바른 표현이다.
> ⑤ '듣던'이 바른 표현이다.

12

① 가장 어려운 문제를 해결했으니 이제는 거칠 것이 없다.

② 뿌옇게 끼었던 안개가 오후가 되어 거쳤다.

③ 우리는 이곳에서 출발해 울산을 걷혀 부산으로 갔다.

④ 장벽이 거치자 드디어 모습을 드러냈다.

⑤ 오늘 시험이 끝나서 오랫만에 연극공연을 보러 갔다.

> **해설** ② '걷혔다'가 바른 표현이다.
> ③ '거쳐'가 바른 표현이다.
> ④ '걷히자'가 바른 표현이다.
> ⑤ '오랜만에'가 바른 표현이다.

13

① 비가 오니 우산을 잘 바치고 가거라.

② 눈을 번쩍 떴다 감았다 하니까 농무처럼 서린 잠이 깨끗이 거쳤다.

③ 방금 달인 차가 바로 그때 딴 어린잎이다.

④ 아침마다 생선을 졸여 밥상에 내놓았다.

⑤ 이 바지는 무난해서 어떤 셔츠에 바쳐 입어도 어지간히 어울린다.

> **해설** ① '받치고'가 바른 표현이다.
> ② '걷혔다'가 바른 표현이다.
> ④ '조려'가 바른 표현이다.
> ⑤ '받쳐'가 바른 표현이다.

14~30 다음 밑줄 친 부분이 맞춤법에 어긋난 것을 고르시오.

14

① 석 잔의 술을 <u>연거퍼</u> 마셨다.

② 이 책상은 <u>철</u>로 만들어졌다.

③ 화를 <u>돋우지</u> 말고 잘 다스려라.

④ 그는 <u>군색</u>한 변명을 하고 있다.

⑤ <u>옷매무새</u>가 참 단아하구나.

해설 ① '잇따라 여러 번 되풀이하여' 라는 뜻을 가진 '연거푸' 가 바른 표현이다.

15

① 유명세 좀 탄다고 사람을 이렇게 <u>괄세해도</u> 되는 겁니까?

② 향긋한 꽃 <u>냄새</u>가 봄이 오고 있음을 알려주었다.

③ <u>고랭지</u> 배추는 일반 배추에 비해 맛이 좋다.

④ <u>설거지</u>보다 빨래가 덜 힘들다.

⑤ <u>사글세</u>로 신혼살림을 시작했지만 어느 부부보다도 행복하다.

해설 ① '업신여겨 하찮게 대하다.' 라는 뜻을 가진 '괄시해도' 가 바른 표현이다.

16

① 주문한 음식이 늦게 나오자 손님은 종업원을 <u>닦달하기</u> 시작했다.

② 우리 집 개 망고가 <u>수캉아지</u>를 낳았다.

③ 나사에는 <u>수나사</u>와 암나사가 있다.

④ 할머니 댁에는 <u>수염소</u> 두 마리가 있다.

⑤ 장끼는 수꿩, 까투리는 <u>암꿩</u>을 말한다.

해설 ④ '숫염소' 가 바른 표현이다. 수컷을 이루는 접두사는 '수-' 로 통일하지만 '숫염소, 숫쥐, 숫양' 은 예외로 한다.

17
① 조카의 첫 돌을 맞아 금반지를 선물했다.
② 우리집 세째 외삼촌은 어제 두바이로 출장을 가셨다.
③ 그의 웃음이 적이 붉게 보였다.
④ 선배에 비하면 우리는 풋내기에 지나지 않았다.
⑤ 친한 친구의 결혼이라 부조금을 넉넉하게 준비했다.

해설 ② '셋째'가 바른 표현이다.

18
① 혜성은 번거러운 일에 나서기를 서슴치 않는다.
② 근무 햇수에 따라 봉급에 차등이 있다.
③ 잎이 떨어져 나뭇가지가 앙상해 보인다.
④ 요즘은 전셋집 얻기가 하늘에 별 따기이다.
⑤ 동생 명의로 신규 계좌를 개설하였다.

해설 ① '서슴지'가 바른 표현이다.

19
① 윗어른 앞에서 모든 것이 조심스럽다.
② 위층에서 쿵쿵거리는 소리에 신경이 쓰였다.
③ 목수는 집을 짓고 미장이는 벽을 바르는 일을 한다.
④ 감미로운 피아노 선율이 방 안을 가득 채웠다.
⑤ 곳간에 가득 쌓인 곡식을 보기만 해도 배가 부르다.

해설 ① '웃어른'이 바른 표현이다.

20
① 그는 <u>곰곰이</u> 생각에 잠겼다.
② 우리나라의 <u>이혼율</u>이 급증하고 있다.
③ 구렁이 한 마리가 <u>똬리</u>를 틀고 있다.
④ 손을 <u>깨끗이</u> 씻어라.
⑤ 그녀의 연주가 끝나자 청중들의 <u>우뢰</u>와 같은 박수소리가 들렸다.

> **해설** ⑤ '우레' 가 바른 표현이다.

21
① 나는 <u>아랫층</u>에 그리고 언니는 <u>윗층</u>에 숨었다.
② 언덕을 넘어 동산에는 <u>해님</u>이 반짝이고 있다.
③ <u>머지않아</u> 해가 솟을 것이다.
④ 장사 밑천이 <u>넉넉지</u> 않다.
⑤ 산머리에 눈썹같은 <u>초승달</u>이 걸렸다.

> **해설** ① '아래층', '위층' 이 바른 표현이다.

22
① 나는 텔레비전을 보며 <u>틈틈이</u> 공부를 했다.
② 옷을 벗은 <u>채로</u> 달아났다.
③ 배고픈 여우, <u>암탉</u>을 잡으려다 놓쳤다네.
④ 그 음식점은 <u>육계장</u>이 맛있기로 소문났다.
⑤ 나는 <u>오두방정</u>을 떨면서 커피숍을 뛰쳐나갔다.

> **해설** ④ '육개장' 이 바른 표현이다.

23
① 국화꽃향기가 옷에 잔뜩 배었다.

② 그는 허리춤을 추키면서 돌아섰다.

③ 그를 축하하기 위해 사흘 동안이나 잔치를 벌렸다.

④ 밭에서 솎은 고추를 광주리에 담았다.

⑤ 구슬이 서 말이라도 꿰어야 보배

해설 ③ '벌리다'는 둘 사이를 넓히거나 멀게 한다는 뜻이다. 이 문장에서는 어떤 일을 계획하여 시작하거나 펼쳐 놓는다는 뜻의 '벌이다'가 바른 표현이다.

24
① 네가 공인중개사 시험에 합격하리라곤 전혀 생각치 못했다.

② 나라와 백성들을 위한 학문을 연구토록 하시오.

③ 장사 밑천이 넉넉지 않다.

④ 그 사건은 제3자의 피해에 대해서는 신중하게 고려치 않았다.

⑤ 생각건대 이번 일은 그의 잘못이 큰 것 같다.

해설 ① '생각하지'의 준말로 '생각지'가 바른 표현이다.

> **Tip 무성음과 유성음에서의 차이**
> • 무성음('ㄴ, ㅁ, ㄹ, ㅇ'을 제외한 자음) 뒤에서는 '하'가 통째로 탈락된다.
>   **예** 거북하지 / 거북지, 생각하건대 / 생각건대, 넉넉하지 / 넉넉지
> • 유성음(모음과 'ㄴ, ㅁ, ㄹ, ㅇ') 뒤에서는 '하'에서 'ㅏ'만 탈락되고 'ㅎ'은 살아있다.
>   **예** 간편하지 / 간편치, 다정하지 / 다정치

25
① 이번 문제는 반드시 정답을 맞추어야 한다.

② 힘들게 마지막 나사를 맞추었다.

③ 영화에서 남자배우가 여배우에게 입을 맞추었다.

④ 우선 차례를 맞추어 보도록 하자.

⑤ 원고는 마감기한과 심사기준에 맞추어 제출해야 합니다.

해설 ① '문제에 대한 답이 틀리지 않아야 한다'는 뜻은 '맞혀야'가 바른 표현이다.

26
① 오늘은 날씨가 좋아서 <u>햇볕</u>에 빨래를 말립니다.
② 이번에는 <u>늑장</u>부리지 말고 빨리 오세요.
③ 요즘 <u>벌려</u> 놓은 일이 많다.
④ 작년에 <u>담은</u> 포도주가 아주 맛있다.
⑤ 돌아가는 길에 <u>아랫마을</u>에 사는 형님에게도 안부전해 주시오.

해설 ④ '담근'이 바른 표현이다.

27
① 그는 그일을 하기에 <u>안성마춤</u>이다.
② <u>앉을자리</u>를 잘 보고 앉아라.
③ 사은품을 놓고 고객 간에 <u>실랑이</u>가 있었다.
④ <u>천장</u>이 낮아서 허리를 바로 펼 수가 없다.
⑤ 그는 뭐라도 된 것처럼 <u>으스댔다</u>.

해설 ① '안성맞춤'이 바른 표현이다.

28
① 수요가 적어서 <u>생선장사</u>가 울상이다.
② 재산이 <u>적어서</u> 걱정입니다.
③ 존경심이 <u>우러나와야</u> 한다.
④ 마음의 분노를 <u>삭이고</u> 천천히 생각해라.
⑤ 선생님께서 <u>떠들지</u> 말라고 말씀하셨다.

해설 ① '생선장수'가 바른 표현이다.

29
① 그는 오랜 사정 끝에 며칠 <u>말미</u>를 얻었다.
② 너무 당황해서 옷을 벗은 <u>체</u>로 달아났다.
③ 그는 이제 <u>빈털터리</u>가 됐다.
④ 이번 수시의 합격률은 <u>매우</u> 높다.
⑤ 나는 <u>틈틈이</u> 동영상강의를 보며 공부를 했다.

해설 ② '벗은 채로'가 바른 표현이다.

> **Tip** '체'와 '채'
> • 체 : (어미 '-ㄴ', '-은(는)' 뒤에 쓰이어) '그럴듯하게 꾸미는 거짓 태도'를 뜻하는 말
> • 채 : 이미 있는 상태 '그대로'의 뜻을 나타내는 말(주로 '-은(는) 채로'의 꼴로 쓰임

30
① 골목에서 나오는 자전거에 <u>부딪쳐</u> 팔이 부러졌다.
② 일이 쉽게 성사되는 듯하다가 이내 냉혹한 현실에 <u>부딪혔다</u>.
③ 파도가 바위에 <u>부딪치는</u> 소리가 좋구나.
④ 그는 나와 눈을 <u>부딪치기</u>를 꺼려했다.
⑤ 뱃전에 <u>부딪는</u> 잔물결 소리가 들렸다.

해설 ① '부딪혀'가 바른 표현이다.

> **Tip** '부딪치다'와 '부딪히다'
> • '-치-'는 강세접사
> **예** 파도가 바위에 부딪치다.
> • '-히-'는 피동접사
> **예** 그는 자동차에 머리를 부딪혀 병원에 실려 갔다.

31~34 다음 중 올바르게 표현된 문장을 고르시오.

31

① 그 회사는 맛이 기막히는 라면을 개발했다고 광고했다.

② 이번 주말에 내 미국 친구 태미를 소개시켜 줄게.

③ 공공장소에서는 조용한 정숙을 유지해야 한다.

④ 시간을 구애받지 말고 천천히 이야기 나누세요.

⑤ 형은 말썽쟁이이며 동생 또한 장난꾸러기이다.

> **해설** ① 형용사에는 진행형 어미 '−는'을 쓸 수 없다.
> ② 내가 능동적으로 하는 행위이므로 능동 표현으로 '소개해'를 써야 한다.
> ③ 중복되는 군더더기 표현을 피해야 한다.
> ④ '구애받다'라는 서술어는 조사 '−에'와 호응한다.

32

① 제품을 보시면서 설명해 드리도록 하겠습니다.

② 일이 잘 되어지고 있다.

③ 가능한 한 빨른 시일 내에 답변해 주십시오.

④ 그녀의 팔목이 매우 가늘다.

⑤ 아무리 두들겨도 문은 열려지지 않는다.

> **해설** ① 보시면서 → 보면서
> '제품'을 높이는 것은 잘못된 표현이다.
> ② 되어지고 → 되고
> ③ 빨른 → 빠른
> ⑤ 열려지지 → 열리지
> '열리다'가 피동사이므로 굳이 '열려지다'로 쓸 필요가 없다.

33

① 필립은 매일매일 별로 자전거 타기를 즐겁게 한다.

② 생각해보니 지난해는 우리들의 만남이 아마 시작되었다.

③ 폭포처럼 쏟아지는 그의 말은 마치 여름날 아이스크림과 같다.

④ 우리가 하는 행동은 모두 결코 올바른 것이라고 말할 수 없다.

⑤ '에너지 절약' 공모전에 많은 참여 바라겠습니다.

해설
① '별로'는 부정을 뜻하는 말과 함께 쓰인다.
② '아마'는 추측의 표현과 호응하여 쓰이는 부사어이다.
④ '결코'는 부정어와 함께 쓰이는 부사어이다.
⑤ '바랍니다'가 바른 표현이다. '바라다'는 기대, 예상과 같은 의미를 내포하고 있으므로, 현재형으로 써야 한다.

34

① 윤아는 실력도 뛰어날 뿐만 아니라 남달리 노력도 많이 한다는 사실이다.

② 그녀의 장점은 모두에게 친절하고, 일도 열심히 한다는 것이다.

③ 이번 사고는 전혀 예상했던 일이다.

④ 이 건물은 흡연을 하는 사람에 대해서 벌금을 내야 한다.

⑤ 여름은 수영장으로, 겨울은 스키장으로 사람들이 몰린다.

해설
① 주어 '윤아는'과 서술어 '~는 사실이다'의 호응이 자연스럽지 못하다.
③ '전혀'는 부정어와 호응하는 부사어이다.
④ 주어와 서술어의 호응에 유의해야 한다.
⑤ 조사 사용에 유의해야 한다.

> **Tip** 호응관계
> 글이나 말속에서 어떤 말 다음에는 반드시 어떤 특정한 말이 따르는 것을 호응이라 한다.
> • 부정의 호응 : 결코, 별로, 전혀, 절대로(부사어) + 부정의 표현(서술어)
> • 가정의 호응 : 만약/만일 ~면, 마치 ~처럼, 비록 ~라도
> • 인과의 호응 : (결과)왜냐하면 ~ (원인, 이유) 때문이다
> • 추측의 호응 : 아마 ~ ㄹ 것이다.

35~43 다음 중 띄어쓰기가 어긋난 것을 고르시오.

35
① 그런 사람은 짐승과 다를 바가 없다.
② 그림자 조차 찾을 수가 없다.
③ 비가 병아리 눈물만큼 내렸다.
④ 그는 배가 고파서인지 주는 대로 다 받아먹었다.
⑤ 선배가 출품해 보라고 권유했다.

> **해설** ② 그림자 조차 → 그림자조차
> '조차'는 '이미 어떤 것이 포함되고 그 위에 더함'의 뜻을 나타내는 보조사로 그 앞말에 붙여 쓴다.

36
① 이번 승리는 거저먹은 거나 다름없다.
② 그는 그럴듯한 말로 자신을 포장해 사기를 친다.
③ 선생님께서 교무실로 오라고 하니 교무실로 가 봐.
④ 그는 자신의 동생이 왕이라도 된 것처럼 거들먹 거렸다.
⑤ 그 사람은 누구든 깍아내리지 않으면 자신이 불안해졌다.

> **해설** '거들먹거리다'는 '신이 나서 잘난 체하며 함부로 거만하게 행동하다'라는 뜻의 한 단어이므로 붙여 쓴다.

37
① 구름이 낮게 걸린 잿빛 하늘을 바라보고 있었다.
② 박물관에 입장할 때에는 음식물 반입이 금지되어 있습니다.
③ 푸른빛이 돌던 호수에는 물안개가 자욱했다.
④ 벌써 들판은 황금빛으로 넘실대고 있었다.
⑤ 장미의 검붉은빛이 흰옷과 대조를 이루고 있다.

> **해설** ⑤ 검붉은빛 → 검붉은 빛
> 색상을 나타내는 순색의 빛깔 이름은 합성 명사로 보고 모두 붙여 쓴다. 그러나 순색이 아닌 것은 각자 독립된 명사로 보고 띄어 쓴다.

38
① 그 외에 다른 질문이 있으신 분들은 질의응답 게시판을 이용해 주십시오.

② 구급차가 쏜살같이 달리고 있다.

③ 그 사람은 변덕이 죽 끓듯 하다.

④ 그 물건은 필요한데 보내는 것이 좋다.

⑤ 그녀의 가방을 맡아둔 지 30분이 지났음에도 그녀는 돌아오지 않았다.

해설 '곳'이나 '장소'의 뜻을 나타내는 말 '데'는 의존명사로 앞말과 띄어 쓴다. 필요한데 → 필요한 데

39
① 그녀는 이성적이라기보다는 감성적이다.

② 일이 될법하다.

③ 아버지의 동생이 작은아버지이다.

④ 그 가방에는 책밖에 없다.

⑤ 둘이서 한 동안 수군수군 이야기를 하더니 이제는 조용해졌다.

해설 한동안은 '일시적', '한참'이라는 뜻으로 한단어로 쓴다. 어느 한때에서 어느 한때까지의 시간의 길이, 두 지점 사이의 거리를 뜻하는 '동안'은 띄어 쓴다.

40
① 구름 낀 하늘을 보면 마음이 우울해진다.

② 그 가방에는 책밖에 없다.

③ 나는 하늘 만큼 엄마를 좋아한다.

④ 일 년 사이에 체중이 부쩍 는 것을 알 수 있었다.

⑤ 정우는 이름이 나지 않았다뿐이지 참 성실한 사람이다.

해설 조사는 그 앞말에 붙여 쓰고, 의존명사는 띄어 쓴다. '만큼'이 용언의 관형사형 다음에 쓰이면 의존 명사이므로 띄어 써야 하나, 체언 다음에 쓰이면 조사이므로 붙여 써야 한다.

41
① 마침 당신을 만나러 가던 차였는데 잘 오셨습니다 그려.
② 차라리 실패할망정 친구를 배반하지는 말자.
③ 아버지의 동생이 작은 아버지이다.
④ 그는 변덕이 죽 끓듯 하다.
⑤ 그 물건은 필요한 데 보내는 것이 좋다.

해설 아버지의 결혼한 남동생을 이르는 말은 합성어인 '작은아버지'이다. '작은 아버지'는 두 단어의 구성으로 '크기가 크지 않고 왜소한 아버지'라는 의미이다.

42
① 그가 떠난 지 3년이 되었다.
② 네가 뜻한바를 이제야 알겠다.
③ 보고 싶던 차에 당신을 만나다니.
④ 그녀는 마음씨가 꽃처럼 예쁘다.
⑤ 구급차가 손살같이 달리고 있다.

해설 '뜻한 바'가 옳다. 의존명사 '-바'는 띄어 쓰고, 어미 '-바'는 붙여 쓴다.

43
① 방심한 탓에 모자가 강물에 떠내려가 버렸다.
② 그 옷보다는 이 옷이 네 몸에 맞을거야.
③ 집에 오다가 아는 이를 만났다.
④ 너는 이준영씨를 언제 만났니?
⑤ 하늘을 보아하니 비가 올 듯도 하다.

해설 성과 이름, 성과 호 등은 붙여 쓰고, 이에 덧붙은 호칭어, 관직명 등은 띄어 쓴다.
예) 김철수, 이준영 씨, 채영신 선생

44~50 다음 중 표준어 규정에 맞는 것을 고르시오.

44 ① 풋나기   ② 조무라기   ③ 꼬챙이

④ 놈팽이   ⑤ 상치

> **해설** ① 풋나기 → 풋내기
> ② 조무라기 → 조무래기
> ④ 놈팽이 → 놈팡이
> ⑤ 상치 → 상추
> 'ㅣ' 역행 동화 현상에 의한 발음은 원칙적으로 표준 발음으로 인정하지 아니하되, 다만, '-내기', '냄비', '동댕이치다' 등은 그러한 동화가 적용된 형태를 표준어로 삼는다.

45 ① 심술장이   ② 욕심장이   ③ 유기쟁이

④ 개구장이   ⑤ 미장이

> **해설** 기술자에게는 '-장이', 그 외에는 '-쟁이'가 붙는 형태를 표준어로 삼는다.
> ① 심술장이 → 심술쟁이
> ② 욕심장이 → 욕심쟁이
> ③ 유기쟁이 → 유기장이
> ④ 개구쟁이 → 개구쟁이

46 ① 숫나사   ② 또아리   ③ 소리개

④ 온가지   ⑤ 거짓부리

> **해설** 거짓부리, 거짓부렁이는 거짓말을 속되게 이르는 말로 사실이 아닌 것을 사실인 것처럼 꾸며대어 하는 말을 일컫는다.
> ① 숫나사 → 수나사
> ② 또아리 → 똬리
> ③ 소리개 → 솔개
> ④ 온가지 → 온갖

47

① 눈곱　　　　　② 무우　　　　　③ 발자욱

④ 꼭둑각시　　　⑤ 설겆이

해설　② 무우 → 무
　　　　③ 발자욱 → 발자국
　　　　④ 꼭둑각시 → 꼭두각시
　　　　⑤ 설겆이 → 설거지

48

① 수쥐　　　　　② 수꿩　　　　　③ 수양

④ 숫돼지　　　　⑤ 윗어른

해설　수컷을 이르는 접두사는 '수-'로 통일하여, '수꿩, 수나사, 수놈, 수사돈, 수소, 수은행나무'를 표준어로 한다.
　　　　① 수쥐 → 숫쥐
　　　　③ 수양 → 숫양
　　　　④ 숫돼지 → 수퇘지
　　　　⑤ 윗어른 → 웃어른

> **Tip** 수-/숫-
> • 수컷을 이르는 접두사는 '-수'로 통일하도록 규정
> 　**예** 수꿩, 수나사, 수놈, 수사돈, 수소, 수은행나무
> • 단, 다음 단어에서는 접두사 뒤에 나는 거센소리를 인정함
> 　**예** 수캉아지, 수캐, 수컷, 수키와, 수탉, 수탕나귀, 수톨쩌귀, 수퇘지, 수평아리
> • 단, 다음 단어의 접두사는 '숫'으로 함
> 　**예** 숫양, 숫염소, 숫쥐

49　① 어린벌레　　② 삭월세　　③ 덩쿨
　　④ 강냉이　　⑤ 부억

　　　해설　① 어린벌레 → 애벌레
　　　　　　② 삭월세 → 사글세
　　　　　　③ 덩쿨 → 넝쿨/덩굴
　　　　　　⑤ 부억 → 부엌

50　① 마구간　　② 푸주간　　③ 짜투리
　　④ 막동이　　⑤ 발가송이

　　　해설　마구간은 한자어로만 결합된 합성어로 사이시옷을 받쳐 적지 않는다.
　　　　　　② 푸주간 → 푸줏간
　　　　　　③ 짜투리 → 자투리
　　　　　　④ 막동이 → 막둥이
　　　　　　⑤ 발가송이 → 발가숭이

> **Tip** 사이시옷
> 사이시옷은 순우리말로 된 합성어로서 앞말이 모음으로 끝난 경우와 순우리말과 한자어로 된 합성어로서 앞말이 모음으로 끝난 경우에 받치어 적고, 한자어에는 사이시옷을 붙이지 않는 것을 원칙으로 하되, '곳간(庫間), 셋방(貰房), 숫자(數字), 찻간(車間), 툇간(退間), 횟수(回數)' 여섯 개 단어에만 붙여 적는다.

(3) 언어논리력

> ### 대표유형
>
> 다음 ㄱ~ㅁ 중 다음 글의 통일성을 해치는 것은?
>
> ---
>
> ㉠ 21세기의 전쟁은 기름을 확보하기 위해서가 아니라 물을 확보하기 위해서 벌어질 것이라는 예측이 있다. ㉡ 우리가 심각하게 인식하지 못하고 있지만 사실 물 부족 문제는 심각한 수준이라고 할 수 있다. ㉢ 실제로 아프리카와 중동 등지에서는 이미 약 3억 명이 심각한 물 부족을 겪고 있는데, 2050년이 되면 전 세계 인구의 3분의 2가 물 부족 사태에 직면할 것이라는 예측도 나오고 있다. ㉣ 그러나 물 소비량은 생활수준이 향상되면서 급격하게 늘어 현재 우리가 사용하는 물의 양은 20세기 초보다 7배, 지난 20년간에는 2배가 증가했다. ㉤ 또한 일부 건설 현장에서는 오염된 폐수를 정화 처리하지 않고 그대로 강으로 방류하는 잘못을 저지르고 있다.
>
> ① ㉠   ② ㉡   ③ ㉢
>
> ④ ㉣   ❺ ㉤

 정답 해설
글의 전체적인 흐름은 '물 부족 현상'에 대한 이야기이다. 그러나 ㉤은 '수자원 오염'에 대한 내용이므로 직접적인 관련성이 떨어지는 문장이라고 할 수 있다.

 핵심 정리
글을 읽고 사실을 확인하고, 글의 배열순서 및 시간의 흐름과 그 중심 개념을 파악하며, 글 흐름의 방향을 알 수 있으며 대강의 줄거리를 요약할 수 있는 능력을 평가하는 검사이다.

01~03 다음 제시문의 내용 중 글의 논지 전개상 어울리지 않는 것을 고르시오.

01

⊙ 사람은 귀보다 눈을 통하여 많은 값진 정보를 얻는다. ⓒ '백문불여일견(百聞不如一見)'이라는 말이 더 이상 들어맞지 않게 되어버린 것이다. ⓒ 텔레비전으로 본 것은 라디오를 통해 들은 것과는 비교도 안 될 만큼 오래도록 생생하게 남아 있다. ② 또한 귀로 들을 때에는 잘 모르거나 불확실한 일이라도 눈으로 직접 확인하고 볼 때에는 명확한 지식으로 간직된다. ⑩ 더구나 귀로 들을 경우에는 전해주는 사람의 주관이나 악의가 개입되어 정확한 정보가 손상되는 일도 있을 수 있으나, 눈으로 보는 경우에는 그럴 염려가 거의 없다.

① ⊙   ② ⓒ   ③ ⓒ
④ ②   ⑤ ⑩

해설 제시문은 '백문불여일견(百聞不如一見)'라는 말을 인용하여 눈은 귀보다 더 많은 정보를 얻을 수 있고, 더 생생하게 명확하게 기억되며, 보다 객관적이고 정확하다는 내용이다. 그러나 ⓒ에서는 이러한 말이 더 이상 들어맞지 않게 되었다는 내용으로 글 전체의 흐름과 어울리지 않는다.

02

⊙ 어린이들은 본성적으로 호기심이 많은 존재이다. 그래서 자유롭게 내버려두면 주위 환경에 대한 탐색을 즐기고, 새로운 것에 대해 흥미로워하며, 문제에 부딪히면 궁리를 거듭하여 끝내는 그 문제를 풀어내려고 한다. ⓒ 그런데 어떤 부모들은 어린이들이 하기 어려워한다고 대신해주려고 한다. ⓒ 부모가 자녀의 일을 대신해주는 것은 아이들의 마음속에서 움트는 성장의 씨앗을 짓밟는 결과가 된다. ② 그러나 어린이들이 힘들어하는 경우에는 부모가 대신해주는 것이 필요하다. ⑩ 어린이들이 자발적으로 할 수 있게 하는 부모의 배려가 필요하다.

① ⊙   ② ⓒ   ③ ⓒ
④ ②   ⑤ ⑩

해설 제시문의 논지는 아이들이 자신들의 일을 부모의 도움 없이 자발적으로 하게 해야 한다는 것이다. 이에 비해 ②은 부모가 대신해주어야 한다는 것이므로 글의 논지 전개상 어울리지 않는다.

03

제목 : 올바른 문화상대주의

서론 : 문화 발달 정도를 측정하는 보편적 기준의 유무

본론 : 보편적 기준의 유무에 입각한 두 가지 이론

　　　㉠ 1. 서양의 문화우월주의에 입각한 절대주의

　　　2. 20세기 문화인류학의 문화상대주의

　　　㉡ 1) 각 문화 나름의 합리성과 우월성 인정

　　　㉢ 2) 일정한 측정기준으로 서로 다른 문화를 비교하는 것이 부당함을 지적

　　　㉣ 3) 문화상대주의의 예 : 프랑스의 똘레랑스, 인도의 순장풍속 용인

　　　3. 문화상대주의의 맹점 : ㉤ 보편인권선언의 부정

결론 : 보완된 문화상대주의

① ㉠　　　　　　② ㉡　　　　　　③ ㉢

④ ㉣　　　　　　⑤ ㉤

해설 순장의 풍속을 용인하는 것은 문화상대주의의 예로서 보기에는 무리가 있으며, 이보다는 문화상대주의의 맹점인 보편인권선언의 부정에 해당된다.

04~06 다음 제시문의 내용 및 논지 전개상 빈칸에 들어갈 내용으로 가장 적합한 것을 고르시오.

04

논제 : 지역 주민에 대한 대학도서관 개방 여부

찬성 : 개방하여야 한다.

      1. 지역 사회의 도서관 수가 절대적으로 부족하다.

      2. 대학은 지역 사회에 기여해야 한다.

반대 : 개방해서는 안 된다.

      1. 면학 분위기를 해친다.

      2. 장서관리가 힘들어진다.

절충안 : _____

① 대학은 순수하게 학문을 연구하는 상아탑으로 남아야 한다.

② 대학은 공공기관이므로 지역 사회에 공적 서비스를 제공한다.

③ 대학도서관 내의 편의시설을 확충하여 이용의 편의를 도모한다.

④ 도서관 개방보다는 학문적 성취를 통해 지역 사회 발전에 기여한다.

⑤ 대학도서관 몇 곳을 실험적으로 개방하여 추이를 지켜본 후 결정한다.

> **해설** 빈칸에는 대학도서관 개방 여부에 대한 절충안에 해당하는 내용이 와야 하므로 ⑤가 가장 적합하다. ②, ③은 찬성의 입장에, ①, ④는 반대의 입장에 가깝다고 볼 수 있다.

05

제목 : 과학기술자의 책임과 권리

서론 : 과학기술의 사회적 영향력에 대한 인식

본론1 : 과학기술자의 책임

      1. 과학기술 측면 : 과학기술 개발을 위한 지속적인 노력

      2. 윤리적 측면 : 사회윤리 의식의 실천

본론2 : 과학기술자의 권리

      1. 연구의 자율성을 보장받을 권리

      2. 비윤리적 연구 수행을 거부할 권리

결론 : _____

① 연구 환경의 확보

② 과학기술자와 사회윤리

③ 과학기술 개발의 중요성

④ 과학적 성과와 책임의 연계

⑤ 과학기술자의 책임의식과 권리의 확보

> **해설** 본론에서 과학기술자의 책임과 권리의 문제를 다루었으므로 결론에서는 이를 요약하고 관련 내용을 정리하여야 한다. 따라서 ⑤가 가장 적합하다.

06

제목 : 우리나라의 수출 경쟁력 향상 전략

서론 : 수출 실적과 수출 경쟁력의 상관성

본론 : 수출 경쟁력의 실태 분석

    1. 가격 경쟁력 요인

        1) 제조 원가 상승

        2) 고금리와 환율 불안정

    2. 비가격 경쟁력 요인

        1) 연구 개발 소홀

        2) 품질 불량

        3) 판매 후 서비스 부족

결론 : 분석 결과의 요약 및 수출 경쟁력 향상 방안 제시

주제 : 수출 경쟁력 향상을 위해서는 _____

① 내수산업의 기반을 시급히 강화해 나가야 한다.

② 정부에서 수출 분야의 산업을 적극적으로 지원해야 한다.

③ 가격 경쟁력과 비가격 경쟁력 요인을 철저하게 분석해야 한다.

④ 가격 및 비가격 경쟁력을 동시에 강화하는 방안을 모색하여야 한다.

⑤ 기업은 연구 개발에 대한 투자와 품질 향상에 더 많은 노력을 기울여야 한다.

> **해설** 서론에서는 수출 실적과 수출 경쟁력은 상관관계가 있다고 하였고, 본론에서 수출 경쟁력을 가격 및 비가격 경쟁력의 두 가지 측면에서 살펴보았다. 주제는 글 전체의 내용을 포괄하여야 하므로, '수출 경쟁력 향상을 위한 가격 및 비가격 경쟁력 향상'이 주제문으로 가장 적합하다고 할 것이다.

07~23 다음 문장을 읽고 밑줄 친 부분에 들어갈 내용으로 적절한 것을 고르시오.

07

오페라를 좋아하는 사람은 뮤지컬을 좋아한다.
뮤지컬을 좋아하지 않는 사람은 연극도 좋아하지 않는다.
연극을 좋아하지 않는 사람은 영화도 좋아하지 않는다.
그러므로 _____

① 뮤지컬을 좋아하지 않는 사람은 영화를 좋아하지 않는다.
② 뮤지컬을 좋아하지 않는 사람은 영화를 좋아한다.
③ 뮤지컬을 좋아하는 사람은 오페라를 좋아한다.
④ 오페라를 좋아하는 사람은 연극을 좋아하지 않는다.
⑤ 영화를 좋아하는 사람은 뮤지컬과 오페라를 좋아한다.

해설 뮤지컬을 좋아하지 않는 사람 → 연극을 좋아하지 않는 사람 → 영화를 좋아하지 않는 사람
따라서 뮤지컬을 좋아하지 않는 사람은 영화를 좋아하지 않는다.

08

인생은 예술보다 짧다.
하루살이는 인생보다 짧으므로 _____

① 예술은 인생보다 길지 않다.
② 하루살이는 예술보다 짧다.
③ 인생이 가장 짧다.
④ 하루살이가 가장 길다.
⑤ 예술이 가장 짧다.

해설 예술 〉 인생 〉 하루살이 순이다.

09

> 모든 잡지는 공책이다.
> 모든 정보는 잡지이므로 _____

① 모든 정보는 공책이다.

② 모든 공책은 정보이다.

③ 모든 잡지는 정보이다.

④ 약간의 정보는 공책이 아니다.

⑤ 약간의 정보는 잡지이다.

해설 모든 잡지는 공책에 포함된다. 모든 정보는 잡지에 포함된다. 그러므로 모든 정보는 공책에 포함된다. 지문의 세 가지를 정리하면, '공책 ⊃ 모든 잡지 ⊃ 모든 정보'가 된다.

10

> 모든 강자는 인형을 좋아한다.
> 몇몇 예쁜 사람은 강자이므로 _____

① 모든 예쁘지 않은 사람은 인형을 좋아한다.

② 몇몇 예쁜 사람은 인형을 좋아한다.

③ 모든 예쁘지 않은 사람은 인형을 싫어한다.

④ 몇몇 예쁜 사람은 인형을 싫어한다.

⑤ 몇몇 예쁜 사람이 인형을 좋아하는지 싫어하는지 알 수 없다.

해설 모든 강자는 인형을 좋아하고 몇몇 예쁜 사람은 강자에 포함된다. 그러므로 몇몇 예쁜 사람은 인형을 좋아한다.

Tip 추론의 유형

• 연역 추론 : 일반적인 사실 또는 원리를 통해 특수한 지식, 원리 등을 논증하는 방법이다. 대전제(일반적인 사실 · 원리) − 소전제(참인 것으로 인정되는 한정된 성격의 명제) − 결론으로 이어지는 삼단 논법이 대표적인 유형이다.

  예 대전제 : 사람은 공부한다.

  　　소전제 : 학생은 사람이다.

  　　결론 : 그러므로 학생은 공부한다.

• 귀납 추론 : 개별적이거나 구체적인 사례를 통해 일반적인 원리를 이끌어내는 방법으로 논거와 주장 사이에는 개연성과 확률이 존재한다.

11

권투 선수인 강철이는 시합을 앞두고 같은 체급인 네 명의 선수와 함께 체중 검사를 하였다. 60kg를 초과하면 체중 검사에서 탈락한다.

측정 결과 다섯 선수의 평균 체중이 강철이의 체중과 동일한 60kg이므로 _____

_____

① 강철을 포함하여 적어도 1명의 선수가 검사를 통과하였다.

② 강철을 포함하여 적어도 2명의 선수가 검사를 통과하였다.

③ 강철을 포함하여 적어도 3명의 선수가 검사를 통과하였다.

④ 강철을 포함하여 적어도 4명의 선수가 검사를 통과하였다.

⑤ 모든 선수가 검사를 통과하였다.

해설 강철이 60kg이므로 남은 네 명의 평균이 60kg이어야 한다. 네 명의 선수 모두 60kg이 아닌 이상 적어도 한 명은 60kg이 넘지 않아야 한다.

12

A 나라에서는 부동산 투기를 하면 공직자가 될 수 없다.

영수는 부동산 투기를 했으므로 _____

① 영수는 공직자이다.

② 영수가 A 나라에 산다면 공직자가 될 수 없다.

③ 영수가 공직자라면 A 나라에 산다.

④ 부동산 투기를 안 한 사람은 모두 공직자이다.

⑤ 영수가 다른 나라에 살더라도 공직자가 될 수 없다.

해설 A 나라에서 부동산 투기를 하면 공직자가 될 수 없다. 만일 영수가 A 나라에 산다면, 영수가 부동산 투기를 했으므로 공직자가 될 수 없다.

13

2008년 당시 10대였던 동완, 영수, 민정, 지혜는 서울올림픽이 지난 후에 태어났다.
동완이는 호랑이띠, 영수는 말띠, 민정이는 쥐띠, 지혜는 닭띠이다.
그러므로 _____

① 동완이는 민정이보다 나이가 많다.

② 지혜는 영수보다 나이가 많다.

③ 지혜보다 나이가 많은 사람은 한 명밖에 없다.

④ 민정이는 영수보다 나이가 많다.

⑤ 2013년 현재 20살이 넘은 사람은 영수밖에 없다.

해설 서울올림픽은 1988년 개최되었으며 '용띠의 해'이다. 네 사람의 나이를 알기 위해서는 12띠의 순서를 알아야 하는
데, 여기서 12띠란 사람이 태어난 해의 지지(地支)를 동물 이름으로 상징하여 이르는 말이다. 조건에서 네 사람의 나
이가 2008년 당시 10대였다는 것을 주의하고 서울올림픽이 지난 해 즉, 1988년(용)을 기준으로 네 명의 띠와 년도
를 매치시키면 된다.
  • 1988(용) - 1989(뱀) - 1990(말) - 1991(양) - 1992(원숭이) - 1993(닭) - 1994(개) - 1995(돼지) - 1996(쥐)-
    1997(소) - 1998(호랑이) - 1999(토끼)
  • 영수(1990) → 지혜(1993) → 민정(1996) → 동완(1998)
  ① 동완이는 민정이보다 나이가 적다.
  ② 지혜는 영수보다 나이가 적다.
  ③ 지혜보다 나이가 많은 사람은 영수 한 명밖에 없다.
  ④ 민정이는 영수보다 나이가 적다.
  ⑤ 2013년 현재 20살이 넘은 사람은 영수와 지혜 두 명이다.

14

> 수영선수는 유도선수보다 키가 크다.
> 배구선수는 체조선수, 수영선수와 키가 같다.
> 배구선수는 농구선수보다 키가 작다.
> 따라서 _____

① 체조선수의 키가 제일 작다.

② 유도선수가 농구선수보다 키가 크다.

③ 농구선수의 키가 제일 크다.

④ 수영선수와 농구선수는 키가 같다.

⑤ 배구선수는 유도선수보다 키가 작다.

해설 A가 B보다 키가 크다는 것을 'A 〉 B'로, 키가 같다는 것을 'A = B'로 나타낼 때, 위에 제시된 문장의 내용에 따라 '농구선수 〉 배구선수 = 체조선수 = 수영선수 〉 유도선수'와 같이 나타낼 수 있다. 따라서 농구선수의 키가 제일 크다는 것을 알 수 있다.

15

> A는 B의 동생이다.
> B와 C는 동갑내기 친구이다.
> C와 D는 쌍둥이로 E의 동생이다.
> 따라서 _____

① A와 E는 나이가 같다.

② C와 D는 A보다 나이가 적다.

③ B와 C와 D는 나이가 같다.

④ D는 B보다 나이가 적다.

⑤ A는 C와 한 살 차이이다.

해설 A가 B보다 나이가 많다는 것을 'A 〉 B'로, 나이가 같다는 것을 'A = B'로 나타낼 때, 위의 문장에 따라 나이 관계를 정리하면, 'E 〉 D = C = B 〉 A'가 된다. 따라서 B, C, D는 모두 나이가 같다.

16

A는 같은 부서 직원 중 항상 가장 먼저 출근한다.

A와 같은 부서에 근무하는 B는 매일 8시 30분에 출근한다.

B와 같은 부서에 근무하는 C는 가끔 7시 30분에 출근한다.

따라서 _____

① A는 항상 8시 30분 이전에 출근한다.

② B는 C보다 늦게 출근한다.

③ C는 가끔 A보다 먼저 출근한다.

④ D는 A보다 늦게 출근한다.

⑤ B는 A 다음으로 출근한다.

> **해설** ① A가 같은 부서 직원 중 항상 가장 먼저 출근하며 같은 부서에 근무하는 B는 매일 8시 30분에 출근하므로, A는
> 항상 8시 30분 이전에 출근한다는 것을 알 수 있다.
> ② C가 7시 30분에 출근하는 날은 B보다 먼저 출근하지만, 다른 시간에 출근하는 날에는 B보다 먼저 출근하는지
> 알 수 없다.
> ③ 첫 번째 문장에서 A는 항상 가장 먼저 출근한다고 하였으므로, A가 C보다 항상 먼저 출근한다.
> ④ D가 A와 같은 부서의 직원인지 알 수 없으므로 출근시간을 비교할 수 없다.
> ⑤ A와 B가 같은 부서에 근무하는지는 지문을 통해 알 수 있으나 C가 가끔 7시 30분에 출근하여 B보다 먼저 출근
> 하는 경우도 있으므로 B가 A 다음으로 출근하는지는 알 수 없다.

17

> 모든 화가는 천재이다.
> 모든 천재는 악필이다.
> 상진이는 천재다.
> 따라서 _____

① 상진이는 악필이다.

② 상진이는 화가이다.

③ 상진이는 시인이다.

④ 상진이는 악필도 아니고 화가도 아니다.

⑤ 천재는 모두 화가이다.

해설 ① '모든 천재 → 악필' 이다. 따라서 상진이는 천재이므로 악필이라 할 수 있다.
② , ⑤ '모든 화가 → 천재' 가 성립한다고 '천재가 모두 화가' 인 것은 아니다. 일반적으로 명제가 참일 때 그 역도 반드시 참이라 할 수 없다.
③ 시인에 대한 정보는 제시되지 않았으므로 제시된 문장만으로는 알 수 없다.
④ 상진이는 악필이지만, 화가인지는 확실하지 않다.

18

> A는 노래도 잘 부르고 춤도 잘 춘다.
> B는 A보다 춤은 잘 못 추지만 노래는 A보다 잘 부른다.
> C는 B보다 노래를 잘 부르고, A보다 춤을 잘 춘다.
> 따라서 _____

① A는 C보다 노래를 잘 부른다.

② B가 노래를 제일 잘 부른다.

③ C는 춤과 노래 모두 A나 B보다 잘한다.

④ A가 춤을 제일 못 춘다.

⑤ B는 춤과 노래 모두 A보다 못한다.

해설 노래는 C 〉 B 〉 A 순으로 잘하며, 춤은 C 〉 A 〉 B 순으로 잘한다. 그러므로 C는 춤이나 노래 모두 A나 B보다 잘한다.

19

> 노란색을 좋아하는 사람은 클래식을 좋아한다.
> 클래식을 좋아하는 사람은 마음이 따뜻하다.
> 노란색을 좋아하지 않는 사람은 우유를 좋아하지 않는다.
> 따라서 _____

① 우유를 좋아하는 사람은 클래식을 싫어한다.

② 클래식을 싫어하는 사람은 마음이 차갑다.

③ 노란색을 싫어하는 사람은 클래식을 좋아한다.

④ 노란색을 좋아하지 않는 사람은 마음이 차갑다.

⑤ 우유를 좋아하는 사람은 마음이 따뜻하다.

해설　⑤ 첫 번째와 두 번째 문장에서 '노란색을 좋아하는 사람 → 클래식을 좋아함 → 마음이 따뜻한 사람'이 성립한다. 그리고 세 번째 문장의 대우명제(우유를 좋아하는 사람은 노란색을 좋아하는 사람이다)가 참이므로, '우유를 좋아하는 사람 → 노란색을 좋아함'이 성립한다. 따라서 '우유를 좋아하는 사람 → 마음이 따뜻함'이 성립한다.
① 우유를 좋아하는 사람은 클래식을 좋아한다.
③ 노란색을 좋아하는 사람은 클래식을 좋아한다.
④ 노란색을 좋아하는 사람은 마음이 따뜻하다.

┌─ **Tip** 명제의 논리관계 ─────────────
│ 어떤 명제의 논리관계는 다음과 같이 나타낼 수 있다.
│
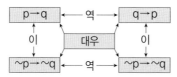
│
│ 명제의 참과 거짓을 판단하게 하는 경우, 대우관계와 삼단논법이 많이 활용된다. 대우관계에서 '원명제인 p → q가 참이면 그의 대우인 $\sim q$ → $\sim p$는 항상 참이다'라는 것이 성립한다. 그러나 어떤 명제가 참이라고 해서 그의 역과 이관계가 항상 참인 것은 아니다. 또한 삼단논법이란, '닭은 새이다. 새는 동물이다. 따라서 닭은 동물이다.'에서처럼 'p → q가 참이고 q → r이 참이면, p → r도 참이다'가 성립하는 것을 말한다.

20

A는 영어 점수에서 B보다 20점을 더 받았다.

C의 영어 점수는 A보다 5점이 낮다.

따라서 _____

① C의 영어 점수가 가장 높다.

② B의 영어 점수가 C보다 높다.

③ A의 영어 점수가 B보다 낮다.

④ A의 영어 점수가 가장 높다.

⑤ B의 영어 점수는 C보다 10점이 낮다.

해설 A 〉 C 〉 B 순으로 영어 점수가 높다.

21

국어를 좋아하는 사람은 영어를 좋아한다.

과학을 좋아하는 사람은 기술을 좋아하며 수학을 좋아한다.

수학을 좋아하는 사람은 국어를 좋아한다.

따라서 _____

① 영어를 좋아하는 사람은 과학을 좋아한다.

② 기술을 좋아하는 사람은 과학을 좋아한다.

③ 수학을 좋아하는 사람은 기술을 좋아한다.

④ 과학을 좋아하는 사람은 영어를 좋아한다.

⑤ 수학을 좋아하지 않는 사람은 영어를 좋아한다.

해설 '과학을 좋아하는 사람은 수학을 좋아함 → 수학을 좋아하는 사람은 국어를 좋아함 → 국어를 좋아하는 사람은 영어를 좋아함'이 성립하므로 과학을 좋아하는 사람은 영어를 좋아한다.

22

> A는 B의 옆 반이다.
> B는 C와 같은 반이다.
> E와 D는 같은 반이다.
> A와 D는 반이 같지 않다.
> 따라서 _____

① A는 E와 같은 반이다.

② B와 D는 같은 반이다.

③ A와 같은 반인 사람은 없다.

④ C와 E는 같은 반이다.

⑤ D는 A의 옆 반이다.

> **해설**　B와 C가 같은 반이며, E와 D가 같은 반이다. A는 B의 옆 반이며, D와 같은 반이 아니라고 했기 때문에 A와 같은 반인 사람은 없다.

23

> 주성이는 현수보다 키가 크고 발도 크다.
> 현수는 민철이보다 키가 작고 발은 크다.
> 영규는 민철이보다 발은 작고 키는 크다.
> 주성이는 영규보다 키가 크고 발도 크다.
> 따라서 _____

① 현수의 키가 제일 작고, 민철의 발이 제일 작다.

② 영규의 발이 제일 작고, 민철의 키가 제일 작다.

③ 주성이는 키도 제일 크고, 발도 제일 크다.

④ 현수는 발이 제일 크고, 키는 제일 작다.

⑤ 민철은 발이 제일 작지만 키는 두 번째로 크다.

> **해설**　키는 주성 〉 영규 〉 민철 〉 현수 순으로 크고, 발은 주성 〉 현수 〉 민철 〉 영규 순으로 크다. 그러므로 주성이의 키와 발이 제일 크다.

24~32 다음 글을 읽고 중심 내용으로 옳은 것을 고르시오.

24

도시가 지니고 있는 밀접한 인구의 사회적 · 경제적 다양성에 착안해서, 각종 기술과 생활 양식의 쇄신의 잠재력이 대도시일수록 크다는 의견을 제시하는 사람도 있다. 즉, 각각 다른 것이 두 가지 있는 경우보다는 세 가지, 또는 네 가지가 있을 경우에 그것들의 조합으로 인해서 또 다른 것이 생겨날 수 있는 확률이 크다는 것이다. 그리고 실제로 여러 가지 다른 생활 습속이 융합, 또는 조합되어서 행해지는 어떤 새로운 실험이라도 다양한 취향과 색다른 부분 문화를 지닌 사람들 중 누군가에 의해 호응을 받게 된다. 대도시의 이러한 쇄신 기능에 관심을 가지는 사람들은 한 걸음 더 나아가서, 쇄신 기능이 곧 국가와 세계의 사회 · 경제 발전의 원동력이 되는 것이라 주장하기도 한다.

① 도시화 현상은 사회와 경제 발전을 위한 필연적인 과정이다.
② 도시의 규모가 커질수록 문화적인 측면에서 정체될 가능성이 높다.
③ 문화의 쇄신 기능이 강화되기 위해서는 기존의 문화를 부정해야 한다.
④ 문화적으로 다양한 사회가 그렇지 못한 사회보다 발전할 잠재력이 높다.
⑤ 문화의 다양성을 유지하기 위해서는 사회 · 경제적으로 발전을 이루어야 한다.

해설 제시문은 다양성이 큰 대도시를 예로 들어 다양성이 클수록 또 다른 것이 생겨나게 하는 확률이 크고 쇄신 기능이 활발하다고 하였고, 또한 마지막 문장에서 이러한 쇄신 기능이 곧 발전의 원동력이라 하였다. 따라서 제시문을 통해 추론할 수 있는 진술로 가장 적합한 것은 ④이다.

25

거사가 거울 하나를 갖고 있었는데 먼지가 끼어서 마치 구름에 가려진 달빛처럼 희미하였다. 그러나 아침저녁으로 거울을 들여다보며 얼굴을 단장하는 사람처럼 하였다. 한 나그네가 물었다.
"거울이란 얼굴을 비추어 보는 물건이든지, 아니면 군자가 거울을 보고 그 맑은 것을 취하는 것으로 알고 있는데, 지금 거사의 거울은 안개가 낀 것처럼 흐리고 때가 묻어 있어 이미 얼굴을 비출 수가 없고 그 맑은 것을 취할 수도 없습니다. 그런데 그대는 오히려 거울에 얼굴을 비춰 보고 있으니 그것은 무슨 까닭입니까?"
거사는 이렇게 대답했다.

"거울이 밝으면 잘생긴 사람은 기뻐하지만 못생긴 사람은 꺼리네. 그러나 잘생긴 사람은 수효가 적고 못생긴 사람은 수효가 많네. 만일 못생긴 사람이 한번 들여다보게 된다면 반드시 깨뜨리고야 말 것이니 먼지가 끼어서 희미한 것만 못하네. 먼지가 흐리게 한 것은 그 겉만을 흐리게 할지언정 그 맑은 것은 잃게 하지 못하니, 만일 잘생긴 사람을 만난 뒤에 닦여져도 시기가 역시 늦지 않네. 옛날 거울을 대한 사람은 그 맑은 것을 취하기 위한 것이었지만 내가 거울을 대하는 것은 그 희미한 것을 취하기 위함인데, 그대는 무엇을 괴이하게 여기는가?" 하였더니 손은 대답이 없었다.

이규보 – 「동국이상국집東國李相國集」

① 유연한 삶의 태도와 포용력이 중요하다.

② 지나치게 결벽하고 청명한 태도만 고집할 필요는 없다.

③ 본질보다는 사물에 나타난 현상을 주목하고 관찰한다.

④ 현실과 타협하고 수용하는 현실주의적 생활 태도를 통해 초연한 마음을 유지한다.

⑤ 세상에는 결점이 있는 사람과 없는 사람이 같이 존재하므로 서로 타협하면서 살아야 한다.

해설 거사는 못생긴 얼굴을 그대로 비추는 맑은 거울이 아닌, 흐려진 거울을 선택하였으므로, 이는 남의 결점을 이해해 주는 유연하고 포용력 있는 태도로 해석할 수 있다. 따라서 ①이 가장 적합한 진술이다.

26

　　진나라 때 완적이라는 사람이 있었다. 완적에게는 한 가지 괴상한 취미가 있었는데, 아무 볼일도 없이 여기저기 말을 타고 돌아다녔다고 한다. 좁은 길을 선택하지 않았고 언제나 넓은 길만을 골라 다녔다고 한다. 그렇게 매일같이 길을 다니다가 어디에선가 길이 끊기면 문득 통곡을 하고 한참 통곡을 한 뒤에 되돌아왔다고 한다.

　　완적은 왜 그런 괴상한 일화를 남겼을까. 길이란 곧 인생이요, 길이 끊긴다는 것은 인생이 다한다는 말과 같은 말이지만 아무 볼일 없이 길을 헤매고 다니다가 길이 끊기면 통곡했다는 이야기는 인생의 한없는 부조리를 느끼게 해 준다. 사람은 항상 어느 길이든 선택해서 가야 하고, 험난한 길, 구불구불한 길, 번화한 길, 고적한 길, 옆길, 모퉁이 길, 어수선한 길 등 어느 길이든지 희망을 품고 가야만 한다. 그것이 삶이다. 그 숱한 길, 수많은 사람이 때로는 뜻을 품고 꿈을 꾸고 얻을 것을 생각하면서 지나갔을 길들이 사실은 한없이 힘든 길이라는 어려움을 완적은 극적으로 보여주고 있는 것이다. 모든 길은 그렇게 끊어지게 되어 있다. 그러므로 우리 인간은 그렇게 모든 길을 애도해야 한다는 것을 완적의 행위는 의미하는 것이 아닐까? 완적이 통곡을 하고 집으로 되돌아온 것처럼 우리의 삶도 결국은 죽음이라는 원점으로 회귀해 가는 것이지만 그렇다 하더라도 이리저리 길을 찾아 헤매고 어느 길을 선택해서 길을 가는 것은 참으로 더할 나위 없이 아름다운 길이다. 비극적인 아름다움이라고 해야 하리라.

① 좁은 길보다는 넓은 길을 선택해서 가야 한다.

② 많은 길이 있으며, 모든 길은 끊어지게 되어 있다.

③ 어떤 길이든 희망만 품고 가면 한없이 힘들지 않다.

④ 길을 찾아 헤매 다니다가 끊기면 다시 출발해야 한다.

⑤ 사람은 길을 찾아 헤매고 어느 길을 선택해서 가야 한다.

해설 두 번째 문단의 '사람은 항상 어느 길이든 선택해서 가야 하고, 험난한 길, 구불구불한 길, 변화한 길, 고적한 길, 옆길, 모퉁이 길, 어수선한 길 등 어느 길이든지 희망을 품고 가야만 한다. 그것이 삶이다.' 라는 부분과 '이리저리 길을 찾아 헤매고 어느 길을 선택해서 길을 가는 것은 참으로 더할 나위 없이 아름다운 길이다.' 라는 부분을 통해, '인생은 길을 찾아 헤매다가 결국 어느 길을 선택해서 가는 아름다운 과정' 이 중심 내용임을 추론할 수 있다.

27

　원형 감옥은 원래 영국의 철학자이자 사회 개혁가인 제레미 벤담(Jeremy Bentham)의 유토피아적인 열망에 의해 구상된 것으로 알려져 있다. 벤담은 지금의 인식과는 달리 원형 감옥이 사회 개혁을 가능케 해주는 가장 효율적인 수단이 될 수 있다고 생각했지만, 결국 받아들여지지 않았다. 사회 문화적으로 원형 감옥은 그 당시 유행했던 '사회 물리학' 의 한 예로 간주될 수 있다.

　원형 감옥은 중앙에 감시하는 방이 있고, 그 주위에 개별 감방들이 있는 원형 건물이다. 각 방에 있는 죄수들은 간수 또는 감시자의 관찰에 노출되지만, 죄수는 감시하는 사람들을 볼 수가 없다. 이는 정교하게 고안된 조명과 목재 블라인드에 의해 가능하다. 보이지 않는 사람들에 의해 감시되고 있다는 생각 자체가 지속적인 통제를 가능케 해준다. 즉 감시하는지 안 하는지 모르기 때문에 항상 감시당하고 있다고 생각해야 하는 것이다. 따라서 죄수들은 모든 규칙을 스스로 지키지 않을 수 없게 된다.

① 원형 감옥은 시선의 불균형을 확인시켜 주는 장치이다.

② 원형 감옥은 타자와 자신, 양자에 의한 이중 통제 장치이다.

③ 원형 감옥의 원리는 감옥 이외에 다른 사회 부문에 적용될 수 있다.

④ 원형 감옥은 관찰자를 전지전능한 신의 위치로 격상시키는 세속적 힘을 부여한다.

⑤ 원형 감옥은 피관찰자가 느끼는 불확실성을 수단으로 활용해 피관찰자를 복종하도록 한다.

해설 ② 원형 감옥에서 죄수는 감시자를 볼 수 없으므로 감시 여부를 알 수 없으며, 이로 인해 간수가 죄수를 통제하는 것 외에 죄수가 스스로 자신을 억제·통제하는 이중적 통제 장치가 된다.
① 감시자와 죄수 간의 시선이 차단될 뿐 시선의 불균형을 확인시키는 장치는 아니다.
③ 원형 감옥은 받아들여지지 않았으므로 이후 이것이 다른 사회 부문에 적용되었다고 보기도 어렵다. 또한 이는 이 글의 내용만으로는 추론할 수 없다.
④ 원형 감옥은 관찰자를 전지전능한 신의 위치로 격상시키기 위해 고안된 것이 아니다.
⑤ 원형 감옥은 피관찰자인 죄수들이 언제나 감시받고 있다는 느낌을 받게 하여 죄수가 스스로를 감시하는 효과를 얻는다.

28

천하에는 두 가지 큰 기준이 있는데, 옳고 그름의 기준이 그 하나요, 다른 하나는 이로움과 해로움에 관한 기준이다. 이 두 가지 큰 기준에서 네 단계의 큰 등급이 나온다. 첫 번째는 옳음을 고수하고 이익을 얻는 것으로 가장 높은 단계이고, 두 번째는 옳음을 고수하고도 해를 입는 경우이다. 세 번째는 그름을 추종하고도 이익을 얻음이요, 마지막 가장 낮은 단계는 그름을 추종하고 해를 보는 경우이다. 너는 편지에서 필천에게 편지를 해서 나를 잘 봐달라고 하고 강씨와 이씨에게 꼬리치며 동정을 받도록 애걸해 보라는 이야기를 했는데, 이것은 앞서 말한 세 번째 등급을 택하는 일이다. 그러나 그러다가는 마침내 네 번째 등급으로 떨어지고 말 것이 명약관화하니, 무엇 때문에 내가 그 짓을 하겠느냐.

① 작은 이익을 좇다 큰 해를 얻을 수 있다.

② 매사에 옳음을 고수하면 해를 얻을 수 있다.

③ 인생에서 이익을 좇는 것보다 중요한 것이 많다.

④ 사람은 항상 자신의 처지를 겸허하게 받아들여야 한다.

⑤ 행동에 대한 옳고 그름의 판단 기준은 이해와 관련이 있다.

해설 제시된 글에서는 옳음을 추구하는 것이 이익을 추구하는 것보다 중요하다고 하였다. 따라서 ③이 가장 적합하다.

29
　철이나 석탄이나 물을 어떻게 얻는가는 누구나가 다 알고 있는 사실이다. 그런데 시간이라는 것은 어떻게 얻는 것일까? 이것을 아는 사람은 그리 많지 않을 것이다.

　인간이 시간을 얻을 줄 알게 된 것은 꽤 오랜 옛날의 일이었다. 인간이 도구를 만들기 시작했을 때 그 생활 속에는 새로운 일, 즉 참으로 인간다운 일은 노동이라는 관념이 생기게 되었다. 그리고 이 노동이라는 것은 시간을 필요로 했다. 돌연장을 만들기 위해서는 우선 그것에 적합한 돌을 찾아내야 했다. 그러나 그것은 그다지 수월한 일이 아니다. 아무 돌이나 연장으로 쓸 수 있는 것은 아니기 때문이다.

　연장으로 만드는 데 가장 적합한 것은 단단하고 모진, 부싯돌이 될 만한 돌이다. 그런데 그런 부싯돌은 아무 데나 뒹굴고 있지는 않다. 그런 돌을 찾아내려면 적지 않은 시간이 필요하다. 그러나 많은 시간을 들인 탐색도 때로는 헛수고가 될 수도 있다. 그럴 때는 결국 그다지 훌륭하지 않은 돌이라도 집어 들어야 했으며, 사암(砂巖)이나 횟돌 같은 부실한 재료로도 만족하지 않으면 안 되었다.

　그러나 마침내 알맞은 돌을 찾아냈다 할지라도 그 돌로 어떤 연장을 만들기 위해서는 다른 돌을 이용하여 두드리고 문지르고 깎아야 한다. 이 일은 또 많은 시간을 필요로 한다. 당시 인간의 손가락은 아직 현재 우리의 손가락처럼 재주를 부리지도 못했고 민활하지도 못했다. 단지 일하는 것을 익혔을 뿐이었다.

　　돌을 깎는 데는 많은 시간을 소비해야만 했다. 하지만 그 대신, 그 깎아낸 날카로운 돌 덕분에 나무껍질 밑의 애벌레를 파내는 일이 아주 쉬워졌다. 돌로 나뭇가지를 다듬는 데도 오랜 시간을 소비해야만 했다. 그러나 그 막대기가 다듬어지고 나면 땅속에서 식용(食用)이 되는 나무뿌리를 캐내는 일도, 숲 속에 사는 작은 동물을 사냥하는 일도 전보다 훨씬 수월하게 할 수 있었다.

　　그리하여 식량을 모으는 일이 전보다 쉬워지고 훨씬 빨라졌다. 식량을 찾아 돌아다니는 일에서 해방되고, 그 시간을 활용하여 연장을 만들거나 그 연장을 더욱더 예리하고 우수한 것으로 발전시켜 나감으로써 많은 식량을 얻게 되었던 것이다. 즉, 인간은 다른 노동에 쓸 수 있는 시간을 얻게 된 셈이다.

① 인간은 환경에 순응할 줄 안다.
② 인간은 노동 지향성을 지닌 존재이다.
③ 인간은 무한한 가능성을 지닌 존재이다.
④ 인간은 많은 시간을 활용해 도구를 만들었다.
⑤ 인간은 노동의 과정에서 미래를 예견할 수 있다.

해설 참으로 인간다운 일은 노동이라는 관념을 가지게 된 이후 인간은 많은 시간을 활용하여 도구를 발달시킴으로써 시간을 다른 노동에 더욱 효율적으로 사용하게 되었다. 이를 통해 인간이 노동 지향성을 지닌 존재라는 것을 알 수 있다.

30
　　이 기능은 우리가 세계를 이해하는 정도에 비례하여 수행된다. 그러면 세계를 이해한다는 것은 무엇인가? 그것은 이 세상에 존재하는 사물에 대하여 이름을 부여함으로써 발생한다. 여기 한 그루의 나무가 있다고 하자. 그런데, 그것을 나무라는 이름으로 부르지 않는 한 그것은 나무로서의 행세를 하지 못한다. 인류의 지식은 인류가 깨달아 알게 되는 모든 대상에 대하여 이름을 붙이는 작업에서 형성되는 것이라고 말해도 좋다. 어떤 사물이건 거기에 이름이 붙으면 그 사물의 개념이 형성된다. 다시 말하면 그 사물의 의미가 확정된다. 그러므로 우리가 쓰고 있는 언어는 모두가 사물을 대상화하여 그것에 의미를 부여하는 이름이라고 할 수 있다.

① 언어는 정보적 기능을 지니고 있다.

② 언어는 친교적 기능을 지니고 있다.

③ 언어는 표현적 기능을 지니고 있다.

④ 언어는 시적 기능을 지니고 있다.

⑤ 언어는 선동적 기능을 지니고 있다.

해설 로만 야콥슨은 언어의 기능을 지시적 기능, 표현적 기능, 선동적 기능, 시적 기능, 친교적 기능, 메타언어적 기능으로 나누어 설명하였는데, 제시문은 언어가 어떤 사물에 이름을 붙여 그 사물의 개념이 형성된다는 언어의 지시적 기능에 대한 내용을 담고 있다. 지시적 기능은 말하는 사람이 듣는 사람에게 어떤 정보나 내용을 알려 주는 기능을 의미하므로 정보적 기능이라고도 한다.

31

우리의 교육열이 높다는 것은 학교 교육에 한할 뿐이고 그마저도 대학 입학을 위한 것이 전부인 셈이다. 평균 수명이 길어지고 사회가 지식기반 사회로 변모해 감에 따라 평생 교육의 중요성은 날로 높아지고 있다. 더구나 산업분야의 구조 조정이 빈번한 이 시대에는 재취업 훈련이 매우 긴요하다. 국민들이 지식과 정보의 빠른 변화에 적응해야 국가 경쟁력도 확보될 수 있다.

① 평생 교육이 중요하다.

② 재취업 훈련이 긴요하다.

③ 국가 경쟁력을 확보하여야 한다.

④ 국민들의 교육열이 높아야 한다.

⑤ 빠른 변화에 적응하는 것이 경쟁력이다.

해설 제시문은 중심 내용은 평생 교육이 중요하다는 것이다. ②, ③은 ①의 주장을 뒷받침하는 근거나 이유에 해당한다.

32

　　옛날에는 외국 오랑캐로서 중국에 자제를 보내어 입학시킨 자가 매우 많았다. 근세에도 유구(琉球) 사람들은 중국의 태학(太學)에 들어가서 10년 동안 전문적으로 새로운 문물과 기예를 배웠으며, 일본은 강소성(江蘇省)과 절강성(浙江省)을 왕래하면서 온갖 공장이들의 섬세하고 교묘한 기술을 배워 가기를 힘썼다.

　　이 때문에 유구와 일본은 바다의 한복판인 먼 지역에 위치해 있으면서도 그 기능이 중국과 대등하게 되었다. 그리하여 백성은 부유하고 군대는 강하여 이웃 나라가 감히 침범하지 못하게 되었으니, 나타나는 효과가 이처럼 뚜렷하다.

　　마침 지금은 중국의 규칙이 탁 트여서 좁지 않은데, 이런 기회를 놓쳐 버리고 도모하지 않았다가 만일 하루아침에 소식과 같은 자가 나와서 중화(中華)와 이적(夷狄)의 한계를 엄격히 하여 금지하는 명령을 내리도록 건의한다면, 비록 예물을 가지고 폐백을 받들어 그 기술의 찌꺼기나마 배우려 하더라도 어찌 뜻을 이룰 수 있겠는가.

정약용 - 『기예론(技藝論)』

① 유구와 일본을 배우자.
② 유구와 일본을 통해 중국 문화를 수용하자.
③ 중국 문화를 적극적으로 수용하자.
④ 문물과 기예를 숭상하는 문화를 세우자.
⑤ 중국 문화를 수용하기 위해 예를 갖추자.

해설 ③ 제시문은 유구와 일본이 중국 문물과 기예를 배워 나라의 이익을 도모한 것처럼 우리나라도 중국 문물과 기예를 보다 적극적으로 수용하자는 것을 핵심 내용으로 하고 있다.
　① 막연히 유구와 일본을 배우자는 것이 아니라, 그들이 중국의 문화를 적극적으로 수용한 것을 본받자는 내용이다.
　② '중국 문화의 적극적인 수용'에 대한 내용이며, 반드시 유구와 일본을 통해 중국 문화를 수용하자는 것은 아니다.

33~41 다음 글에서 추론할 수 있는 내용으로 옳은 것을 고르시오.

33

우리의 사대주의는 하나의 '정책'일 뿐, 그 이상의 것은 아니었다. 특히 고려 시대에 있어서는 사대 일변도라는 것은 없었다. 고려 성종 때 거란군 10만이 침입해 들어왔을 때 그들은 제한된 목적을 지니고 있었다. 즉, 거란과 송의 대립 시 고려가 송나라의 동맹국으로서 움직이는 것을 방지함으로써 배후의 위협이 되지 않게 하기 위한 것이었다. 이에 서희는 혼미 분란한 상황 속에서 거란군의 목적을 통찰하고 중립을 약속함으로써 한 방울의 피도 흘리지 않고 10만 거란군을 물러가게 하였을 뿐 아니라, 종래 소속이 분명치 않던 압록강 · 청천강 사이의 완충 지대를 확실한 고려 영토로 인정받는 등 그야말로 도랑 치고 가재 잡는 성공을 거두었다. 17세기 초 광해군 때의 북방 정세도 서희 당시의 그것을 방불케 하는 것이었다. 즉, 신흥 만주족은 조선이 명나라의 동맹국으로서 움직일 것을 우려하고 있었다. 광해군은 '우리의 힘이 이들을 대적할 수 없다면 헛되이 고지식한 주장을 내세워 나라를 위망의 경지로 몰 것이 아니라 안으로 자강, 밖으로 유화의 책을 씀에 고려와 같이하는 것이 보국의 길'이라고 하였으나, 정부의 반대에 부딪혀 인조반정을 맞이하게 되었다. 인조 정권은 광해군의 불충한 사대를 반정의 명분으로 내세웠던 만큼 대명 일변도적(對明一邊倒的) 사대를 입국지본(立國之本)으로 삼았는데, 그것은 현실주의로부터 명분주의에로의 전환을 의미하는 것이었다. 복잡 다난한 정세에서 그러한 비현실적이고 융통성 없는 정책이 전쟁을 자초 · 유발하리라는 것은 충분히 예견할 수 있는 일이었다. 두 차례의 호란과 삼전도에서의 굴욕적인 항복은 이러한 사태의 결산이었으며, 그것은 정책으로서의 사대주의가 이성과 주체성을 잃고 국가 이익보다 사대의 명분을 중시하는 자아상실의 사대주의 중독증에 걸린 탓이었다. 사대주의의 중독적 단계를 모화(慕華)라고 부른다.

① 사대주의는 우리나라를 중국에 예속되게 만들었다.

② 사대주의는 중국을 교란시키기 위한 외교 정책이었다.

③ 사대주의는 민족 정체성을 보존하기 위한 수단이기도 했다.

④ 사대주의는 중국 문화에 대한 선망 의식에서 비롯된 것이었다.

⑤ 사대주의는 이성과 주체성을 상실하여 중독적 단계를 반드시 수반하게 되었다.

해설 제시문은 고려 시대 서희와 조선 시대 광해군의 예를 통해 사대주의를 부정적 측면이 아닌 우리 스스로를 지키기 위한 현실적인 외교 정책이라는 측면에서 보고 있다. 따라서 ③이 추론할 수 있는 진술로 가장 적합하다. ①, ④는 제시문을 통해 알 수 없는 내용이다. 사대주의가 이성과 주체성을 상실하여 중독적 단계에 이른 것을 모화라고 하지만, 이 단계가 사대주의에 반드시 뒤따른다고는 보기 어렵다.

34

　전통은 물론 과거로부터 이어 온 것을 말한다. 이 전통은 대체로 사회 및 그 사회의 구성원인 개인의 몸에 배어 있다. 따라서 전통은 우리 스스로 깨닫지 못하는 사이 현실에 작용하는 경우가 있다. 그러나 과거로부터 이어 온 것을 무턱대고 모두 전통이라고 한다면, 인습이라는 것과의 구별이 서지 않을 것이다. 우리는 인습을 버려야 할 것이라고는 생각하지만, 계승해야 할 것이라고는 생각하지 않는다. 여기서 우리는 과거에서 이어 온 것을 객관화하고 이를 비판하는 입장에 서야 할 필요를 느끼게 된다. 우리는 그 비판을 통해서 현재의 문화 창조에 이바지할 수 있다고 생각되는 것만을 전통이라고 불러야 할 것이다. 이같이 전통은 인습과 구별될뿐더러, 또 단순한 유물과도 구별되어야 한다. 현재의 문화 창조와 관계가 없는 것을 우리는 문화적 전통이라고 부를 수가 없기 때문이다.

① 전통은 과거의 유산 중에서 현재적 기준으로 걸러진 것이다.
② 전통은 새로운 문화를 창조하는 과정에서 생기는 부산물이다.
③ 전통은 과거 지향적인 유물과는 달리 미래적 가치를 지니고 있다.
④ 전통은 인습과 달리 항상 의식되고 있는 과거의 문화적 유산이다.
⑤ 전통은 과거로부터 이어온 것이며 현재의 우리를 정립하는 불변의 가치이다.

해설 제시문은 '현재의 문화 창조에 이바지할 수 있느냐'를 기준으로 전통을 과거의 인습이나 단순한 유물과 구분하고 있다. 즉, 현재의 문화 창조에 이바지할 수 있는 것만을 전통으로 보고 있다. 따라서 ①이 가장 적합한 진술이다.

35

　에스파냐의 작가 세르반테스가 지은 소설 「돈키호테」의 주인공 돈키호테는 중세에서 근대로 넘어가는 과도기에 누구보다 절실하게 중세의 가치관을 위해 산 최후의 중세인이었다. 돈키호테는 부하 산초를 데리고 진정한 기사가 되기 위해 익살스러운 모험을 나서지만 이미 그가 절대적이라 믿었던 중세의 가치들은 분열되기 시작했고, 그 스스로도 볼품없는 사람이었기 때문에 중세의 신성함에 가까워질 수 없었다. 하지만 돈키호테는 누구보다 순수했기 때문에 무의식적으로 그 분열의 틈에서 만들어지고 있는 새로운 시대의 의미와 상징들을 깨닫고 있었다. 그래서 돈키호테는 거대한 용으로 변신한 풍차를 향해 용감하게 돌진한 것이다. 동시에 그와 같은 절실함은 사라져가는 중세에 대한 절박함이었다.

① 식민지가 만들어지면서 산업혁명이 일어났다.
② 봉건사회가 무너지면서 기사도가 사라져갔다.
③ 중세의 기사도는 근대의 시작과 동시에 배척되었다.
④ 근대 국가의 등장으로 시민계급이 새롭게 탄생하였다.
⑤ 자본주의 사회가 형성되면서 산업이 발전하게 되었다.

해설 돈키호테가 절박하게 지키고 추구하고자 한 것은 중세 봉건사회를 대표하던 기사도였으며, 그것은 봉건사회가 무너져감에 따라 함께 분열되고 쇠퇴하여 갔다.

36

> 서로 공유하고 있는 이익의 영역이 확대되면 적국을 뚜렷이 가려내기가 어려워진다. 고도로 상호 작용하는 세계에서 한 국가의 적국은 동시에 그 국가의 협력국이 되기도 한다. 한 예로 소련 정부는 미국을 적국으로 다루는 데 있어서 양면성을 보였다. 그 이유는 소련이 미국을 무역 협력국이자 첨단 기술의 원천으로 필요로 했기 때문이다.
>
> 만일 중복되는 국가 이익의 영역이 계속 증가하게 되면 결국에 한 국가의 이익과 다른 국가의 이익이 같아질까? 그건 아니다. 고도로 상호 작용하는 세계에서 이익과 이익의 충돌은 사라지는 것이 아니라, 단지 수정되고 변형될 뿐이다. 이익이 자연스럽게 조화되는 일은 상호 의존과 진보된 기술로부터 나오지는 않을 것이다. 상호 작용 또는 기술 연속체를 한없이 따라가는 것만으로는 유토피아를 발견할 수 없다. 공유된 이익의 영역이 확장될 수는 있겠지만, 가치와 우선순위의 차이와 중요한 상황적 차이 때문에 이익 갈등은 계속 존재하게 될 것이다.

① 주요 국가들 간의 상호 의존적 국가 이익은 미래에 빠른 속도로 증가할 것이다.

② 국가 간에 공유된 이익의 확장은 이익 갈등을 변화시키기는 하지만 완전히 소멸시키지는 못한다.

③ 국가 이익은 기술적 진보의 차이와 상호 작용의 한계를 고려할 때 궁극적으로는 실현 불가능할 것이다.

④ 세계 경제가 발전해 가면서 더 많은 상호 작용이 이루어지고 기술이 발전함에 따라 국가 이익들은 자연스럽게 조화된다.

⑤ 국가 이익이 보다 광범위하게 정의됨에 따라, 한 국가의 이익은 점차 다른 국가들이 넓혀 놓았던 이익과 충돌하게 될 것이다.

해설 ② 제시문의 두 번째 문단에서, 국가 이익 중 중복되는 부분이 아무리 증가해도 이익이 같아질 수는 없으며, 따라서 이익 간의 충돌은 사라지지 않고 단지 수정되고 변형될 뿐이라 했다.
　① 제시문의 내용을 통해 예측하기 어려운 내용이다.
　③ 제시문에서 궁극적으로는 실현 불가능하다고 본 것은 '국가 간 이익의 자연스러운 조화'이다.
　④ 제시문에서 이익이 자연스럽게 조화되는 일은 상호 의존과 진보된 기술로부터 나오지는 않을 것이라고 했다.
　⑤ 제시문을 통해서는 알 수 없다.

37

　　근대 산업 문명은 사람들의 정신을 병들게 하고, 끊임없이 이기심을 자극하며, 금전과 물건의 노예로 타락시킬 뿐만 아니라, 내면적인 평화와 명상의 생활을 불가능하게 만든다. 그로 인하여 유럽의 노동 계급과 빈민에게 사회는 지옥이 되고, 비서구 지역의 수많은 민중은 제국주의의 침탈 밑에서 허덕이게 되었다. 여기에서, 간디 사상에 물레의 상징이 갖는 의미가 드러난다. 간디는 모든 인도 사람들이 매일 한두 시간만이라도 물레질을 할 것을 권유하였다. 물레질의 가치는 경제적 필요 이상의 것이라고 생각한 것이다.

　　물레는 무엇보다 인간의 노역에 도움을 주면서 결코 인간을 소외시키지 않는 인간적 규모의 기계의 전형이다. 간디는 기계 자체에 대해 반대한 적은 없지만, 거대 기계에는 필연적으로 복잡하고 위계적인 사회 조직, 지배와 피지배의 구조, 도시화, 낭비적 소비가 수반된다는 것을 주목했다. 생산 수단이 민중 자신의 손에 있을 때 비로소 착취 구조가 종식된다고 할 때, 복잡하고 거대한 기계는 그 자체로 비인간화와 억압의 구조를 강화하기 쉬운 것이다.

　　간디는 산업화의 확대, 또는 경제 성장이 참다운 인간의 행복에 기여한다고는 결코 생각할 수 없었다. 간디가 구상했던 이상적인 사회는 자기 충족적인 소농촌 공동체를 기본 단위로 하면서 궁극적으로는 중앙 집권적인 국가 기구의 소멸과 더불어 마을 민주주의에 의한 자치가 실현되는 공간이다. 거기에서는 인간을 도외시한 이윤을 위한 이윤 추구도, 물건과 권력에 대한 맹목적인 탐욕도 있을 수가 없다. 이것은 비폭력과 사랑과 유대 속에 어울려 살 때에 사람은 가장 행복하고 자기완성이 가능하다고 믿는 사상에 매우 적합한 정치 공동체라 할 수 있다.

　　물레는 간디에게 그러한 공동체의 건설에 필요한 인간 심성 교육에 알맞은 수단이기도 하였다. 물레질과 같은 단순하지만 생산적인 작업의 경험은 정신 노동과 육체 노동의 분리 위에 기초하는 모든 불평등 사상의 문화적·심리적 토대의 소멸에 기여할 것이다.

김종철 – 「간디의 물레」

① 거대 기계는 억압의 구조를 제거해 준다.
② 근대 산업 문명은 인간의 내면적 평화를 가져왔다.
③ 간디는 경제 성장이 인간의 행복에 기여한다고 생각했다.
④ 물레는 노역에 도움을 주면서 인간을 소외시키지 않는다.
⑤ 물레는 폭력주의와 육체 노동을 중시하는 현대문명을 의미한다.

해설 ④ 거대 기계는 인간을 소외시키고 착취와 억압을 상징하지만, 물레는 그러한 것이 없는 인간적 규모의 기계를 상징한다. 따라서 물레는 거대 기계처럼 인간을 소외시키지 않으면서 도움을 주고, 평등한 관계를 유지할 수 있게 하는 기계인 것이다.

① 거대 기계는 착취와 억압을 상징하며, 복잡하고 거대한 기계는 그 자체로 비인간화와 억압의 구조를 강화하기 쉬운 것이다.

② '근대 산업 문명은 사람들의 정신을 병들게 하고, 끊임없이 이기심을 자극하며, 금전과 물건의 노예로 타락시킬 뿐만 아니라, 내면적인 평화와 명상의 생활을 불가능하게 만든다.' 라고 첫 문장에 언급되어 있다.

③ '간디는 산업화의 확대, 또는 경제 성장이 참다운 인간의 행복에 기여한다고는 결코 생각할 수 없었다.' 라고 언급되어 있다.

⑤ '물레' 가 갖는 상징적인 의미는 세 가지가 있다. 지배와 착취와 억압의 구조 타파, 심리적 습관과 욕망의 근절, 내면적인 평화와 명상의 생활이 그것이다. 물레라는 것은 비폭력주의의 본질인 것으로 추론할 수 있다.

38

공직(公直)은 연산 매곡 사람이다. 어려서부터 용감하고 지략이 있었다. 신라 말기에 스스로 장군이라 칭하며 백성들을 이끌고 신라로부터 독립하였다. 당시 난리가 나서 백제를 섬기게 되었고 견훤의 심복이 되어 큰아들 공직달, 작은아들 공금서 및 딸 하나를 백제에 볼모로 두었다.

공직은 일찍이 백제에 입조하였다가 견훤의 잔인무도함을 보고 공직달에게 말하기를, "지금 이 나라를 보니 사치하고 무도한지라 나는 비록 심복으로 있었지만 다시는 여기로 오지 않겠다. 듣건대 고려 왕공(王公)의 문(文)은 백성을 안정시킬 만하고 무(武)는 난폭한 자를 금제할 수 있을 만하다고 한다. 때문에 사방에서 그의 위엄을 무서워하지 않는 자가 없으며 그의 덕을 따르지 않는 자가 없다 한다. 나는 그에게 귀순하려는데 너의 뜻은 어떠하냐?" 하니 공직달이 대답하기를, "볼모로 온 후 이곳 풍속을 보니 이들은 부강만 믿고 서로 다투어 교만하며 자랑하기만 힘쓰니 어찌 나라를 유지할 수 있겠습니까? 지금 아버님께서 현명한 군주에게 귀순하여 우리 마을을 보존하고 편안케 하고자 하시니 어찌 마땅한 일이 아니겠습니까! 저는 마땅히 아우와 여동생과 함께 틈을 타서 고려로 가겠습니다. 설사 거기로 가지 못한다 하더라도 아버님의 명철하신 조처 덕에 자손에게 경사가 미칠 터이니 저는 비록 죽어도 한이 없겠습니다."라고 하였다.

공직은 드디어 결심하고 태조에게 귀순하였다. 태조가 기뻐하여 말하기를, "그대가 치세와 난세, 흥성과 패망의 기미를 명확히 관찰하여 나에게 귀순하였으니 나는 매우 가상히 생각한다. 그대는 더욱 심력을 다하여 변경을 진무하고 우리 왕실의 울타리가 될지어다."라고 하였다.

공직이 사례하고 이어 말하기를, "백제의 일모산군(一牟山郡)은 저의 고을과 접경인데, 제가 귀순했다는 이유로 견훤의 무리가 항상 와서 침범하고 약탈하므로 백성들이 생업에 안착하지 못하고 있습니다. 제가 그곳을 공격 · 점령하여 저의 고을 백성들로 하여금 약탈을 당하지 않고 오로지 농업과 양잠에 힘쓰며 태조께 충실히 귀화하도록 하고 싶습니다."라고 하니 태조가 이를 허락하였다. 견훤은 공직이 왕건에게 귀순하였다는 소식을 듣고 크게 노하여 공직달 등을 잡아 옥에 가두었다.

① 왕건은 귀순한 인물들의 힘을 빌려 천하를 통일하였다.

② 공직은 일모산군을 공격하여 백성을 안정시킬 수 있었다.

③ 공직이 왕건에게 귀순하자 그의 마을 사람들이 크게 반겼다.

④ 신라 말 지방에서는 독자적인 권력을 행사하는 세력이 있었다.

⑤ 견훤의 백제에서는 가족 중 한 사람이 나라를 배신하면 나머지 가족을 모두 처형했다.

해설 ④ 첫 번째 문단의 '신라 말기에 스스로 장군이라 칭하며 백성들을 이끌고 신라로부터 독립하였다.'라는 부분에서 추론할 수 있는 진술이다.

① 제시문에 공직이 왕건에게 귀순하였다는 내용은 나와 있으나, 왕건이 이러한 인물들의 힘을 빌려 천하를 통일하였다는 내용은 언급되지 않았다.

② 네 번째 문단에 공직이 태조로부터 일모산군(一牟山郡)을 공격 · 점령하는 데 대한 허락을 받았다는 내용은 나와 있으나, 이후 실제로 공격하여 백성을 안정시켰는지에 대한 내용은 제시되지 않았다.

③ 공직이 귀순하였을 때 마을 사람들의 반응은 제시되어 있지 않다.

⑤ 네 번째 문단에서 귀순한 공직의 큰아들 공직달을 처벌했다는 내용이 있는데, 이것만으로는 견훤의 백제에서 가족 중 한 사람이 나라를 배신하는 경우 가족 모두를 사형했다고 추론하기는 어렵다.

39

화이트(H. White)는 19세기의 역사 관련 저작들에서 역사가 어떤 방식으로 서술되어 있는 지를 연구했다. 그는 특히 '이야기식 서술'에 주목했는데, 이것은 역사적 사건의 경과 과정이 의미를 지닐 수 있도록 서술하는 양식이다. 그는 역사적 서술의 타당성이 문학적 장르 내지는 예술적인 문제에 의해 결정된다고 보았다. 이러한 주장에 따르면 역사적 서술의 타당성은 결 코 논증에 의해 결정되지 않는다. 왜냐하면 논증은 지나간 사태에 대한 모사로서의 역사적 진 술의 '옳고 그름'을 사태 자체에 놓여 있는 기준에 의거해서 따지기 때문이다.

이야기식 서술을 통해 사건들은 서로 관련되면서 무정형적 역사의 흐름으로부터 벗어난다. 이를 통해 역사의 흐름은 발단·중간·결말로 인위적으로 구분되어 인식 가능한 전개 과정의 형태로 제시된다. 문학 이론적으로 이야기하자면, 사건 경과에 부여되는 질서는 '구성'(plot) 이며 이야기식 서술을 만드는 방식은 '구성화'(emplotment)이다. 이러한 방식을 통해 사건 은 원래 가지고 있지 않던 발단·중간·결말이라는 성격을 부여받는다. 또 사건들은 일종의 전형에 따라 정돈되는데, 이러한 전형은 역사가의 문화적인 환경에 의해 미리 규정되어 있거 나 경우에 따라서는 로맨스·희극·비극·풍자극과 같은 문학적 양식에 기초하고 있다.

따라서 이야기식 서술은 역사적 사건의 경과 과정에 특정한 문학적 형식을 부여할 뿐만 아 니라 의미도 함께 부여한다. 우리는 이야기식 서술을 통해서야 비로소 이러한 역사적 사건 의 경과 과정을 인식할 수 있게 된다는 말이다. 사건들 사이에서 만들어지는 관계는 사건들 자체에 내재하는 것이 아니다. 그것은 사건에 대해 사고하는 역사가의 머릿속에만 존재한다.

① 역사의 의미는 절대적인 것이 아니라 현재 시점에서 새롭게 규정되는 것이다.

② 역사가가 속한 문화적인 환경은 역사와 문학의 기술 내용과 방식을 규정한다.

③ 역사적 사건에서 객관적으로 드러나는 발단에서 결말까지의 일정한 과정을 서술하는 일 이 역사가의 임무이다.

④ 이야기식 역사 서술이란 사건들 사이에 내재하는 인과적 연관을 찾아내는 작업이다.

⑤ 이야기식 역사 서술은 문학적 서술 방식을 원용하여 역사적 사건의 경과 과정에 의미를 부여한다.

해설 ⑤ 세 번째 문단의 '이야기식 서술은 역사적 사건의 경과 과정에 특정한 문학적 형식을 부여할 뿐만 아니라 의미도 함께 부여한다. 우리는 이야기식 서술을 통해서야 비로소 이러한 역사적 사건의 경과 과정을 인식할 수 있게 된 다는 말이다.' 라는 부분을 통해 추론할 수 있다.
① 제시문은 역사의 서술 방식에 대한 내용이며, 역사의 의미에 대한 규정은 언급되어 있지 않다.
②, ③ 제시문의 핵심 내용은 '이야기식 역사 서술 방식'에 관한 것이므로, 역사가의 문화적 환경이나 역사가의 임 무는 중심 내용으로 볼 수 없다.
④ 세 번째 문단에서 사건들 사이에서 만들어지는 관계는 사건들 자체에 내재하는 것이 아니라 사건에 대해 사고하 는 역사가의 머릿속에만 존재한다고 하였으므로, ④는 내용상 적절하지 않다.

40

다원주의 사회 내에서는 불가피하게 다양한 가치관들이 충돌한다. 이러한 충돌과 갈등을 어떻게 해결할 것인가? 자유주의는 상충되는 가치관으로 인해 개인들 사이에서 갈등이 빚어질 경우, 이러한 갈등을 사적 영역의 문제로 간주하고 공적 영역에서 배제함으로써 그 갈등을 해결하고자 했다.

하지만 다원주의 사회에서 발생하는 심각한 갈등들을 해소하기 위해서 모든 사람이 수용할 수 있는 합리성에 호소하는 것은 어리석은 일이다. 왜냐하면 모든 사람들이 수용할 수 있는 합리성의 범위가 너무 협소하기 때문이다. 물론 이러한 상황에서도 민주적 합의는 여전히 유효하고 필요하다. 비록 서로 처한 상황이 다르더라도 정치적으로 평등한 모든 시민들이 자유롭게 합의할 때, 비로소 그 갈등은 합법적이고 민주적으로 해결될 것이기 때문이다. 따라서 다원주의 사회의 문제는 궁극적으로 자유주의의 제도적 토대 위에서 해결되어야 한다.

가령 한 집단이 다른 집단에게 자신의 정체성을 '인정'해 달라고 요구할 때 나타나는 문화적 갈등은 그 해결이 간단하지 않다. 예컨대 각료 중 하나가 동성애자로 밝혀졌을 경우, 동성애를 혐오하는 사람들은 그의 해임을 요구할 것이다. 이 상황에서 발생하는 갈등은 평등한 시민들의 자유로운 합의, 대의원의 투표, 여론조사, 최고통치자의 정치적 결단 등의 절차적 방식으로는 잘 해결되지 않는다. 동성애자들이 요구하고 있는 것은 자신들도 사회의 떳떳한 구성원이라는 사실을 다른 구성원들이 인정해 주는 것이기 때문이다.

이처럼 오늘날 자유주의가 직면한 문제는 단순히 개인과 개인의 갈등뿐 아니라 집단과 집단의 갈등을 내포한다. 사회 내 소수 집단들은 주류 집단에게 사회적 재화 중에서 자신들의 정당한 몫을 요구하고, 더 나아가 자신들도 하나의 문화공동체를 형성하고 있는 구성원이라는 사실을 인정하라고 요구한다. 그들이 저항을 통해, 심지어는 폭력을 사용해서라도 자신의 정체성을 인정하라고 요구한다는 사실은 소수 문화가 얼마나 불평등한 관계에 처해 있는지를 여실히 보여준다. 따라서 자유주의가 채택하는 개인주의나 절차주의적 방법으로는 소수자들의 불평등을 실질적으로 해결하지 못한다. 그 해결은 오직 그들의 문화적 정체성을 인정할 때에만 가능할 것이다.

① 다원주의 사회에서 다양한 가치관의 갈등은 개인 간의 합의를 통해서 해결된다.

② 진정한 다원주의는 집단 간의 공평성보다도 개인의 자유와 권리를 우선적으로 보장한다.

③ 국가는 개인과 개인 사이의 갈등을 조정·해결할 수 있는 제도적 장치를 마련하여야 한다.

④ 다원주의 사회에서 집단 간의 가치관 갈등을 해결하기 위해서는 서로 다른 문화적 정체성을 인정해야 한다.

⑤ 국가는 개인들이 추구하는 다양한 가치에 대해 어떤 특정한 입장도 옹호해서는 안 되며 중립적 입장을 취해야 된다.

해설 제시문의 네 번째 문단에 제시되어 있는 중심 내용은, 오늘날 다원주의 사회에서 개인이나 집단 간의 문화적 갈등을 해결하는 데 있어서 자유주의가 채택하는 개인주의나 절차주의적 방법으로는 실질적으로 해결할 수 없고 오직 서로의 문화적 정체성을 인정할 때 가능하다고 주장하고 있다. 따라서 ④는 중심 내용에 대한 진술로 가장 적합하다.

① 두 번째 문단의 '다원주의 사회에서 발생하는 심각한 갈등들을 해소하기 위해서 모든 사람이 수용할 수 있는 합리성에 호소하는 것은 어리석은 일이다. 왜냐하면 모든 사람들이 수용할 수 있는 합리성의 범위가 너무 협소하기 때문이다.' 라는 부분을 통해, 다원주의 사회에서 개인 간 합의를 통해 가치관의 갈등을 해결하는 것에는 한계가 있음을 알 수 있다.

② 다원주의 사회에서는 개인주의적 방법으로 해결할 수 없는 갈등이 존재한다는 제시문의 논지에 부합하지 않는다.

③ 국가의 제도적 장치를 통한 갈등 해결은 제시문에서 언급되지 않았다. 또한 개인 간의 갈등 중, 특히 정체성의 인정과 관련된 갈등은 절차적 방식으로 해결할 수 없다고 하였다.

⑤ 제시문의 논지에서 벗어나는 내용이므로 적합하지 않다.

41

상·하원 의원 여러분, 누군가가 여러분에게 당신들의 이 명령이 학자들을 의기소침하게 한다는 주장은 과장해서 하는 말이고 실제로는 그렇지 않다고 말할지도 모른다. 나는 이런 주장을 하지 못하도록 이런 종류의 엄격한 심문이 횡포를 부리고 있는 다른 나라에서 내가 보고 들은 바를 열거해서 말할 수 있다.

나는 영예스럽게도 그 나라의 학자들과 자리를 같이 한 바 있는데, 그들로부터 나는 철학적인 자유가 있는 영국과 같은 나라에서 태어난 행복한 사람으로 대접을 받았다. 반면 그들의 학문은 노예상태에 있으며 그들은 그저 이를 슬퍼할 뿐이었다. 이것이 이탈리아에서 지혜의 영광을 시들게 한 원인이었다. 그곳에서는 지난 여러 해 동안 아첨과 과장을 하는 글 이외에는 다른 아무 것도 쓰이지 않았다.

그곳에서 나는 종교재판에 회부되어 연금 상태에 있는 노년의 갈릴레이를 방문한 바 있다. 그는 성 프란체스코와 성 도미니크의 허가관(許可官)들이 생각한 것과는 다른 천문학을 연구했다는 이유로 종교재판에 회부되어 죄수로 지내고 있다. 그리고 나는 그 당시 고위성직자들의 속박 아래서 영국이 극심한 신음소리를 내고 있다는 것을 알고 있었지만 그럼에도 불구하고 나는 그것을 다른 나라 사람들이 그토록 감명을 받고 있는 영국의 자유에 대한 상징으로 받아들였다.

    그럼에도 불구하고 만일 이 나라에서 살아 숨 쉬고 있는 현인(賢人)들에 대한 나의 기대
가 지나친 것이라면 누가 지도자로서 이 세상이 끝날 때까지 어떤 대변혁이 일어나더라도
결코 잊히지 않을 그러한 일을 할 것인가. 허가명령이 처음 만들어지려 할 때 나는 이를 별
로 걱정하지 않았다. 왜냐하면 의회가 소집되면 내가 다른 나라에서 들었던 것과 같은 종
교재판에 대한 식자(識者)들의 반대와 불만의 소리가 국내에서도 나오게 될 것이라는 것을
의심하지 않았기 때문이다.

① 이 글의 필자는 출판의 자유를 주장하고 있다.
② 이 글의 필자는 종교의 자유를 주장하고 있다.
③ 이 글의 필자는 집회 · 결사의 자유를 주장하고 있다.
④ 이 글의 필자는 양심의 자유를 주장하고 있다.
⑤ 이 글의 필자는 예술의 자유를 주장하고 있다.

해설 제시문의 첫 번째와 두 번째 문단의 '(이런 엄격한 명령과 심문이) 학자들을 의기소침하게 만든다.'는 부분과 '이것
이 이탈리아에서 지혜의 영광을 시들게 한 원인이었다. 그곳에서는 지난 여러 해 동안 아첨과 과장을 하는 글 이외
에는 다른 아무 것도 쓰이지 않았다.'는 부분을 통해 출판의 자유에 관한 내용임을 추론할 수 있다.

42~49 다음에 제시된 글에서 추론할 수 있는 글의 주제 또는 제목으로 가장 적합한 것을 고르
시오.

42   실재하는 형상들은 일정한 법칙에 따라 움직인다. 이것은 누가, 언제, 어디서 보든 똑같
은 보편 타당한 것이다. 그러므로 누구나 실험 등으로 이를 찾아낼 수 있으며 이것이 과학
자의 일이다.

① 법칙의 인과성   ② 법칙의 특수성
③ 법칙의 객관성   ④ 법칙의 동시성
⑤ 법칙의 통속성

해설 제시문에서는 누가, 언제, 어디서 보든 보편 타당성을 지닌 것이 법칙이라 했다. 객관성이란 주관에 좌우되지 않고
언제 누가 보아도 그러하다고 인정되는 성질을 말한다. 따라서 ③이 제시문의 제목으로 가장 적합하다.

43

대왕 단보가 빈곡(邠谷)이라는 곳에 있었을 때 오랑캐가 쳐들어 왔다. 왕이 모피와 비단을 보내어 달래려 했으나 받지 않고 말을 보냈으나 역시 받지 않았다.

오랑캐가 바라는 것은 땅이었다. 대왕 단보가 말했다.

"나는 백성의 아비나 형과 살면서 그 아들이나 동생을 죽도록 내버려 두는 일은 차마 견딜 수가 없다. 너희들은 모두 힘써 격려하며 이곳에 살도록 하라. 내 신하가 되든 오랑캐의 신하가 되든 무슨 차이가 있겠느냐. 나는 '사람을 먹여 살리는 땅을 뺏으려고 사람을 해쳐서는 안 된다.'는 말을 들었다."

그래서 대왕 단보가 지팡이를 짚고 그곳을 떠나자 백성들은 서로 잇달아 그를 따랐는데, 이윽고 기산(岐山) 밑에서 나라를 다시 이룩했다.

① 왕은 인(仁)과 의(義)의 명분을 따라야 한다.
② 생명은 소중한 것이므로 생명을 존중해야 한다.
③ 사람은 충효열(忠孝烈)의 가치를 받들어야 한다.
④ 인의(仁義)와 덕치(德治)로 국력(國力)을 길러야 한다.
⑤ 백성을 보호하는 것이 나라를 지키는 것보다 중요하다.

해설 제시문은 대왕 단보의 예를 통해 백성을 다스림에 있어 다른 무엇보다 인(仁)과 의(義)에 근본 바탕을 두어야 한다는 점을 밝히고 있다. ②를 주제로 생각할 수도 있으나 이 글은 단지 생명 존중을 강조하기 위한 것이 아니라 인과 의로써 백성을 다스려야 한다는 군왕의 자세를 밝힌 것으로 보아야 한다. 제시문은 '용비어천가'의 배경 고사 중 하나로, 조선 태조의 조상인 익조를 주나라 고공 단보에 빗대어 조선 건국의 정당성을 밝히고 있다. 즉, 고공 단보가 인(仁)과 의(義)로써 민심을 얻고 나라를 세웠듯이 익조도 인의(仁義)로써 민심을 얻었다는 것을 강조하고 있다.

44

　노자(老子)는 도덕경에서 '성(聖)을 절(絕)하고 지(知)를 버리면 민리(民利)가 백배(百倍)하리라'고 하여 지식이니 학문이니 하는 것의 불필요함을 말하였다. 그러나 딱한 것은 지식이 불필요하다고 아는 것도 하나의 '앎'이요, 후세 사람들이 '도덕경'이라는 책을 읽음으로써 이 노자의 사상을 알게 마련이니, 노자의 말은 오히려 지(知) 자체를 반성한 지(知)의 지(知)라고 하겠다. 소크라테스는 자기의 무지(無知)를 아는 사람은 그 무지조차 알지 못하는 다른 사람들과 다름직도 하다고 하였거니와, 노자는 지(知)의 불필요를 아는 지(知)를 가지고 있었던 것이다.

① 학문의 효용성은 무엇인가!

② 학문은 필요성은 무엇인가!

③ 학문의 본질은 무엇인가!

④ 학문의 목적은 무엇인가!

⑤ 학문의 방법론을 논하다!

해설 제시문은 학문이 불필요하다는 노자의 말을 논박함으로써 결국 학문이 필요하다는 것을 주장하고 있다. 따라서 ②가 글의 제목으로 가장 적합하다.

45

　금일(今日) 오인(吾人)의 조선독립(朝鮮獨立)은 조선인(朝鮮人)으로 하야금 정당(正當)한 생영(生榮)을 수(遂)케 하는 동시(同時)에, 일본(日本)으로 하야금 사로(邪路)로서 출(出)하야 동양(東洋) 지지자(支持者)인 중책(重責)을 전(全)케 하는 것이며, 지나(支那)로 하야금 몽매(夢寐)에도 면(免)하지 못하는 불안(不安), 공포(恐怖)로서 탈출(脫出)케 하는 것이며, 또 동양평화(東洋平和)로 중요(重要)한 일부(一部)를 삼는 세계평화(世界平和), 인류행복(人類幸福)에 필요(必要)한 계단(階段)이 되게 하는 것이라.

① 독립 선언의 정당성　　② 독립 쟁취의 신념

③ 우리 민족의 결의　　④ 조선 독립의 의의

⑤ 독립 선언의 과정

해설 제시문은 기미독립선언문의 일부로서, 조선 독립이 지니는 긍정적인 효과에 관한 언급한 부분이다. 이는 조선 독립의 의의 내지 가치로 볼 수 있다. 따라서 ④가 주제로 가장 적합하다.

※원문해석

오늘날 우리 조선 독립은 조선 사람으로 하여금 정당한 삶의 번영을 이루게 하는 동시에, 일본으로 하여금 그릇된 길에서 벗어나 동양을 지지하는 자의 무거운 책임을 다하게 하는 것이며, 중국으로 하여금 꿈에도 면하지 못하는 불안과 공포로부터 벗어나게 하는 것이며, 또 동양 평화로 그 중요한 일부를 삼는 세계 평화와 인류 행복에 필요한 계단이 되게 하는 것이라.

46

우아함이 지나치면 고독을 면치 못하고, 소박함이 지나치면 생활에 활기가 떨어진다. 활기란 흥이 있는 곳에서 나오는데 흥이란 없는 것도 있는 척할 때 더 난다. 겸손이 지나치면 비굴함이 되고, 긍지가 지나치면 교만이 된다. 겸손이란 여유 있는 것이어야 하고, 긍지는 남이 매겨 주는 가치라야 한다. 엄격한 예의는 방색(防塞) 같은 것이나 우정이 오가지 않고 소탈함이 지나치면 대면하는 사람의 심정을 예민하게 파악하지 못하여 폐가 되는 경우도 있다. 욕심이 많으면 만족하는 일이 없고 욕심이 너무 없으면 이룸이 적다. 만족의 덕을 익히지 않으면 계급이 아무리 높아도 불만이요, 그래서 권력자는 폭군이 되고 폭군은 이웃까지 지배하려 한다.

① 인생살이의 요건　　　② 지나침을 피하여
③ 편안한 생활을 위하여　　④ 권력자와 폭군의 폐단
⑤ 안빈낙도(安貧樂道)의 삶

해설 제시문은 어떤 것이 너무 많을 때와 너무 없을 때의 폐단을 차례로 언급하고 있다. 따라서 글의 제목으로는 ②가 가장 적합하다.

47

> 백설이 조자진 골에 구루미 머흐레라.
> 반가온 매화는 어느 곳에 픠엿는고.
> 석양에 홀로 셔 이셔 갈 곳 몰라 하노라.

① 강호한정(江湖閑情)   ② 우국충정(憂國衷情)

③ 안빈낙도(安貧樂道)   ④ 운우지정(雲雨之情)

⑤ 염량세태(炎凉世態)

해설 제시된 시는 고려 말 이색(李穡)이 지은 시조로, 고려를 향한 우국충정(憂國衷情)과 고려 멸망에 대한 한탄을 노래하고 있다. 여기서 백설(흰 눈)은 고려의 유신을 비유하며, 구름은 조선의 신흥 세력을, 매화는 지조를 지닌 우국지사를 비유하고 있다. 따라서 주제로 가장 적합한 것은 ②이다.

48

> 댁(宅)들에 동난지이 사오. 져 쟝스야, 네 황후 긔 무서시라 웨는다. 사쟈.
> 외골내육(外骨內肉) 양목(兩目)이 상천(上天), 전행(前行) 후행(後行), 소(小) 아리 팔족(八足) 大(대) 아리 이족(二足), 청장(淸醬) 오스슥 ᄒᆞ는 동난지이 사오.
> 쟝스야, 하 거북이 웨지 말고 게젓이라 하렴은.

① 허장성세(虛張聲勢)를 풍자

② 약육강식(弱肉强食)의 세태 비판

③ 맥수지탄(麥秀之嘆)의 심정을 표출

④ 안빈낙도(安貧樂道)하는 삶의 자세

⑤ 가렴주구(苛斂誅求)하는 탐관오리를 비판

해설 제시된 시조는 조선 후기 평민의 생활감정을 익살맞게 표현한 사설시조이다. 종장 '쟝스야, 하 거북이 웨지 말고 게젓이라 하렴은(저 장사치야, 너무 거북하게 외치지 말고 게젓이라 하려무나)'에서 알 수 있듯이, 간단하고 쉬운 우리말을 두고 어려운 한자를 동원하여 현학적으로 표현하여 외치는 게젓 장수의 허장성세를 풍자하고 있다. 이는 곧 한문만을 사용하는 양반계층의 현학적인 태도와 허세를 풍자하는 것이라고 할 수 있다. 따라서 주제로 가장 적합한 것은 ①이다.

49

진화론자는 어떠한 한 종에 대해 과거의 진화적 내용을 증명하거나 앞으로의 진화를 예견할 수 없고 단지 어떤 사실을 해석하거나 이에 대하여 이야기를 만들 뿐이다. 왜냐하면 과거 일회성의 사건은 반복되거나 실험적으로 검증할 수 없고 예견은 검증된 사실로부터 가능하기 때문이다. 이러한 관점에서 보면 진화론자와 역사학자는 닮은 점이 있다. 그러나 진화론자는 역사학자보다는 상당히 많은 과학적 이점을 가지고 있다. 즉, 상호 연관성을 가진 생물학적 법칙, 객관적 증거인 상동 기관, 일반적인 과학의 법칙 등으로부터 체계를 세울 수 있다. 상동 기관은 다양한 생물이 전혀 별개로 형성되었다기보다는 하나의 조상으로부터 출발하였다는 가설을 뒷받침하는 좋은 증거이다. 진화론은 생물의 속성에 대해 일반적으로 예견할 수 있지만, 아직까지 진화론에는 물리학에 견줄 수 있는 법칙이 정립되어 있지 않다. 이것은 진화론이 해결할 수 없는 본질적인 특성에 기인한다.

① 진화론은 인문 과학의 속성과 자연 과학의 속성을 모두 지니고 있다.
② 진화론은 객관적 증거들을 이용하여 생명 현상의 법칙을 세운다.
③ 진화론이 과학으로서 인정을 받기 위해서는 법칙의 정립이 시급하다.
④ 진화론은 과거의 사실을 검증함으로써 진화 현상에 대한 예측을 가능하게 한다.
⑤ 진화론이 법칙의 체계가 되기 위해서는 역사학과의 상호 연관성을 배제해야 한다.

해설 제시문의 전반부는 진화론자와 역사학자의 유사한 측면을 비교하여 진화론의 인문 과학적 속성을 설명하고 있으며, 후반부는 진화론자가 역사학자에 비해 상당히 많은 과학적 이점을 가진다는 점을 통해 진화론의 자연 과학적 속성을 설명하고 있다. 따라서 주제로 가장 적합한 것은 ①이다.
② 제시문의 '진화론은 생물의 속성에 대해 일반적으로 예견할 수 있지만, 아직까지 진화론에는 물리학에 견줄 수 있는 법칙이 정립되어 있지 않다.'는 부분을 통해 볼 때 내용상 옳지 않으며, 주제문으로 보기도 어렵다.
③ 제시문의 후반부에 관한 내용이므로 제시문 전체를 아우르는 주제로는 적합하지 않다.
④ 제시문의 첫 문장과 부합하지 않는 내용이다.
⑤ 제시문에서 언급된 내용이 아니다.

Tip 한자성어
• 강호한정(江湖閑情) : 자연을 예찬하며 한가로이 즐김
• 맥수지탄(麥秀之嘆) : 고국의 멸망을 한탄함을 이르는 말
• 안빈낙도(安貧樂道) : 가난에 구애받지 않고 도를 즐김
• 염량세태(炎涼世態) : 세력이 있을 때는 아첨하여 따르고 세력이 없어지면 푸대접하는 세상인심을 비유적으로 이르는 말
• 허장성세(虛張聲勢) : 실속은 없으면서 큰소리치거나 허세를 부림

50~63 다음에 제시된 문장을 글의 논리적 순서에 따라 바르게 배열한 것을 고르시오.

50

㉠ 더구나 발신자를 알려주는 것이 불가능한 발신 방법도 기술적으로 가능하다.

㉡ 유감스럽게도 인터넷도 예외가 아니다.

㉢ 그러나 순식간에 전 세계에 정보를 전달할 수 있는 인터넷의 힘이 악질적인 정보에 의한 피해를 수없이 퍼뜨려 버릴 위험성을 초래한다는 것이다.

㉣ 인터넷을 이용하지 않고도 이와 같은 일을 할 수 있다.

㉤ 강력한 도구일수록 남용되었을 때 위험성은 크다.

㉥ 누구의 조정도 받지 않고 불특정 다수의 사람에게 정보를 보낼 수 있는 능력을 악용하게 되면 명예 훼손이나 사생활 침해, 잘못된 정보의 제공 등을 쉽게 할 수 있게 된다.

① ㉡-㉢-㉣-㉤-㉥-㉠　　　② ㉡-㉣-㉠-㉥-㉢-㉤
③ ㉤-㉡-㉥-㉠-㉣-㉢　　　④ ㉤-㉥-㉠-㉣-㉡-㉢
⑤ ㉤-㉥-㉣-㉠-㉡-㉢

해설 순서대로 알맞게 배열하는 문제는 우선 제시된 문장의 접속사와 지시어 등에 따라 앞뒤로 연결될 수 있는 문장들을 찾은 후, 각 문장의 내용을 검토하여 세부적인 순서를 결정한다. 선후 관계의 비교 시 주어진 ①~⑤를 검토하면서 비교 순서를 정하면 보다 쉽고 빠르게 정답을 찾을 수 있다.
①~⑤에서 제일 앞에 제시된 ㉡과 ㉤을 비교해 보면, 우선 논리 전개상 ㉡은 첫 문장이 될 수 없음을 알 수 있다. 그리고 내용의 연결 측면에서 ㉤이 ㉡의 앞에 와야 하는 것을 알 수 있다(따라서 ③~⑤ 중에서 답을 고르면 된다). 또한, ㉤의 '~위험성이 크다' 다음에 ㉡이 적절하게 연결되므로 ㉤ 다음에 올 수 있는 내용으로는 ㉡이 ㉥보다 적합하다. 다음으로, 인터넷의 부작용에 관한 내용을 첨언하는 ㉠은 ㉥ 다음에 이어지는 것이 적합하다. 마지막으로, 역접의 조사 '그러나'로 시작하는 ㉢은 논리 전개상 ㉣ 다음에 이어지는 것이 가장 자연스럽다. 따라서 이를 모두 만족하는 ③이 가장 적절한 순서이다.

51

㉠ 가장 발달된 것은 실험이며, 이는 자연 세계에 변형을 가하거나 제한된 조건하에서 살펴보는 것이다.

㉡ 자연 과학의 경험적 방법은 세 가지 차원에서 생각해 볼 수 있다.

㉢ 우선 가장 초보적인 차원은 일상 실험이다.

㉣ 이보다 발달된 차원의 경험적 방법은 관찰이며, 이는 지식을 얻기 위해 외부자연 세계를 관찰하는 것이다.

① ㉡-㉠-㉢-㉣   ② ㉡-㉢-㉠-㉣   ③ ㉡-㉢-㉣-㉠

④ ㉣-㉢-㉠-㉡   ⑤ ㉣-㉢-㉡-㉠

해설 제시된 내용은 자연 과학의 경험적 방법을 세 가지 차원에서 차례대로 살펴본 것이다. 따라서 ㉡을 전제로 하여, ㉢ (가장 초보적 차원의 일상 실험), ㉣(이보다 발달된 차원의 관찰), ㉠(가장 발달된 차원의 실험)의 순서가 논리 전개상 가장 적절하다.

52

㉠ 그리고 내 입장에서는 후자가 더 편할 것 같다.

㉡ 그것은 이야기를 전개하는 데에 필요한 모든 배경을 모두 내 상상의 우연에 맡겨 버리 든지, 아니면 그런 배경만을 실제 모습 그대로 따오든지 하는 것이다.

㉢ 여러분들에게 명확히 설명하기 어려운 63빌딩 수족관의 매력을 가능한 한 완전히 이해 시키기 위해서는 내가 63빌딩에 대해 알고 있는 여러 가지의 사실을 들어 설명하기보 다는 내 상상 속에 생겨난 단 하나의 기묘한 이야기를 말해 주는 것이 더 이해시키기 편 할 것이라 믿는다.

㉣ 왜냐하면, 나는 경험으로 상상이라고 하는 것은 어느 정도 제어 받으면 받을수록 강렬 해진다는 것을 잘 알고 있기 때문이다.

㉤ 그런데 그런 이야기를 하기 위해서는 두 가지 방법이 가능하다고 볼 수 있다.

① ㉢-㉠-㉣-㉤-㉡   ② ㉢-㉣-㉤-㉡-㉠   ③ ㉢-㉤-㉡-㉠-㉣

④ ㉤-㉡-㉠-㉣-㉢   ⑤ ㉤-㉢-㉠-㉡-㉣

해설 우선 제시된 ㉢이나 ㉤ 중, ㉤은 논리 전개상 처음에 나오기 어색하므로 ㉢이 첫 문장임을 알 수 있다. 다음으로 두 번째 문장으로 제시될 수 있는 ㉠, ㉣, ㉤ 중 ㉠은 내용상 ㉢ 다음에 바로 연결될 수 없음을 알 수 있다. 여기서 내 용을 살펴보면, ㉤은 두 가지 방법이 가능하다는 전제에 해당되며 ㉡은 이 두 가지 방법을 구체적으로 설명하고 있 다는 것을 알 수 있다. 따라서 '㉤ → ㉡'의 순서가 되어야 한다. 그리고 두 가지 방법 중 자기의 입장에서 후자가 더 편하다고 한 ㉠이 ㉡ 다음에 오면 자연스럽게 연결된다. 마지막으로 ㉠에 대한 이유를 밝히는 ㉣이 연결되면 논 리 전개상 가장 매끄럽다. 따라서 '㉢ → ㉤ → ㉡ → ㉠ → ㉣'의 순서가 정답이 된다.

53

㉠ 학문을 한다면서 논리를 불신하거나 논리에 대해서 의심을 가지는 것은 용납할 수 없다. 논리를 불신하면 학문을 하지 않는 것이 적절한 선택이다. 학문이란 그리 대단한 것이 아닐 수 있다. 학문보다 더 좋은 활동이 얼마든지 있어 학문을 낮추어 보겠다고 하면 반대할 이유가 없다.

㉡ 학문에서 진실을 탐구하는 행위라 하더라도 논리화되지 않은 체험에 의지하거나 논리적 타당성이 입증되지 않은 사사로운 확신을 근거로 한다면 학문이 아니다. 예술도 진실을 탐구하는 행위의 하나라고 할 수 있으나 논리를 필수적인 방법으로 사용하지는 않으므로 학문이 아니다.

㉢ 교수이기는 해도 학자가 아닌 사람들이 학문을 와해시키기 위해 애쓰는 것을 흔히 볼 수 있다. 편하게 지내기 좋은 직업인 것 같아 교수가 되었는데 교수는 누구나 논문을 써야한다는 악법에 걸려 본의 아니게 학문을 하는 흉내는 내야 하니 논리를 무시하고 논문을 쓰는 편법을 마련하고 논리 자체에 대한 악담으로 자기 행위를 정당화하게 된다. 그래서 생기는 혼란을 방지하려면 교수라는 직업이 아무 매력도 없게 하거나 아니면 학문을 하지 않으려는 사람이 교수가 되는 길을 원천 봉쇄해야 한다.

㉣ 논리를 어느 정도 신뢰할 수 있는가 의심스러울 수 있다. 논리에 대한 불신을 아예 없애는 것은 불가능하고 무익하다. 논리를 신뢰할 것인가는 개개인이 자유롭게 선택할 수 있는 기본권의 하나라고 해도 무방하다. 그러나 학문은 논리에 대한 신뢰를 자기 인생관으로 삼은 사람들이 독점해서 하는 행위이다.

① ㉠-㉡-㉢-㉣   ② ㉠-㉢-㉡-㉣   ③ ㉡-㉣-㉠-㉢
④ ㉢-㉠-㉣-㉡   ⑤ ㉣-㉠-㉡-㉢

해설 우선 ㉠~㉣의 내용을 검토해 보면 다음과 같다.
㉠ 학문을 한다면서 논리를 불신하는 것은 용납할 수 없다.
㉡ 학문은 논리화된 진실을 탐구하는 행위이다.
㉢ 교수는 학문을 와해시켜서는 안 된다(학문을 하여야 한다).
㉣ 논리를 불신하는 것은 자유이나, 학문은 논리를 신뢰하는 사람만이 하여야 한다.
먼저 ㉡은 이 글의 전제로서 제일 앞에 나올 수 있으며, 다음으로 본론에 해당하는 ㉣(반론의 제시와 이 반론에 대한 반박을 제시)과 ㉠(㉣의 반박을 부연·강조)이, 마지막으로 결론을 담고 있는 ㉢이 연결되는 것이 논리적으로 가장 적절하다.

54

㉠ 논리적 사고란, 사물을 사리에 맞게 차근차근 따지고 앞뒤를 가려 모순 없이 여러 가지를 생각하는 것을 말한다.

㉡ 사물을 논리적으로 따져 생각할 수 있는 논리적 사고력은 일상생활과 과학 연구에 있어서 중요한 도구가 될 뿐만 아니라, 인류의 문화를 발전시키는 창조력의 원천이 된다.

㉢ 오늘날 인류가 이룩한 문명과 인류가 누리는 풍부하고 윤택한 생활도 논리적 사고력에 그 바탕을 두고 있다.

㉣ 예를 들면, 컴퓨터의 복잡한 원리도 인간의 이러한 능력을 체계적으로 탐구하는 논리학에서 온 것이다.

㉤ 오늘날에 있어서 논리의 역할은 많은 지식과 정보를 보다 신속하고 정확하게 다룰 수 있게 하는 데 있다고 할 수 있다.

① ㉠-㉡-㉢-㉣-㉤
② ㉠-㉢-㉡-㉣-㉤
③ ㉡-㉠-㉢-㉤-㉣
④ ㉤-㉣-㉠-㉡-㉢
⑤ ㉤-㉣-㉡-㉢-㉠

해설 ㉠은 논리적 사고의 개념 정의에 해당하며, ㉡은 논리적 사고의 의의, ㉢은 오늘날 인류에 미치는 논리적 사고의 의의(부연), ㉣은 ㉢의 예시, ㉤은 오늘날 논리의 역할에 대한 내용이다. 따라서 ①의 순서가 논리적으로 가장 적절하다.

Tip 논리적으로 문장 나열하기

주어진 문장을 읽고 글의 흐름에 맞게 재배열하는 문제유형의 경우, 앞의 내용을 가리키는 지시대명사나 대명사, 앞문장과 뒷문장의 관계를 알 수 있는 접속사 등을 주의 깊게 살펴야 한다. 문장 전체를 읽는 데에 시간을 소비하기보다는 지시어, 접속어 등과 관계된 문장 속의 단어와 내용을 파악해 앞, 뒤에 어떤 문장이 와야 하는지 논리적인 구조를 생각하는 것이 중요하다.

55

⑦ 적응의 과정은 북쪽의 문헌이나 신문을 본다든지 텔레비전, 라디오를 시청함으로써 이루어질 수 있는 극복의 원초적인 단계이다. 선택은 전문 학자들의 손을 거쳐 이루어질 수도 있지만, 장기적으로는 대중의 손에 맡기는 것이 최상의 길이다.

ⓒ 이질성의 극복을 위해서는 이질화의 원인을 밝히고 이를 바탕으로 해서 그것을 극복하는 단계로 나아가야 한다. 극복의 문제도 단계를 밟아야 한다. 일차적으로는 적응의 과정이 필요하고, 다음으로는 선택의 절차를 밟아야 한다.

ⓒ 남북의 언어가 이질화되었다고 하지만 사실은 그 분화의 연대가 아직 반세기에도 미치지 않았고 맞춤법과 같은 표기법은 원래 하나의 뿌리에서 갈라진 만큼 우리의 노력 여하에 따라서는 동질성의 회복이 생각 밖으로 쉬워질 수 있다.

ⓐ 문제는 어휘의 이질화를 어떻게 극복할 것인가에 귀착된다. 우리가 먼저 밟아야 할 절차는 이질성과 동질성을 확인하는 일이다. 이러한 작업은 언어·문자뿐만 아니라 모든 분야에 해당한다. 동질성이 많이 확인되면 통합이 그만큼 쉽고 이질성이 많으면 통합이 어렵다.

① ㉠-㉢-㉣-㉡ 　② ㉡-㉠-㉢-㉣ 　③ ㉢-㉣-㉡-㉠

④ ㉣-㉡-㉢-㉠ 　⑤ ㉣-㉢-㉡-㉠

해설 제시된 ㉠~㉣의 내용을 검토해 보면 다음과 같다.

㉠ 이질화 극복의 구체적 방법의 제시

㉡ 이질화 극복의 단계(과정)의 제시

㉢ 남북언어의 이질화 상황 및 동질성 회복(문제제기)

㉣ 이질화 극복을 위한 우선적 절차의 제시(이질화 극복을 위한 전제)

따라서 ㉢ → ㉣ → ㉡ → ㉠의 순서가 가장 적절하다.

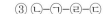

56

㉠ 꿀벌은 자기가 벌집 앞에서 날개를 파닥거리면서 맴을 돎으로써 다른 벌한테 먹이가 있는 방향과 거리를 알려 준다고 한다.

㉡ 사람 이외의 다른 동물들이 언어를 가졌다는 증거는 아직 나타나지 않는다.

㉢ 의사 전달에 사용되는 수단이 극히 제한되어 있고, 그것이 표현하는 의미도 매우 단순하다.

㉣ 그러나 동물의 이러한 의사 교환의 방법은 사람의 말에 비교한다면 불완전하기 짝이 없다.

---

① ㉠-㉡-㉢-㉣   ② ㉠-㉣-㉢-㉡   ③ ㉡-㉠-㉣-㉢
④ ㉡-㉣-㉢-㉣   ⑤ ㉣-㉡-㉢-㉠

 ㉠은 동물의 의사 교환방법의 예를 든 것인데, 이는 ㉡을 입증하기 위한 것이므로, '㉡ → ㉠'의 순서가 자연스럽다. 그리고 ㉣의 '동물의 이러한 의사 교환의 방법'은 ㉠을 지칭하므로, '㉠ → ㉣'의 순서가 됨을 알 수 있다. ㉢의 경우 ㉣을 부연 설명(상세화)한 것이다. 따라서 ③이 논리적으로 가장 적절하다.

57

㉠ 그러면 민족 문화의 전통을 말하는 것이 반드시 보수적이라는 멍에를 메어야만 하는 것일까?

㉡ 이러한 현실을 앞에 놓고서 민족 문화의 전통을 찾고 이를 계승하고자 한다면 이것은 편협한 배타주의나 국수주의로 오인되기에 알맞은 이야기가 될 것 같다.

㉢ 우리는 대체로 머리끝에서 발끝까지 서양식으로 꾸미고 있다.

㉣ 이 문제에 대한 올바른 해답을 얻기 위해서는 전통이란 어떤 것이며, 또 그것은 어떻게 계승되어 왔는가를 살펴보아야 할 것이다.

---

① ㉠-㉡-㉢-㉣   ② ㉠-㉢-㉡-㉣   ③ ㉢-㉡-㉠-㉣
④ ㉢-㉣-㉡-㉠   ⑤ ㉢-㉠-㉡-㉣

해설 ㉡에서 말하는 '이러한 현실'은 ㉢을 말하므로 '㉢ → ㉡'의 순서가 된다. 또한 ㉣의 '이 문제'는 ㉠을 지칭하는 것이므로 '㉠ → ㉣' 순서이다. 그리고 ㉠은 ㉡의 상황에서 제시하는 문제제기이므로 '㉡ → ㉠'의 순서가 자연스럽다. 따라서 가장 적절한 순서대로 나열한 것은 ③이다.

58

㉠ 이것이 충족되어 등 따뜻하고 배부른 상태가 되면 그다음 단계로 이 상태가 깨지지 않을까 걱정하게 된다.

㉡ 사람들이 가장 먼저 느끼는 욕구는 주로 생존과 관련된 욕망들이다.

㉢ 먹는 것, 입는 것, 그리고 들어가 잠잘 곳 등은 개인이나 인간 사회의 역사를 막론하고 가장 시급하게 필요한 것들이다.

㉣ 즉, 안전의 욕구가 생기는 것이다.

① ㉡-㉢-㉠-㉣　　　② ㉡-㉣-㉢-㉠　　　③ ㉢-㉡-㉠-㉣
④ ㉢-㉡-㉣-㉠　　　⑤ ㉣-㉠-㉡-㉢

해설 ㉢은 ㉡에서 제시한 우선적인 생존의 욕망을 구체적으로 설명한 것이다. 따라서 '㉡ → ㉢'의 순서가 된다. 그리고 ㉠의 '이것'은 생존과 관련된 욕망을 지칭하는 것이므로, '㉢ → ㉠'의 순서이다. 그리고 ㉣의 '안전의 욕구'는 ㉠의 '다음 단계로 이 상태가 깨지지 않을까 하는 걱정'을 말하는 것이므로, '㉠ → ㉣'의 순서가 된다. 따라서 가장 적절한 것은 ①이다.

59

㉠ 또한 스트레스 극복을 위해서는 운동을 충분히 하여야 한다.

㉡ 만성피로, 우울증 등에 걸리지 않기 위해서는 충분한 수면을 취하는 것이 중요하다.

㉢ 우울증, 만성피로, 불면증은 건강에 나쁜 영향을 주는 것이므로 걸리지 않도록 주의해야 한다.

㉣ 직장인들은 바쁜 업무에 시달리고 있다. 과중한 업무 등에 시달린 직장인들은 대개 만성피로나 우울증, 스트레스에 시달릴 위험이 크다.

① ㉡-㉠-㉣-㉢　　　② ㉡-㉢-㉠-㉣　　　③ ㉢-㉠-㉣-㉡
④ ㉣-㉡-㉠-㉢　　　⑤ ㉣-㉢-㉡-㉠

해설 직장인들이 만성피로나 우울증, 스트레스에 시달릴 위험이 크므로, 건강을 위해 이러한 증상에 시달리지 않도록 조심해야 한다는 것이 논리 전개상 알맞다. 따라서 '㉣ → ㉢'의 순서가 된다. 그리고 만성피로 등에 걸리지 않기 위한 예방책으로 ㉡, ㉠이 차례대로 연결되는 것이 자연스럽다. 따라서 ⑤가 가장 적절한 순서이다.

제1편
지적능력평가

60

서두 : 자기 중심이 아닌 사람은 거의 없다.

㉠ 그러나 '자기를 중하게 여기는 것'과 '자기 중심'은 다르다.

㉡ 자기 중심으로 사는 데 집착하게 되면 '다른 사람은 어떻게 되어도 좋다'고 생각하게 된다.

㉢ 물론 한 사람이 이 세상을 살아가기 위해서는 스스로 자기를 중하게 여길 필요가 있다.

결말 : 결국, 인간의 자기 중심적 사고방식은 범죄의 온상이 될 우려가 있다.

① ㉠-㉡-㉢   ② ㉠-㉢-㉡   ③ ㉡-㉠-㉢
④ ㉢-㉠-㉡   ⑤ ㉢-㉡-㉠

해설 서두에서 사람의 '자기 중심'에 대하여 언급했고 ㉠에서는 '자기 중심'과 '자기를 중하게 여기는 것'을 구분하고 있으므로, 서두와 ㉠ 사이에 사람이 '자기를 중하게 여기는' 것에 관한 내용(㉢)이 오는 것이 자연스럽다. 그리고 결말에서 자기 중심적 사고방식의 폐해를 지적하고 있으므로 그 앞에 ㉡이 위치하는 것이 적절하다.

61

서두 : 인간의 욕망은 무한하다.

㉠ 왜냐하면, 인간은 혼자 사는 것이 아니라 사회의 한 구성원으로서 다른 사람과 더불어 살아가고 있기 때문이다.

㉡ 그러나 인간은 자신의 욕망에만 매달려 살 수는 없다.

㉢ 그런데 사회에서는 한 개인의 행동이 사회 전체나 적어도 일부에 반드시 영향을 끼치게 마련이다.

㉣ 항상 인간된 도리에 맞게 자기 욕망을 조절하면서 살아가야 한다.

결말 : 따라서 한 개인이 인간된 도리에서 벗어날 정도로 욕망을 추구하다 보면 그 사람 혼자만 화를 입는 것이 아니라 다른 사람까지도 반드시 화를 입게 마련이다.

① ㄴ-ㄱ-ㄷ-ㄹ   ② ㄴ-ㄹ-ㄱ-ㄷ   ③ ㄷ-ㄱ-ㄴ-ㄹ

④ ㄹ-ㄱ-ㄷ-ㄴ   ⑤ ㄹ-ㄴ-ㄱ-ㄷ

해설 ㉡은 서두의 내용에 대한 반론이므로 바로 이어지는 것이 자연스러우며, ㉣은 ㉡에 대한 부연이므로 '㉡ → ㉣'의 순서가 된다. 그리고 ㉠은 ㉣에서 말하는 대로 살아야 하는 이유에 해당하므로 '㉣ → ㉠'의 순서가 된다. 한편, ㉢의 경우 결말의 이유가 되므로 결말의 바로 앞에 위치하는 것이 적절하다. 따라서 ②가 가장 적절한 순서이다.

62

서두 : 외국인들은 흔히 한국 사람은 표정이 없다 하여, 우리 민족이 감정이 풍부하지 못한 민족이라고 한다.

㉠ 따라서 외국인들의 평가는 표면만 보고 그 내면까지 지레짐작하는 장님 코끼리 만지기식의 오류를 범한 것이다.

㉡ 우리말의 품사 중 형용사가 가장 발달되어 있다는 점 또한 한국인은 결코 감정이 메마른 민족이라고 할 수 없는 근거가 될 것이다.

㉢ 그러나 우리의 전래 민요나 고전 소설 등을 통하여 볼 때, 우리 민족은 지나치다고 할 정도로 풍부한 감정을 지닌 민족이다.

㉣ 우리의 전통 연극 양식인 탈춤에 등장하는 탈들의 독특한 표정은 그러한 사실을 뒷받침하는 훌륭한 증거가 된다.

① ㄱ-ㄴ-ㄷ-ㄹ   ② ㄱ-ㄷ-ㄹ-ㄴ   ③ ㄷ-ㄱ-ㄴ-ㄹ

④ ㄷ-ㄹ-ㄴ-ㄱ   ⑤ ㄹ-ㄷ-ㄴ-ㄱ

해설 ㉢은 서두에 대한 반론이므로 서두 바로 다음에 위치하는 것이 적절하며, ㉣과 ㉡은 각각 ㉢의 예시에 해당하므로 ㉢ 다음에 위치하는 것이 적절하다. ㉡의 경우 부사 '또한'이 사용되었으므로 ㉣ 다음에 오는 것이 자연스럽다. 그리고 ㉠은 ㉡~㉣에 따른 결론에 해당한다. 따라서 ④가 가장 적절하다.

63

> 서두 : 어떤 학자나 정치가가 조상의 전통을 조작해서 그것의 현대적 재생을 아무리 외친다 해도, 민족적 공감이라는 바탕 없이는 전통의 힘을 가질 수 없다.
>
> ㉠ 그로 말미암아 도리어, 진정한 다른 전통에 대한 자각마저도 흔들릴 우려가 있다.
>
> ㉡ 전통은 형성되고 변화하고 사라지고 되살아나고 하지만 인위적으로 그렇게 할 수 있는 것은 아니다.
>
> ㉢ 그렇지 못하면 폐쇄적인 교육 속에서 근거가 박약한 것을 가지고 조작적으로 전통을 세우려 한다 해도, 그 근거의 박약함이 곧 드러날 것이다.
>
> ㉣ 더구나 현대에 있어서 객관적 · 비판적 학문이 퍼져 가고, 또 역사에 대한 연구 · 천명은 자기 민족뿐 아니라 다른 여러 민족이 서로 하는 것이니만큼, 거기에는 객관적으로 수긍할 수 있는 부분이 있어야 한다.

① ㉠-㉡-㉢-㉣   ② ㉠-㉡-㉣-㉢   ③ ㉡-㉢-㉣-㉠

④ ㉢-㉣-㉡-㉠   ⑤ ㉣-㉢-㉠-㉡

해설 ㉣의 '더구나'와 그 내용을 통해 볼 때 ㉣은 서두의 내용에 첨가되는 내용임을 알 수 있다. 다음으로, ㉢의 '그렇지 못하면'이 가리키는 것은 ㉣이므로, '그렇지 못하면'은 '객관적으로 수긍할 수 있는 부분이 없다면'의 의미가 된다. 따라서 '서두 → ㉣ → ㉢'의 순서가 된다. 그리고 ㉠의 '그로 말미암아'는 ㉢을 가리키는 것이므로 ㉠은 ㉢ 다음에 바로 연결된다. ㉡은 ㉣, ㉢, ㉠의 전개에 따른 결론에 해당한다. 따라서 가장 적절한 순서는 ⑤이다.

64~66 다음의 제시문 아래 주어진 문장이 들어갈 곳으로 가장 알맞은 것을 고르시오.

64

> 건널목을 지키는 일은 인명을 존중하는 일이므로 훌륭한 직업이다. (㉠) 단, 그 직업이 기계도 할 수 있는 일이며, 또한 그런 일을 함으로써 자신의 능력이나 기술이 진보하는 일도 없거니와 체력을 다질 수도 인격을 높일 수도 없으므로, 그 일을 충실히 하는 것만으로 만족할 수 있을지는 의문이다. (㉡) 그러므로 그런 일을 하는 사람은 일을 충실히 함과 동시에 여가를 이용하여 무엇인가를 할 필요가 있다. (㉢) 그러나 그 일에 만족할 수 있다면 그것을 비난하고 싶은 생각은 없다.

(㉣) 그 직무에 충실하고, 인명을 구하기 위하여 내 몸을 희생하는 이야기들이 있는데, 사람들은 그 이야기에서 숭고한 감정을 느끼며 그 이야기는 미담이 된다. (㉤) 그러나 좀 더 주의를 기울여 아무런 사고도 일어나지 않았다면, 그 쪽이 오히려 더 칭찬받아 마땅할 것인지도 모른다.

사람들은 그런 사람에게 경의를 표해야 한다.

① ㉠   ② ㉡   ③ ㉢
④ ㉣   ⑤ ㉤

해설 제시된 문장은 '경의를 표할 만한 일을 한 사람'에 관한 내용 다음에 오는 것이 가장 자연스럽다. 따라서 ㉤의 위치에 들어가야 한다.

65   뉴밀레니엄을 전후해 각 언론을 통해 희망적인 대담과 칼럼을 읽으면서 한편으로는 걱정을 떨칠 수가 없었다. 정말 우리나라 문화의 일대 르네상스가 펼쳐질 것인가. 한 민족의 문화가 세계 속에서 르네상스의 꽃을 피우려면 거기에 합당한 근거가 있어야 한다. 문화의 수준은 곧 그 민족이나 국가 공동체의 의식 수준을 나타내는데, 과연 우리가 르네상스라 일컬을 만큼 의식이 성숙하여 있느냐는 것이다. 단적인 예로 우리 사회 곳곳에서 무시당하고 무너지는 원칙을 생각하면 아직 르네상스를 말하기는 어렵다는 절망감에 휩싸이게 된다. 지키면 편하고 아름다운 것이 원칙이다. (㉠) 그 평범한 이치를 우리는 너무 무시하고 살아온 것이 아닐까. (㉡) 물론 예외가 없는 원칙을 지나치게 강조하는 것도 바람직하지 않다. (㉢) 참다운 원칙에는 인간이 살아 숨쉬는 예외가 깃들어 있어야 한다. (㉣) 원칙도 지켜지지 않는데 어떻게 예외가 존재할 수 있겠는가. (㉤)

그러나 우리에게는 예외를 논하기에 앞서 우선 원칙을 세우는 일이 더 시급하다.

① ㉠   ② ㉡   ③ ㉢

④ ㉣   ⑤ ㉤

해설 주어진 문장은 예외를 논하기 전에 원칙을 세워야 한다는 것인데, '그러나'라는 역접의 접속사로 시작하고 있으므로 이 문장의 앞에는 예외의 존재를 서술하는 내용이 오는 것이 적합하다. 따라서 ㉣의 위치가 가장 적합하다.

66

기술과 사회는 전 역사를 통해 서로 영향을 주고받았다. 때로는 기술이 사회에 미친 영향이 사회가 기술 발전에 미친 영향보다 훨씬 더 심대하거나 또는 그 역이 성립한 때가 종종 있었겠지만, 전체적으로 볼 때 기술과 사회는 상호 작용해 왔다고 보는 게 마땅하다. (㉠) 이 상호 작용론의 관점에서 보면, 오늘날의 정보 통신 기술과 정치 형태의 상호 관계는 보다 동태적으로 이론화될 수 있다. (㉡) 중요한 문제는 정보 통신 기술이 가지고 있는 잠재력이 어떤 정치 형태를 발전시키는 데 유리한지 아니면 불리한지를 철저히 검토해서 그 잠재력을 가능한 한 민주주의를 촉진할 수 있는 방향으로 설계, 분배, 활용, 통제하는 것이다. (㉢) 그리고 이 과제는 당연히 한 사회의 문화적 특수성, 정치 발전 수준, 경제 구조 및 국제적 상호 의존성의 정도에 관한 논의를 포괄하지 않을 수 없을 것이다. (㉣) 그렇다고 하더라도 기술은 또한 독자적으로 사회에 영향을 미칠 수 있는 잠재력을 지닐 수 있기 때문에 예측 불가능한 사회적 · 정치적 결과를 초래할 수 있음을 무시해서는 안 될 것이다. (㉤) 정보 통신 기술의 잠재력을 아무리 철저하게 분석한다고 하더라도 그 기술은 인간의 인식이 포착할 수 없는 또 다른 잠재력을 지니고 있을 수 있다.

정보 통신 기술의 발전이 일방적으로 민주주의 혹은 전체주의를 결정지을 수 없고, 마찬가지로 현재의 정치 형태가 정보 통신 기술의 사용을 일방적으로 규정할 수 없기 때문이다.

① ㉠   ② ㉡   ③ ㉢

④ ㉣   ⑤ ㉤

해설 주어진 문장의 내용과 가장 관련된 문장은 ㉡ 앞에 있는 '오늘날의 정보 통신 기술과 정치 형태의 상호 관계는 보다 동태적으로 이론화될 수 있다.'이다. 즉, 주어진 문장은 정보 통신 기술과 정치 행태는 상호 영향을 미친다는 내용을 부연 설명한 것이다. 따라서 ㉡의 위치에 오는 것이 가장 적절하다.

67~68 다음 글을 읽고 물음에 답하시오.

(가) 자연은 인간 사이의 갈등을 이용하여 인간의 모든 소질을 계발하도록 한다. 사회의 질서는 이 갈등을 통해 이루어진다. 이 갈등은 인간의 반사회적 사회성 때문에 초래된다. 반사회적 사회성이란 한편으로는 사회를 분열시키려고 끊임없이 위협하고 반항하면서도, 다른 한편으로는 사회를 이루어 살려는 인간의 성향을 말한다. 이러한 성향은 분명 인간의 본성 가운데 하나다.

(나) 인간은 사회 속에서만 자신을 더 나은 존재로 느낄 수 있기 때문에 자신을 사회화하고자 한다. 인간은 사회 속에서만 자신의 자연적 소질을 실현할 수 있는 것이다. 그러나 인간은 자신을 개별화하거나 고립시키려는 강한 성향도 있다. 이는 자신의 의도에 따라서만 행위 하려는 반사회적인 특성을 의미한다. 그리고 저항하려는 성향이 자신뿐만 아니라 다른 사람에게도 있다는 사실을 알기 때문에, 그 자신도 곳곳에서 저항에 부딪히게 되리라 예상한다.

(다) 이러한 저항을 통하여 인간은 모든 능력을 일깨우고, 나태해지려는 성향을 극복하며, 명예욕이나 지배욕, 소유욕 등에 따라 행동하게 된다. 그리하여 동시대인들 가운데에서 자신의 위치를 확보하게 된다. 이렇게 하여 인간은 야만의 상태에서 벗어나 문화를 이룩하기 위한 진정한 진보의 첫걸음을 내딛게 된다. 이때부터 모든 능력이 점차 계발되고 아름다움을 판정하는 능력도 형성된다. 나아가 자연적 소질에 의해 도덕성을 어렴풋하게 느끼기만 하던 상태에서 벗어나, 지속적인 계몽을 통하여 구체적인 실천 원리를 명료하게 인식할 수 있는 성숙한 단계로 접어든다. 그 결과 자연적인 감정을 기반으로 결합된 사회를 도덕적인 전체로 바꿀 수 있는 사유 방식이 확립된다.

(라) 인간에게 이러한 반사회성이 없다면, 인간의 모든 재능은 꽃피지 못한 채 만족감과 사랑으로 가득 찬 목가적인 삶 속에 영원히 묻혀버리고 말 것이다. 그리고 양처럼 선량한 기질의 사람들은 가축 이상의 가치를 자신의 삶에 부여하지 못할 것이다. 자연상태에 머물지 않고 스스로의 목적을 성취하기 위해 자연적 소질을 계발하여 창조의 공백을 메울 때, 인간의 가치는 상승되기 때문이다.

(마) 불화와 시기와 경쟁을 일삼는 허영심, 막힐 줄 모르는 소유욕과 지배욕을 있게 한 자연에 감사하라! 인간은 조화를 원한다. 그러나 자연은 불화를 원한다. 자연은 무엇이 인간을 위해 좋은 것인지 더 잘 알고 있기 때문이다. 인간은 안락하고 만족스럽게 살고자 한다. 그러나 자연은 인간이 나태와 수동적인 만족감으로부터 벗어나 노동과 고난 속으로 돌진하기를 원한다. 그렇게 함으로써 자연은 인간이 노동과 고난으로부터 현명하게 벗어날 수 있는 방법을 발견하게 한다.

67 (가)~(마)에 관한 설명으로 적절하지 않은 것은?

① (가) : 논지와 주요 개념을 제시한다.

② (나) : 제시된 개념을 부연하여 설명한다.

③ (다) : 논지를 확대하고 심화한다.

④ (라) : 다른 각도에서 논지를 강화한다.

⑤ (마) : 새로운 문제를 제기하면서 논의를 마무리한다.

> **해설** (마)는 논지를 분명히 하는 동시에 논의를 마무리 짓고 있다.

68 윗글에 제시된 '진보'의 과정을 아래와 같이 정리할 때, [A]에 들어갈 내용으로 적절한 것은?

반사회성은 개인들 사이의 갈등을 낳는다.

↓

[A]

↓

지속적인 계몽을 거친다.

↓

도덕적 사회로 나아갈 수 있는 성숙한 사유 방식이 확립된다.

① 갈등의 과정 속에서 자연적 소질이 계발된다.

② 갈등을 계기로 조화롭고 목가적인 삶에 이른다.

③ 갈등을 극복하여 사회를 이룬다.

④ 갈등을 약화시킬 수 있도록 사회성을 계발한다.

⑤ 갈등을 극복할 도덕적 실천 원리를 인식한다.

> **해설** 지문에 등장한 진보의 과정은 첫째, 반사회성, 둘째, 인간 사이의 갈등, 셋째, 소질의 계발, 넷째, 지속적인 계몽, 다섯째, 성숙한 사유 방식의 확립이다.

69~70 다음 글을 읽고 물음에 답하시오.

벽돌은 흙을 구워 만드는 재료인 만큼 그 유서도 깊다. "벽돌 두 장을 조심스럽게 올려놓기 시작했을 때 건축이 시작된다."라고 이야기하는 건축가가 있을 정도로 벽돌은 건축을 대변한다. 벽돌의 기본 의미는 '쌓음'에 있다. 벽돌을 쌓아서 이루어진 벽은 점을 찍어 화면을 채워 나가는 그림에 비유될 수 있을 것이다. 점묘파라 불리던 19세기의 프랑스 화가들이 그린 그림을 보면 그들이 막상 이야기하려고 했다는 색채나 비례 이론을 다 떠나서 우선 보는 이를 압도하는 근면함이 화면 가득 묻어난다. 벽돌 건물을 보면 이처럼 그 차곡차곡 쌓아서 만들어지는 아름다움이 가장 먼저 우리에게 다가온다.

이 아름다움은 단지 벽돌을 쌓았다고 해서 드러나는 것이 아니다. 쌓았음을 보여 주어야 한다. 그것도 얼마나 '조심스럽게' 쌓았는가를 보여 주어야 한다. 또한 벽돌 무늬를 인쇄한 벽지를 바른 것이 아님을 보여 주어야 한다. 그 쌓음의 흔적은 줄눈*에 새겨진다. 건축가들은 시멘트 줄눈을 거의 손가락 하나 들어갈 정도의 깊이로 파낸다. 줄눈은 빛을 받으면서 그림자를 만들고 벽돌들이 '하나하나 쌓으면서 이루어졌음'을 확연히 보여 준다. 이처럼 벽돌 건물은 그 깊이감을 통해서 복잡하고 시끄러운 도심에서도 기품 있는 자태를 드러낸다.

서울의 동숭동 대학로에는 차분한 벽돌 건물들이 복잡한 도심 속에서 색다른 분위기를 형성하고 있다. 이 건물들을 볼 때 느낄 수 있는 특징은 우선 재료를 잡다하게 사용하지 않았다는 점이다. 건물의 크기를 떠나서 창문의 유리를 제외하고는 건물의 외부가 모두 한 가지 재료로 덮여 있다. 사실 솜씨가 무르익지 않은 요리사는 되는 대로 이런저런 재료와 양념을 쏟아 붓는다. 하지만 아무리 훌륭한 재료를 쓴들 적절한 불 조절이나 시간 조절이 없으면 범상한 요리를 뛰어넘을 수 없다. 재료 사용의 절제는 비단 건축가뿐만 아니라 모든 디자이너들이 원칙적으로 동의하면서도 막상 구현하기는 어려운 덕목이다.

벽돌 건물의 또 다른 예술적 매력은 벽돌을 반으로 거칠게 쪼갠 다음 그 쪼개진 단면이 외부로 노출되게 쌓을 때 드러난다. 햇빛이 이 벽면에 떨어질 때 드러나는 면의 힘은 가히 압도적이다. 일정하지 않게 생성되는 그림자가 이루어내는 조합이 쪼갠 벽돌의 단면과 어우러져 새로운 아름다움을 드러낸다. 또한 벽돌을 쪼갤 때 가해졌을 힘을 고스란히 느끼게 해 준다. 이런 방식으로 지어진 벽돌 건물들은 텁텁함의 아름다움과 박력을 잘 보여 준다고 할 수 있다. 이를 위해 건축가는 때때로 철거 현장과 폐허를 뒤져 뒤틀리고 깨진 벽돌만 모아서 벽을 만들기도 한다.

이처럼 건축에 있어서 재료는 단순히 물질적 속성을 지니고 있을 뿐만 아니라 디자인의 방향을 규정한다. 건축가들의 재료 선택에는 그 재료의 물질적 속성 이외에 그 재료가 갖는 의미에 관한 성찰이 깔려 있다. 바로 이러한 성찰로 인해 건물은 단순히 쌓아 올린 벽돌 덩어리가 아니라 인간과 자연의 숨결이 살아 숨 쉬는 생명체가 되는 것이다. 그리고 그 생명의 깊이를 들여다보는 것 역시 감상에서 빼놓을 수 없는 부분이다.

*줄눈 : 벽돌이나 돌을 쌓을 때 사이사이에 시멘트 따위를 바르거나 채워 넣는 부분

69 이 글의 제목으로 가장 적절한 것은?

① 벽돌 건물의 정제된 아름다움과 투박한 매력
② 도심 속 벽돌 건물의 기품과 매력
③ 벽돌 건물의 재료가 갖는 특성
④ 벽돌 건물에 투영된 세상과 인간의 삶
⑤ 건축에서 벽돌의 의미

해설 두 번째 문단과 세 번째 문단에서 도심 속 벽돌 건물의 기품과 색다른 분위기에 대해 설명하고는 있지만, 전체적으로는 벽돌 건물의 아름다움과 매력에 대해 설명하고 있으므로 글의 내용을 모두 포괄하는 제목으로는 ①이 가장 적절하다.

70 이 글의 내용과 일치하지 않는 것은?

① 벽돌 건물의 절제된 아름다움은 다른 재료의 다채로운 가미를 통해 선명하게 드러난다.
② 건축에 있어 재료는 물질적 속성뿐만 아니라 디자인이 방향을 규정하기도 한다.
③ 건축가에 있어서 뒤틀리고 깨진 벽돌은 또 다른 매력을 가진 재료이다.
④ 도심 속에서 벽돌 건물의 기품 있고 아름다운 자태를 볼 수 있는 것은 건축가들의 '줄눈'에 새겨진 흔적 때문이다.
⑤ 19세기 점묘파 화가들은 벽돌로 지은 건물을 선호했다.

해설 점묘파 화가들에 대한 내용이 등장한 것은 그들의 그림과 벽돌 건물 간에 존재하는 공통점을 설명하기 위해서이다. 지문을 통해서는 점묘파 화가들이 어떤 건물을 선호했는지 알 수 없다.

02 자료해석

Guide 주어진 통계표, 도표, 그래프 등을 이용하여 문제를 해결하는 데 필요한 정보를 파악하고 분석하는 능력을 알아보기 위한 검사이다.

(1) 수열추

대표유형

다음과 같은 규칙으로 자연수를 1부터 차례로 나열할 때, 8이 몇 번째에 처음 나오는가?

1, 2, 2, 3, 3, 3, 4, 4, 4, 4, …

① 18　　　　② 21　　　　❸ 29　　　　④ 35

1	2, 2	3, 3, 3	4, 4, 4, 4	…	7, …	8, 8 …
1개	2개	3개	4개	…	7개	

따라서 7까지의 수의 개수는 1 + 2 + 3 + … + 7 = 28이므로 29번째에서 처음으로 8이 나온다.

수열추는 문제의 요소를 체계적이고 분석적으로 이해하고, 그들 간의 관계를 발견하여 일반화하거나 타당한 결론을 이끌어 내기 위하여 명확한 추론을 활용하는 능력을 측정한다. 일련의 숫자 군에서 특정한 패턴 혹은 규칙을 찾아내서 논리적으로 다음에 올 수를 맞추는 과제로 구성되어 있다.

수열문제의 유형
• 일반적인 수의 증가·감소형 : 전체적인 수들의 증가·감소를 빨리 파악해서 규칙을 찾아야 한다.
• 건너뛰기형 : 수들이 전체적으로 증가하거나 감소하지 않을 경우 짝수 번째 항과 홀수 번째 항의 규칙을 살펴야 하는 건너뛰기 유형일 가능성이 높다.
• 묶음형 : 3~4개의 수를 하나의 그룹으로 묶고 그룹 내에서 인접한 항들의 관계를 살펴야 하는 유형이다.
• 세트(set)형 : 규칙이 하나의 세트(set)를 이루는 유형으로 규칙을 쉽게 발견하기 어려우므로 주의가 요구된다.

01~03 다음 문제를 읽고 물음에 답하시오.

01 다음과 같은 규칙으로 자연수를 나열할 때, 27은 몇 번째에 처음 나오는가?

2, 3, 3, 4, 6, 2, 11, 5, 18, 1 …
---

① 9　　　　　　② 10　　　　　③ 11　　　　　④ 12

해설 홀수항　　　　　　　　　　　　　　　　짝수항

따라서 27은 11번째에서 처음 270이 나온다.

02 다음과 같은 규칙으로 자연수를 나열할 때, 31은 몇 번째에 처음 나오는가?

1, 2, 4, 3, 4, 8, 7, 8, 16, 15, …
---

① 11　　　　　　② 13　　　　　③ 15　　　　　④ 17

해설
1　　2　　4　　3　　4　　8　　7　　8　　16　　15　　(16)　　(32)　　(31)
　+1　 ×2　 −1　 +1　 ×2　 −1　 +1　 ×2　 −1　　 +1　　 ×2　　 −1

따라서 31은 13번째에서 처음 31이 나온다.

03 다음과 같은 규칙으로 자연수를 나열할 때, 15번째에 나오는 수는?

7, 4, 11, 8, 15, 12, 9, …
---

① 1　　　　　　② 5　　　　　　③ 10　　　　　④ 15

해설
7　 4　 11　 8　 15　 12　 9　 16　 13　 10　 17　 14　 11　 18　 (15)
　+7　−3　−3　+7　−3　−3　+7　−3　−3　+7　−3　−3　+7　−3

따라서 15번째에 나오는 수는 15가 된다.

04~12 다음 숫자들은 일정한 규칙으로 나열되어 있다. 빈칸에 들어갈 알맞은 숫자를 고르시오.

04

$$1 \quad 1 \quad 2 \quad 3 \quad 5 \quad 8 \quad (\quad)$$

① 10 ② 11 ③ 12 ④ 13

해설 $1 + 1 = 2, 1 + 2 = 3, 2 + 3 = 5, 3 + 5 = 8, 5 + 8 = (\quad)$
$\therefore (\quad) = 13$

05

$$0 \quad 3 \quad 8 \quad 15 \quad 24 \quad 35 \quad (\quad)$$

① 43 ② 46 ③ 48 ④ 52

해설 0 3 8 15 24 35 ( )
    +3 +5 +7 +9 +11 +13
$\therefore (\quad) = 48$

06

$$3 \quad 2 \quad 6 \quad 4 \quad 12 \quad 16 \quad 24 \quad (\quad)$$

① 32 ② 64 ③ 128 ④ 256

해설
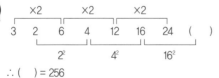
$\therefore (\quad) = 256$

07

| 12 | 20 | 19 | 17 | 26 | 14 | ( ) | 11 |

① 31　　　　　　② 32　　　　　③ 33　　　　　④ 34

해설

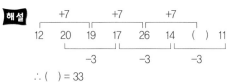

∴ ( ) = 33

08

| 3 | 6 | 7 | 14 | 15 | 30 | ( ) | 62 |

① 29　　　　　　② 31　　　　　③ 34　　　　　④ 38

해설

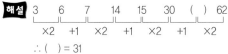

∴ ( ) = 31

09

| 2 | 3 | 4 | 6 | 8 | 9 | 16 | ( ) |

① 10　　　　　　② 12　　　　　③ 14　　　　　④ 18

해설

∴ ( ) = 12

10

| 1　3　7　15　31　63　(　) |

① 127　　② 128　　③ 129　　④ 130

해설
1　3　7　15　31　63　(　)
+2　+4　+8　+16　+32　+64
×2　×2　×2　×2　×2
∴ (　) = 127

11

| 3　5　9　15　23　33　(　) |

① 37　　② 39　　③ 45　　④ 47

해설
3　5　9　15　23　33　(　)
+2　+4　+6　+8　+10　+12
∴ (　) = 45

12

| 2　6　24　28　112　116　(　) |

① 462　　② 464　　③ 466　　④ 468

해설
2　6　24　28　112　116　(　)
+4　×4　+4　×4　+4　×4
∴ (　) = 464

13~20 다음 숫자들이 동일한 규칙을 갖도록 빈칸에 들어갈 알맞은 숫자를 고르시오.

13

6 4 27   5 ( ) 33   5 5 28

① 4   ② 5   ③ 6   ④ 7

해설 $6 \times 4 + 3 = 27$
$5 \times ( ) + 3 = 33$
$5 \times 5 + 3 = 28$
$\therefore ( ) = 6$

14

3 3 12   4 5 25   5 7 ( )

① 38   ② 42   ③ 45   ④ 51

해설 $3 \times 3 + 3 = 12$
$4 \times 5 + 5 = 25$
$5 \times 7 + 7 = ( )$
$\therefore ( ) = 42$

15

7 3 8 12   6 2 5 9   5 ( ) 4 8

① -1   ② 0   ③ 1   ④ 2

해설 $7 - 3 + 8 = 12$
$6 - 2 + 5 = 9$
$5 - ( ) + 4 = 8$
$\therefore ( ) = 1$

16

| 4 4 20   5 6 36   6 8 (   ) |

① 50   ② 52   ③ 54   ④ 56

해설 $4 \times 4 + 4 = 20$
$5 \times 6 + 6 = 36$
$6 \times 8 + 8 = (\quad)$
$\therefore (\quad) = 56$

17

| 3 3 18   5 3 (   )   7 4 56 |

① 30   ② 35   ③ 40   ④ 45

해설 $3 \times 3 \times 2 = 18$
$5 \times 3 \times 2 = (\quad)$
$7 \times 4 \times 2 = 56$
$\therefore (\quad) = 30$

18

| 2 3 25   5 7 144   9 (   ) 289 |

① 8   ② 9   ③ 10   ④ 11

해설 $(2 + 3)^2 = 25$
$(5 + 7)^2 = 144$
$(9 + (\quad))^2 = 289$
$\therefore (\quad) = 8$

19

| 2 3 6 5 10 | 4 7 28 2 29 | 2 1 ( ) 1 2 |

① 1   ② 2   ③ 3   ④ 4

해설 $2 \times 3 = 6$, $6 + 5 - 1 = 10$
$4 \times 7 = 28$, $28 + 2 - 1 = 29$
$2 \times 1 = ( )$, $( ) + 1 - 1 = 2$
$\therefore ( ) = 2$

20

| ( ) 4 10 | 10 10 2 | 20 10 4 |

① 11   ② 17   ③ 19   ④ 20

해설 $( ) \div 4 \times 2 = 10$
$10 \div 10 \times 2 = 2$
$20 \div 10 \times 2 = 4$
$\therefore ( ) = 20$

(2) 자료해석

다음은 주요 국가별 수출입액 지수를 나타낸 그림이다. 2000년에 비하여 2006년의 수입량이 가장 크게 증가한 국가는?

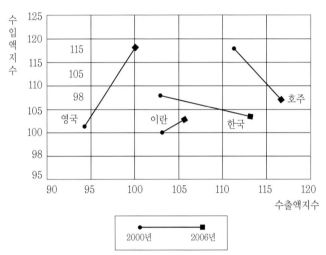

[그림] 주요 국가별 수출입액 지수

※ 수출입액 지수는 1999년을 100으로 하여 표시한 것이다.

❶ 영국

② 이란

③ 한국

④ 호주

 정답해설
세로축이 수입액이므로 세로 방향으로 가장 길게 그려진 나라는 영국이다.

 핵심정리
자료해석에서는 기초적인 계산 능력과 수치자료로부터 정확한 의사결정을 내리거나 추론하는 능력을 측정하고자 한다. 도표, 그래프 등 실생활에서 접할 수 있는 수치자료를 제시하여 필요한 정보를 선별적으로 판단·분석하고, 대략적인 수치를 빠르고 정확하게 계산하는 유형으로 구성되어 있다. 여기에서는 자료에 대한 정확한 파악과 그것을 기초로 한 계산 및 응용 능력의 평가에 중점을 두고 있다. 주로 자료에 대한 해석, 간단한 계산문제이지만, 증가율, 비율 등을 구하는 문제유형에서 '소수점'에 대한 조건이 있다면 주의해야 한다. 보기에 나타난 숫자와 중요 어휘에 중점을 두고 제시된 그래프나 표, 보기에서 그에 해당하는 것을 찾고 여러 가지 유형의 표와 그래프를 접해보는 것이 중요하다.

01~02 아래는 A, B, C, D, E 5개 회사가 동종의 제품 시장에서 차지하는 생산량의 구성비와 생산량 변동 추이를 나타낸 것이다. 이를 토대로 다음 물음에 답하시오.

[표1] 2008년도 생산량 구성비

(단위 : %)

회사	A사	B사	C사	D사	E사	기타
생산량 구성비	17%	18%	12%	25%	15%	13%

[표2] 생산량 지수(2008년 지수를 100으로 한 지수)

연도	A사	B사	C사	D사	E사
2008	100	100	100	100	100
2009	120	130	95	125	85
2010	135	155	55	140	60
2011	125	175	70	155	40
2012	125	185	50	150	40

01 2012년도에 생산량이 가장 많은 회사와 그 생산량 구성비로 가장 알맞은 것은?

① A사, 38.25% 　② B사, 33.3% 　③ D사, 37.5% 　④ E사, 40.0%

해설 2008년도 생산량 구성비를 기준으로 하여 지수의 변동을 비교해 볼 때, 2008년도 생산량 구성비가 크면서도 2012년도 생산량 지수가 많이 증가한 B사와 D사를 비교해 본다.
B사의 경우 2012년도 생산량 구성비는 '18%×185/100=33.3%'이고 D사의 경우 '25%×150/100=37.5%'이다. 따라서 2012년도 생산량 구성비가 가장 큰 회사는 D회사이며, 그 구성비는 37.5%이다.

02 위의 두 표를 참고로 할 때, 다음 설명 중 옳은 것은?

① 2012년도 C사와 E사의 생산량은 같다.

② A사의 2012년도 생산량은 2006년과 같다.

③ 2008년도 5개 회사의 생산량은 같다.

④ ①~③ 어느 것도 옳지 않다.

해설 ① 2012년도 생산량 구성비를 볼 때, C사의 경우 '12%×50/100=6%'이고 E사의 경우 '15%×40/100=6%'로 같다. 생산량 구성비가 같다는 것은 두 회사의 생산량이 같다고 할 수 있다.
② 제시된 것은 생산량의 구성비와 기준 지수로 환산한 생산량 변동 추이인데, 이것만으로는 구체적인 생산량을 알 수는 없으므로 두 연도의 생산량을 비교할 수는 없다. 다만 A~E 5개 회사만을 두고 봤을 때는 A회사의 두 연도

의 생산량 구성비(생산량 지수)가 같은데 비해, 5개 회사의 생산량 지수의 합은 2011년도에 565에서 2012년도에 550로 줄었다. 이는 상대적으로 A회사가 생산시장에서 차지하는 생산량 구성비가 2012년도에 더 높아졌다는 것을 의미하므로 생산량도 증가했다고 할 수 있다.

③ 생산량 구성비를 통해 볼 때 5개 회사의 2008년도 생산량은 서로 다름을 알 수 있다.

03~04 다음에 제시된 통계 자료를 토대로 물음에 가장 알맞은 답을 고르시오.

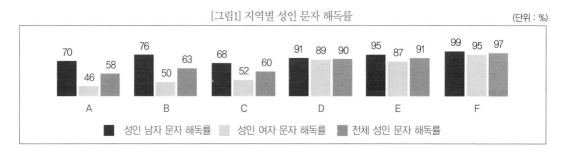

[그림1] 지역별 성인 문자 해독률   (단위 : %)

■ 성인 남자 문자 해독률   ■ 성인 여자 문자 해독률   ■ 전체 성인 문자 해독률

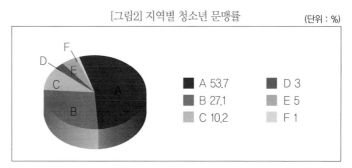

[그림2] 지역별 청소년 문맹률   (단위 : %)

■ A 53.7   ■ D 3
■ B 27.1   ■ E 5
■ C 10.2   ■ F 1

03 다음 중 가장 올바른 설명은 무엇인가?

① 성인 남녀 간 문맹률의 차이가 가장 큰 지역은 B이다.

② 성인 남자 문맹률이 높은 지역일수록 청소년 문맹률이 높다.

③ C지역의 성인 남자 문맹률은 성인 여자 문맹률보다 높다.

④ F지역에서 성인 여자 문맹률은 문맹 청소년 비율보다 3배가 크다.

해설 ① 문맹률의 차이가 크다는 것은 문자 해독률의 차이가 크다는 것을 의미한다. 따라서 성인 남녀 간 문맹률의 차가 가장 큰 지역은 B이다. B지역의 문맹률은 남자가 24%, 여자가 50%이므로 그 차는 26%이다.

② 성인 남자의 문맹률이 가장 높은 지역은 C지역이다. 그런데 C지역의 청소년 문맹률은 10.2%로 세 번째로 높다. 성인 남자 문맹률이 두 번째로 높은 A지역의 청소년 문맹률은 53.7%로 가장 높다.

③ C지역의 성인 남자 문맹률은 '100%-68%=32%'이며('∵문맹률=100%-문자 해독률), 성인 여자 문맹률은 48% 이다. 따라서 C지역의 경우 성인 여자의 문맹률이 남자의 경우보다 높다.

④ F지역의 성인 여자 문맹률은 5%이며 청소년 문맹률은 1%이다. 따라서 성인 여자 문맹률이 5배 크다.

04 성인 남녀 간 문맹률의 차이가 가장 큰 지역의 청소년 문맹률(%)과 청소년 문맹률이 세 번째로 높은 지역의 남녀 간 성인 문맹률의 차이값(%)의 곱은 얼마인가?

① 163.2   ② 276.4   ③ 433.6   ④ 704.6

해설 성인 남녀 간 문맹률의 차이가 가장 큰 B지역의 청소년 문맹률은 27.1%이며, 청소년 문맹률이 세 번째로 높은 C지역의 남녀 간 성인 문맹률의 차이값은 16%이다. 따라서 두 값의 곱은 433.60이다.

05~06 아래는 A, B, C, D 4개 도시의 2013년도 인구 구성에 관한 내용이다. 이를 토대로 하여 다음 물음에 답하시오.

구분	전체 인구(명)	남성 비율(%)	초등학생 비율(%)
A시	500,000	51	10
B시	520,000	49	9
C시	490,000	45	11
D시	400,000	51	7

05 2013년에 A시의 초등학생의 17%가 학교를 졸업하였다. 이 도시의 중학교 진학률을 100%라 할 때 2013년도에 새로 중학생이 된 학생은 모두 몇 명인가?

① 50,000명   ② 12,500명   ③ 8,500명   ④ 4,335명

해설 A시 초등학생의 수는 '500,000×0.1=50,000(명)'이다. 이 중 17%가 학교를 졸업하여 100% 중학교에 진학하였으므로 2013년도에 중학생이 된 학생 수는 '50,000×0.17=8,500(명)'이다.

06 다음 설명 중 옳은 것은?

① 여성 인구가 가장 많은 곳은 B시이다.

② A시의 남성 인구와 D시의 남성 인구는 같다.

③ 초등학교 여학생의 수가 가장 많은 곳은 C시이다.

④ B시의 초등학생 수가 C시의 초등학생 수보다 적다.

> **해설** ④ B시의 초등학생 수는 '520,000 × 0.09 = 46,800(명)' 이며, C시의 초등학생 수는 '490,000 × 0.11 = 53,900(명)'
> 이다. 따라서 B시의 초등학생 수가 C시보다 적다.
>
> ① A시의 여성 수는 '500,000 × 0.49 = 245,000(명)' 이며 B시는 '520,000 × 0.51 = 265,200(명)' C시는 '490,000
> × 0.55 = 269,500(명)', D시는 '400,000 × 0.49 = 196,000(명)' 이다. 따라서 여성 인구는 C시가 가장 많다.
>
> ② A시와 D시의 남성 비율은 같으나 총 인구수가 다르므로 남성의 인구수도 다름을 알 수 있다. A시의 경우 남성
> 인구는 '500,000 × 0.51 = 255,000(명)' 이며, D시의 남성 인구는 '400,000 × 0.51 = 204,000(명)' 이다.
>
> ③ 전체 남녀 성비는 제시되어 있으나 초등학생의 남녀 성비는 제시되지 않았으므로 초등학생의 남녀 수는 알 수 없다.

07~08 아래는 어떤 공장에서 생산되는 제품의 2013년 1분기 생산량을 나타낸 것이다. 이를 토대로 다음 물음에 답하시오.

(단위 : 개)

구분	A제품 생산량	B제품 생산량
1월	4,200	2,600
2월	4,500	2,500
3월	5,000	2,800

07 A제품의 단가는 3,000원, B제품의 단가는 5,500원이라 할 때 이 공장의 2013년 1분기 총 생산액은 얼마인가?

① 8,325만 원   ② 8,455만 원   ③ 8,650만 원   ④ 8,750만 원

> **해설** 1분기 A제품의 총 생산액은 '(4,200 + 4,500 + 5,000) × 3,000 = 41,100,000(원)' 이며, B제품의 총 생산액은 '(2,600
> + 2,500 + 2,800) × 5,500 = 43,450,000(원)' 이다. 따라서 이 공장의 1분기 총 생산액은 84,550,000(원)이다.

08 A제품과 B제품의 월별 생산액의 차가 가장 큰 달과 가장 작은 달을 바르게 짝지은 것은?

① 1월, 2월   ② 1월, 3월   ③ 3월, 1월   ④ 3월, 2월

해설 각 제품의 월별 생산액과 그 차이를 구하면 다음과 같다.

구분	A제품 생산액	B제품 생산액	차액
1월	4,200×3,000 = 12,600,000(원)	2,600×5,500 = 14,300,000(원)	170만 원
2월	4,500×3,000 = 13,500,000(원)	2,500×5,500 = 13,750,000(원)	25만 원
3월	5,000×3,000 = 15,000,000(원)	2,800×5,500 = 15,400,000(원)	40만 원

따라서 월 생산액의 차가 가장 큰 달은 1월, 가장 작은 달은 2월이다.

09~10 아래는 2007년과 2012년 어떤 도시 가구별 평균 소비지출 내역을 나타낸 그래프이다. 이를 토대로 다음 물음에 답하시오.

[그림1] 2007년 지출내역   (단위 : %)

- 주거비 0.42
- 식비 0.27
- 교육비 0.23
- 기타 0.08

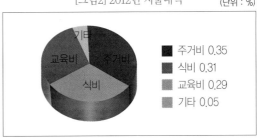

[그림2] 2012년 지출내역   (단위 : %)

- 주거비 0.35
- 식비 0.31
- 교육비 0.29
- 기타 0.05

09 2007년도 가구당 총 지출액이 평균 2,000만 원이었고 2012년도 가구당 총 지출액이 평균 2,500만 원이었다면, 2012년 가구당 교육비는 2007년에 비해 얼마나 증가하였는가?

① 150만 원   ② 265만 원   ③ 325만 원   ④ 500만 원

해설 2007년 가구당 총 지출액이 평균 2,000만 원이었고 이 중 교육비가 차지한 비율은 23%이므로 이 해의 가구당 교육비 지출액은 '2,000×0.23 = 460(만 원)'이다. 또한 2012년 가구당 총 지출액은 2,500만 원이므로 교육비 지출액은 '2,500×0.29 = 725(만 원)'이다. 따라서 2012년의 가구당 교육비는 2007년에 비해 265만 원이 증가하였다.

10

다음 설명 중 잘못된 것은? (단, 2007년도 가구당 총 지출액은 2,000만 원, 2012년도 가구당 총 지출액은 2,500만 원이라 가정한다)

① 2012년의 가구당 주거비 지출액은 2007년에 비해 줄었다.

② 2007년 가구당 식비 지출액은 월 45만 원이다.

③ 도시 가정에서의 교육비 비중은 증가하는 추세이다.

④ 2012년 주거비 · 식비 · 교육비를 제외한 기타 지출액은 가구당 125만 원이다.

해설 2004년 가구당 주거비 지출액은 '2,000 × 0.42 = 840(만 원)'이며 2012년 가구당 주거비 지출액은 '2,500 × 0.35 = 875(만 원)'이다. 즉, 2012년 가구당 주거비 지출비율은 2007년에 비해 줄었으나 지출액은 늘었다.

11~12

아래는 A, B, C, D 4개 도시의 인구와 컴퓨터 보유 수를 나타낸 자료이다. 이를 토대로 다음 물음에 답하시오.

구분	인구(만 명)	인구 100명당 컴퓨터 보유 수(대)
A시	102	24
B시	80	15
C시	63	41
D시	45	30

11

컴퓨터 보유 수가 가장 많은 도시와 가장 적은 도시를 순서대로 맞게 짝지은 것은?

① A, C   ② B, D   ③ C, B   ④ D, A

해설 A시의 컴퓨터 수는 '10,200 × 24 = 244,800(대)'이며, B시의 컴퓨터 수는 '8,000 × 15 = 120,000(대)', C시의 컴퓨터 수는 '6,300 × 41 = 258,300(대)', D시의 컴퓨터 수는 '4,500 × 30 = 135,000(대)'이다. 따라서 컴퓨터를 가장 많이 보유한 도시는 C시이며, 가장 적게 보유한 도시는 B시이다.

12
한 가구의 평균 가족 수를 4명이라고 할 때 가구당 평균 1대 이상의 컴퓨터를 보유하고 있는 도시를 모두 고른 것은?

① C   ② C, D   ③ C, D, A   ④ C, D, A, B

해설 A도시의 인구 100명당(25가구당) 컴퓨터 보유 수가 24대이므로 이 도시의 한 가구당 컴퓨터 보유 수는 '24/25 = 0.96(대)' 이다. B도시의 한 가구당 컴퓨터 보유 수는 '15/25 = 0.6(대)', C도시의 경우 '41/25 = 1.64(대)', D도시의 경우 '30/25 = 1.2(대)' 이다. 따라서 한 가구당 1대 이상의 컴퓨터를 보유한 도시는 C와 D이다.

13~14
아래는 어느 지방의 경찰청에서 지역 주민을 상대로 경찰의 대민서비스 만족도를 평가한 결과이다. 조사 대상자가 빠짐없이 답변하였다고 할 때, 이를 토대로 다음 물음에 답하시오.

구분	평가자 수(명)	분포율(%)
아주 만족	12	4
대체로 만족	㉠	㉡
보통	108	36
대체로 불만족	87	㉢
아주 불만족	㉣	17
합계	㉤	100

13
㉠과 ㉡에 알맞은 것은?

① ㉠-36, ㉡-12   ② ㉠-36, ㉡-14

③ ㉠-42, ㉡-12   ④ ㉠-42, ㉡-14

해설 12명의 분포율이 4%이므로 87명의 분포율 ㉢은 '12:4 = 87:㉢' 의 비례관계를 통해 구할 수 있다. 따라서 ㉢은 '(87 × 4)/12 = 29(%)' 이다. 분포율의 합은 100%이므로 ㉡은 14(%)이다. ㉠의 수도 위와 마찬가지로 구하면 42(명) 이다.

14 조사 대상자인 지역 주민 수는 모두 몇 명인가?

① 250명   ② 280명   ③ 300명   ④ 325명

해설 조사 대상자가 빠짐없이 평가하였으므로 조사 대상자수는 평가자 수의 합(ⓜ)과 같다.
위의 해설에서와 마찬가지로 '12 : 4 = ⓔ : 17'이므로, ⓔ은 51(명)이다.
따라서 전체 평가자 수는 '12+42+108+87+51 = 300(명)'이다.
이와는 다른 방법으로, 12명의 분포율이 4%이고 ⓜ의 분포율은 100%라는 것을 이용하여 보다 간단히 ⓜ을 구할
수 있다. 즉, '12 : 4 = ⓜ : 100'이므로 ⓜ은 300(명)이 된다.

15~16 아래는 A지역 철도의 용도별 현황을 나타낸 자료이다. 이를 토대로 다음 물음에 답하시오.

구분	철도 개수	총 길이(km)	건설비(억 원)
화물운송 전용 철도	6	83	170
여객운송 전용 철도	11	165	215
복합운송용 철도	13	250	340
관광 전용 철도	2	24	20

15 화물을 운송할 수 있는 철도의 총 길이는 얼마인가?

① 83km   ② 333km   ③ 357km   ④ 502km

해설 화물을 운송할 수 있는 철도는 화물운송 전용 철도와 복합운송용 철도이다. 두 철도의 길이를 합한 총 길이는 '83+250
=333(km)'이다.

16 여객만을 운송할 수 있는 철도의 1km당 건설비는 대략 얼마인가?

① 0.77억 원   ② 1.24억 원   ③ 1.30억 원   ④ 1.43억 원

해설 단위 구간의 건설비는 '길이/건설비'이므로, 여객운송 전용 철도의 1km당 건설비는 '215(억 원)÷165(km)≒1.30(억 원)'
이다.

17~18 아래는 총 100명이 지원한 ROTC 선발 시험에서 지원자들의 졸업성적과 면접점수의 상관관계를 조사하여 그 분포수를 표시한 것이다. 이를 토대로 다음 물음에 답하시오.

(단위 : 명)

면접점수 졸업성적	60점	70점	80점	90점	100점
100점	1	5	4	6	1
90점	2	4	5	5	4
80점	1	3	8	7	5
70점	4	5	7	5	2
60점	2	3	6	3	2

17 졸업성적과 면접점수를 합친 총점이 170점 이상인 지원자 중 면접점수가 80점 이상인 사람을 합격자로 할 때, 합격자 총 수는 몇 명인가?

① 37명　　　　② 39명　　　　③ 42명　　　　④ 44명

해설 총점이 170점 이상인 지원자는 아래 표에서 색칠된 부분으로, 총 44명이다. 이 중에서 면접점수가 80점 이상인 지원자는 면접점수가 70점인 5명을 제외한 39명이다.

면접점수 졸업성적	60점	70점	80점	90점	100점
100점	1	5	4	6	1
90점	2	4	5	5	4
80점	1	3	8	7	5
70점	4	5	7	5	2
60점	2	3	5	3	2

18 성적이 상위 25% 이내에 드는 지원자의 총점 평균을 구하면? (단, 소수점 이하는 무시한다)

① 180점　　　　② 182점　　　　③ 184점　　　　④ 186점

해설 지원자가 100명이므로 성적 상위 25%는 총점이 높은 상위 25명을 말하며, 이는 다음 표의 색칠된 부분을 말한다.

면접점수 졸업성적	60점	70점	80점	90점	100점
100점	1	5	4	6	1
90점	3	4	5	5	4
80점	1	3	8	7	5
70점	4	5	7	5	2
60점	2	3	5	3	2

이들의 총점 평균을 구하면, '{(200×1)+(190×10)+(180×14)}÷25=184.8(점)'이다. 소수점 이하는 무시하므로 184점이 상위 25%의 총점 평균이 된다.

19~20 아래의 표는 한 통신회사의 요금제에 관한 내용이다. 이를 토대로 하여 다음 물음에 답하시오.

요금제 부과 기준	A요금제	B요금제	C요금제
월 기본요금(원)	19,000	15,000	16,000
10초당 통화요금(원)	15	19	18
월 무료통화(분)	10	10	5
1건당 문자발신요금(원)	10	10	11
월 무료문자(건)	20	15	10
발신번호표시요금(원)	무료	1,500	1,000

19 월 통화시간이 2시간 10분이고 문자 메시지는 50건 보내며, 발신번호표시 서비스를 이용하는 사람이 가장 저렴하게 이용할 수 있는 요금제는 무엇인가? (기타 부가세 등은 무시한다)

① A요금제   ② B요금제   ③ C요금제   ④ A와 C요금제

해설 월 이용요금은 월 기본요금과 통화요금과 문자발신요금, 발신번호표시요금을 합친 것이다. 각 요금제 이용에 따른 월 이용요금을 구하면 다음과 같다.
- A요금제 : 19,000(원)+{7200(초)×1.5(원)}+{30(건)×10(원)}=30,100(원)
- B요금제 : 15,000(원)+{7200(초)×1.9(원)}+{35(건)×10(원)}+1,500(원)=30,530(원)
- C요금제 : 16,000(원)+{7500(초)×1.8(원)}+{40(건)×11(원)}+1,000(원)=30,940(원)
따라서 문제와 같은 사용 조건에서 가장 저렴하게 이용할 수 있는 요금제는 A이다.

20 월 통화시간이 2시간이고 문자 메시지를 80건 보내며, 발신번호표시 서비스를 이용하는 사람이 가장 저렴하게 이용할 수 있는 요금제와 가장 비싼 요금제의 월 이용요금 차이는 얼마인가? (기타 부가세 등은 무시한다)

① 190원   ② 500원   ③ 690원   ④ 1,310원

해설 문제 조건에 따른 각 요금제별 월 이용요금을 구하면 다음과 같다.
- A요금제 : 19,000(원)+{6600(초)×1.5(원)}+{60(건)×10(원)}=29,500(원)
- B요금제 : 15,000(원)+{6600(초)×1.9(원)}+{65(건)×10(원)}+1,500(원)=29,690(원)
- C요금제 : 16,000(원)+{6900(초)×1.8(원)}+{70(건)×11(원)}+1,000(원)=30,190(원)

따라서 가장 저렴한 요금제는 A, 가장 비싼 요금제는 C이므로 요금 차이는 '30,190−29,500=690(원)' 이다.

21~22 아래는 식품 A, B의 구성 성분을 모두 분석하여 그 중량 비율에 따라 표시한 성분 비율이다. 이를 토대로 하여 다음 물음에 답하시오.

(단위 : %)

구성 성분	A식품	B식품
탄수화물	28.8	7.4
지방	19.1	5.7
단백질	35.6	
수분		65.6
기타	5.8	8.1

21 다음 설명 중 옳지 않은 것은?

① A식품의 수분 비율은 10.7%이다.

② B식품의 단백질 비율은 13.2%이다.

③ A식품 250g에 포함된 수분의 중량은 10.7g이다.

④ B식품 500g에 포함된 지방 성분의 중량은 28.5g이다.

해설 ①, ③ 식품의 모든 성분을 분석한 것이므로 구성 성분 비율의 합은 100%가 되어야 하므로 A식품의 수분 비율은 10.7%이다. 따라서 A식품 250g에는 '250×0.107=26.75(g)' 의 수분이 포함되어 있다.
② 구성 성분의 합이 100%이므로 B식품의 단백질 비율은 13.2%이다.
④ B식품 500g에 포함된 지방 성분의 중량은 '500×0.057=28.5(g)' 이다.

22

B식품에서 수분을 완전히 제거한 후 구성 성분의 비율을 다시 분석할 때 이 식품 속에 함유된 탄수화물의 성분 비율은 대략 얼마인가?

① 7.4%   ② 14.8%   ③ 21.5%   ④ 37.0%

> **해설** 수분을 완전히 제거한 후 남은 구성 성분 중 탄수화물의 비율은 '7.4/(100−65.6)×100≒21.5(%)' 이다.

23~24 아래는 같은 가격의 동종 전자제품 A, B, C의 사용 연수와 제품 가치의 상관관계를 나타낸 것이다. 구입시 상품 가치를 100%라 가정할 때 다음 물음에 알맞은 답을 고르시오.

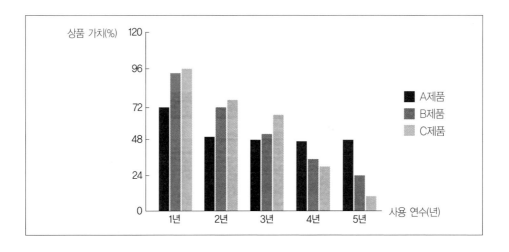

23

구입한지 4년된 제품 A, B, C를 중고품 시장에 되팔 때 가장 높은 가격을 받게 되는 제품과 가장 낮은 가격을 받게 되는 제품을 순서대로 바르게 짝지은 것은? (다른 조건은 동일한 것으로 간주한다)

① A, C   ② B, A   ③ B, C   ④ C, A

> **해설** 구입 가격이 같은 동종의 제품이며 다른 조건은 동일하다고 가정하였으므로 중고품 시장에 판매할 당시의 상품 가치에 따라 가격의 높고 낮음이 결정된다. 따라서 제시된 도표에서 사용 연수가 4년일 때의 상품 가치가 가장 높은 A제품의 판매 가격이 가장 높고 상품 가치가 가장 낮은 C제품의 판매 가격이 가장 낮다.

24 다음 설명 중 옳지 않은 것은?

① 3년마다 새로 제품을 구입한다고 할 때는 C제품을 구매하는 것이 가장 유리하다.

② 4년 이상 장기 사용을 계획하고 있다면 A제품을 선택하는 것이 가장 유리하다.

③ C제품은 사용한지 3년까지는 B제품보다 상품 가치가 더 높다.

④ B제품은 장기 사용에 가장 부적합하다.

해설 사용 연수가 4년 이상의 장기인 경우 C제품의 상품 가치가 가장 낮으므로 장기 사용에 가장 부적합한 제품은 C이다.

25~26 A, B 2개의 극장이 있는 어느 소도시에서 지난 일요일 하루 동안 영화를 본 관람객 수를 연령대별로 조사한 것이다. 이날 하루 두 극장에서 영화를 본 사람이 모두 5,000명이고, 이 중 60%가 A극장에서, 40%가 B극장에서 영화를 봤다고 할 때 다음 물음에 알맞은 답을 고르시오.

(단위 : %)

구분	20대	30대	40대	50대 이상
A극장	29	36	24	11
B극장	14	27	39	20

25 다음 중 옳지 않은 것은?

① 지난 일요일 B극장을 찾은 40대 관람객 수는 780명이다.

② 지난 일요일 30대 관람객 수는 A극장이 B극장의 2배이다.

③ 지난 일요일 40대 관람객 수는 A극장보다 B극장이 더 많다.

④ 지난 일요일 50대 이상의 관람객 수는 B극장보다 A극장이 더 많다.

해설 지난 일요일 극장을 찾은 세대별 관람객 수를 구하면 다음과 같다.

(단위 : 명)

구분	20대	30대	40대	50대 이상
A극장	870	1,080	720	330
B극장	280	540	780	400

따라서 50대 이상의 관람객 수는 A극장보다 B극장이 더 많았다.

26 지난 일요일 하루 동안 A극장에서 영화를 본 20대 관람객은 모두 몇 명인가?

① 720명 ② 780명 ③ 870명 ④ 1,150명

해설 일요일 하루 동안 두 극장에서 영화를 본 사람이 모두 5,000명이고 이 중 60%가 A극장에서 보았으므로, 이날 하루 A극장에서 영화를 본 총관람객 수는 '5,000×0.6=3,000(명)'이다. 그리고 A극장 관람객의 29%가 20대였으므로 이날 20대 관람객은 '3,000×0.29=870(명)'이다.

27~28 아래는 어떤 나라의 자동차 시장의 규모와 자동차 업체 A, B, C 세 곳의 시장 점유율을 나타낸 것이다. 이를 토대로 다음 물음에 알맞은 답을 고르시오.

구분	2008년	2009년	2010년	2011년	2012년
전체 시장 규모 (백억 원)	7,830	8,620	9,310	10,120	10,350
A업체 점유율(%)	5.7	6.0	6.5	7.1	7.5
B업체 점유율(%)	5.3	5.0	4.5	4.3	4.0
C업체 점유율(%)	3.5	3.6	3.1	2.9	3.0

27 다음 중 옳지 않은 것은?

① A업체의 매출은 계속하여 증가하고 있다.

② B업체의 매출은 계속하여 감소하고 있다.

③ C업체의 시장 점유율은 2009년에서 2010년 사이에 가장 크게 감소했다.

④ 다른 조건의 변화가 없다면 2013년 A업체와 B업체의 점유율 격차는 이전보다 더 커질 것이다.

해설 B업체의 경우 시장 점유율은 계속하여 감소하고 있으나 시장 규모도 꾸준히 확대되고 있으므로 매출이 계속 줄고 있는 것은 아니다. 2010년의 경우 B업체의 매출 규모는 '9,310×0.045=418.95(백억 원)'이나 2011년 매출 규모는 '10,120×0.043=435.16(백억 원)'이므로 오히려 증가하였다.

28 2013년 자동차 시장 규모가 전년도에 비해 2% 증가하고 C업체의 2013년 시장 점유율은 전년도와 같다고 가정할 때, 2013년 예상되는 C업체의 매출 총액에 가장 가까운 것은? (다른 나라에서의 매출은 고려하지 않는다)

① 2조 8,500억 원

② 2조 9,700억 원

③ 3조 1,600억 원

④ 3조 4,300억 원

해설 자동차 시장 규모가 전년도에 비해 2% 증가한다면 2013년 시장 규모는 '10,350×1.02＝10,557(백억 원)' 이 된다. 따라서 C업체의 2013년 시장 점유율이 전년도와 같은 3.0%라 할 때 2013년 매출 총액은 '10,557×0.03＝316.71(백억 원)' 이다.

29~30 우리나라 교육 관련 통계이다. 이를 토대로 다음 물음에 알맞은 답을 고르시오.

연도	정부예산 대비 교육부예산	교원 1인당 학생 수(명)			학급당 학생 수(명)		
		초등학교	중학교	고등학교	초등학교	중학교	고등학교
2008	19.5	25.7	19.6	16.5	32.6	36.1	35.2
2009	20.8	25.1	19.4	15.9	31.8	35.3	33.9
2010	20.1	24.0	19.4	15.8	30.9	35.2	33.7
2011	19.8	22.9	19.1	15.9	30.2	35.0	33.9
2012	20.5	21.3	18.8	16.0	29.2	34.7	34.0

29 2012년도 우리나라 고등학교 학급의 수를 모두 15,000개라 할 때 그 해의 고등학교 교원의 수는 몇 명인가?

① 28,790명　　② 31,875명　　③ 40,118명　　④ 81,600명

해설 2012년도 고등학교 학급의 수가 모두 15,000개이므로 그 해의 고등학생 수는 '15,000×34.0＝510,000(명)' 이다. 그리고 2012년 교원 1인당 고등학생 수가 16.0명이므로 고등학교 교원의 수는 '510,000/16.0＝31,875(명)' 이다.

30 다음 설명 중 옳은 것은?

① 교육부의 예산 규모는 2009년에 가장 컸다.

② 초등학생의 수는 매년 계속해서 감소하고 있다.

③ 중학교의 학생과밀화 현상은 매년 점점 해소되고 있다.

④ 고등학생의 수는 감소하다 2011년부터는 증가하고 있다.

해설 ③ 학급당 중학생 수와 교원 1인당 중학생 수가 매년 지속적으로 감소하고 있으므로 중학교의 학생과밀화 현상은 점차 완화되고 있다고 할 수 있다.

① 자료에는 정부의 전체 예산 중 교육부 예산이 차지하는 비율만이 제시되어 있으며 연도별 정부예산 규모는 알 수 없다. 따라서 연도별 교육부의 예산 규모도 파악할 수 없다.

②, ④ 연도별 교원 1인당 학생 수와 학급당 학생 수만 제시되어 있고 구체적인 교원의 수나 학급의 개수는 제시되지 않았으므로 연도별 학생 수도 알 수 없다. 교원의 수나 학급의 개수가 상대적으로 더 많이 증가하면 교원 1인당 학생 수와 학급당 학생 수는 상대적으로 감소하며, 반대의 경우는 증가하기 때문이다.

31~32 아래는 최근 5년간의 범죄 발생 건수를 집계한 것이다. 이를 토대로 다음 물음에 알맞은 답을 고르시오.

(단위 : 건)

구분	2008년	2009년	2010년	2011년	2012년
사기범죄	32,980	33,140	33,870	34,100	36,500
절도범죄	43,200	43,950	44,510	44,860	46,900
강간범죄	20,940	23,600	26,500	24,960	26,650

31 다음 중 옳지 않은 것은?

① 절도범죄는 2012년도에 가장 큰 비율로 증가하였다.

② 사기범죄와 절도범죄는 계속하여 증가하는 추세이다.

③ 절도범죄와 강간범죄는 같은 변화 추세를 보이고 있다.

④ 강간범죄가 2만 5천건 이상 발생한 해의 절도범죄 발생 건수의 합은 91,410(건)이다.

> **해설** 절도범죄는 꾸준히 증가하는 추세임에 비해, 강간범죄의 경우 증가하다가 2011년에 감소하였고 다시 2012년도에 증가하는 추세를 보이고 있다.

32 2012년도의 증감 추세가 계속 이어진다고 할 때 2013년도에 가장 증가 비율이 높을 것으로 보이는 범죄와 대략적인 발생 건수는 얼마인가?

① 사기범죄, 39,055건

② 절도범죄, 49,573건

③ 강간범죄, 28,462건

④ 제시된 내용만으로는 알 수 없음

> **해설** 2012년도의 경우 전년도에 비해 다음과 같은 증가 추세를 보이고 있다.
> - 사기범죄 : 36,500/34,100×100≒107% → 대략 7% 증가
> - 절도범죄 : 46,900/44,860×100≒104.5% → 대략 4.5% 증가
> - 강간범죄 : 26,650/24,960×100≒106.8% → 대략 6.8% 증가
> 따라서 사기범죄의 증가율이 가장 높으며, 2013년도에도 이러한 증가 추세가 이어진다고 할 때 2013년 예상되는 사기범죄 발생 건수는 '36,500×1.07=39,055(건)' 정도이다.

33 다음은 어느 식당의 시간대별 이용 고객 수를 표시한 도표이다. 이에 대한 설명으로 옳지 않은 것은? (고객 1인당 매출은 모두 동일한 것으로 간주한다)

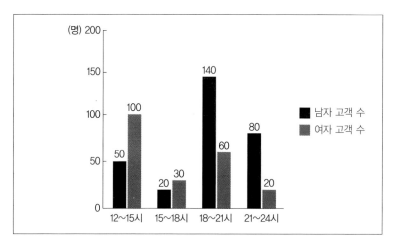

① 낮에는 여자 고객 수가 많고 밤에는 남자 고객 수가 많다.

② 고객이 가장 적은 시간대의 매출은 하루 전체 매출의 10% 수준이다.

③ 18~21시 사이의 고객 비율이 하루 전체 고객의 40%를 차지하고 있다.

④ 이 식당의 전체 매출에서 남자 고객이 차지하는 매출 비중은 60%가 넘는다.

해설 전체 고객 수가 50＋100＋20＋30＋140＋60＋80＋20＝500명이며 남자 고객 수가 50＋20＋140＋80＝290 명이므로 남자 고객 수는 전체의 58%를 차지하고 있다. 매출은 고객 수에 비례하므로 남자 고객이 차지하는 매출 비중도 58%이다.

① 12~18시 사이 낮에는 여자 고객 수가 많고, 18~24시 사이 밤에는 남자 고객 수가 많다.

② 15~18시 고객이 가장 적은 시간대의 매출은 전체 고객 수 500명 중 50명이므로 하루 전체 매출의 10% 수준 이다.

③ 18~21시 사이의 고객 수는 200명으로 하루 전체 고객 500명 중 40%를 차지하고 있다.

34~35 아래는 서식처별 현황파악과 관련예산에 대한 내용이다. 이를 토대로 다음 물음에 답하시오.

서식처별 현황파악과 관련예산

(단위 : 억 원)

구분	현황파악 비용	장기 관찰 비용	연구 및 보전 비용	복구 비용	기타 비용
산림생태계	100	90	1,000	640	1,000
해양생태계	100	112	1,500	800	500
호소생태계	80	140	200	200	200
하천생태계	30	5	15	100	150
농경생태계	50	100	1,250	750	100

※서식처 크기는 '현황파악 비용'과 비례

34 다음 중 옳지 않은 것은?

① 서식처 크기는 산림생태계와 해양생태계가 가장 크다.

② 농경생태계의 서식처 크기는 호소생태계보다 작다.

③ 장기 관찰 비용이 높을수록 연구 및 보전 비용이 높다.

④ 연구 및 보전 비용이 높을수록 복구 비용도 높다.

해설 ③ 장기 관찰 비용이 가장 높은 호소생태계의 경우 연구 및 보전 비용은 상대적으로 낮은 편이므로, 장기 관찰 비용이 높을수록 연구 및 보전 비용이 높다고 할 수 없다.

① 서식처 크기는 현황파악 비용과 비례한다고 하였으므로 현황파악 비용이 가장 큰 산림생태계와 해양생태계의 서식처가 가장 크다.

② 호소생태계의 현황파악 비용이 80억 원, 농경생태계의 현황파악 비용이 50억 원이므로 서식처 크기는 호소생태계가 더 크다.

35 서식처 크기 대비 복구 비용이 가장 큰 것은?

① 산림생태계　　② 해양생태계　　③ 하천생태계　　④ 농경생태계

해설 서식처 크기는 현황파악 비용과 비례하므로 현황파악 비용 대비 복구 비용을 구하면 서식처 크기 대비 복구 비용을 알 수 있다. 현황파악 비용 대비 복구 비용은 산림생태계가 '640/100＝6.4(억 원)', 해양생태계는 '800/100＝8(억 원)', 호소생태계는 '200/80＝2.5(억 원)', 하천생태계는 '100/30≒3.3(억 원)', 농경생태계는 '750/50＝15(억 원)'이다. 따라서 서식처 크기 대비 복구 비용은 농경생태계가 가장 크다.

36 다음 표는 전체 혼인건수와 청소년(15~24세) 혼인의 구성비에 대한 자료에 대한 설명 중 옳지 않은 것은?

연도별 총 혼인건수 및 청소년 혼인 구성비

구분	총 혼인건수(건)	청소년 혼인 구성비(%)			
		남편 기준		아내 기준	
		15~19세	20~24세	15~19세	20~24세
1970년	295,137	3.0	25.0	20.9	55.9
1980년	392,453	1.7	20.6	9.5	57.5
1990년	399,312	0.8	14.7	4.5	48.5
2000년	334,030	0.6	7.5	2.5	25.8

※청소년 혼인이란 남편 또는 아내가 청소년인 경우를 의미함

① 남편 기준 15~19세 청소년 혼인 구성비는 아내 기준 20~24세 청소년 혼인 구성비보다 항상 낮다.

② 1970년 이후 20~24세 청소년 혼인 구성비는 남편 기준과 아내 기준 모두 지속적으로 감소하고 있다.

③ 1980년 이후 남편 기준 20~24세 청소년의 혼인 구성비가 10년 전에 비해 가장 큰 폭으로 감소한 해는 2000년이다.

④ 1970년에 비하여 2000년에 아내 기준 15~19세 청소년 혼인 구성비는 18% 이상 감소하였다.

> **해설** ② 청소년 혼인 구성비는 아내 기준의 경우 1970년 55.9%에서 1980년 57.5%로 증가하였다.
> ① 남편 기준 15~19세 청소년 혼인 구성비(3.0, 1.7, 0.8, 0.6)는 아내 기준 20~24세 청소년 혼인 구성비(55.9, 57.5, 48.5, 25.8)보다 항상 낮다.
> ③ 2000년 남편 기준 20~24세 청소년 혼인 구성비는 1990년에 비해 7.2% 감소하여 가장 큰 폭으로 감소하였다.
> ④ 아내 기준 15~19세 청소년 혼인 구성비는 1970년 20.9%에서 2000년 2.5%로 18.4% 감소하였다.

37~38 다음은 이동통신 사용자의 회사별 구성비와 향후 회사 이동 성향에 관한 자료이다. 이를 토대로 다음 물음에 알맞은 답을 고르시오.

[표1] 현재 이동통신 사용자의 회사별 구성비   (단위 : %)

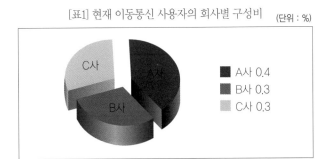

A사 0.4
B사 0.3
C사 0.3

[표2] 이동통신 사용자의 회사 이동 성향   (단위 : %)

현재 \ 1년 뒤	A사	B사	C사	합계
A사	80	10	10	100
B사	10	70	20	100
C사	40	10	50	100

※시장에 새로 들어오거나 시장에서 나가는 사용자는 없는 것으로 가정함

37 1년 뒤 B사의 사용자 구성비는 얼마로 예상되는가?

① 21%   ② 25%   ③ 28%   ④ 30%

해설 1년 뒤 B사의 사용자 구성비는 현재 B사를 사용하는 사람이 계속 사용하게 되는 비율과 다른 이동통신사에서 1년 뒤 B사로 이동하게 될 비율을 합친 것이다. 이를 차례대로 구하면 다음과 같다.

• B → B : 현재 이동통신 사용자의 구성비 중 B사를 사용하는 30% 중에서 1년 뒤에도 B사를 계속 사용하려는 성향의 비율은 70%이므로, 1년 후에도 계속 B사를 사용하게 되는 구성비는 '30(%)×0.7=21(%)' 이다.

• A → B : 현재 A사를 사용하는 40%의 사용자 중 1년 뒤 B사를 사용하려고 하는 사람은 10%이므로 1년 뒤 A사에서 B사로 이동하게 되는 사람은 '40(%)×0.1=4(%)' 이다.

• C → B : 위와 마찬가지로 현재 C사를 사용하는 30%의 사용자 중 1년 뒤 B사로 이동하려는 사람은 10%이므로 1년 뒤 C사에서 B사로 이동하게 되는 사람은 '30(%)×0.1=3(%)' 이다.

따라서 1년 뒤 B사의 사용자 구성비는 '21+4+3=28(%)' 이다.

38   1년 뒤 A사와 B사에서 C사로 이동하게 되는 사용자 비율은 각각 얼마인가?

① 4%, 6%   ② 4%, 20%   ③ 10%, 6%   ④ 10%, 20%

해설 A사의 사용자 구성비 40% 중 10%가 C사로 이동하게 되므로 사용자의 4%가 A사에서 C사로 이동하게 된다. 또한 B사의 사용자 구성비 30% 중 20%가 C사로 이동하게 되므로 사용자의 6%가 B사에서 C사로 이동하게 된다.

39~40   다음은 2004년에서 2012년까지 주요 교통수단별 인구 10만 명당 교통사고 사망자 수를 나타낸 자료이다. 이를 토대로 다음 물음에 알맞은 답을 고르시오.

(단위 : 명)

교통수단＼연도	2004	2006	2008	2010	2012
A	31.5	28.2	25.5	23.3	24.3
B	24.5	22.0	21.4	20.0	21.3
C	14.1	18.9	19.4	21.6	24.4
D	4.2	5.5	6.7	7.3	8.9
E	1.5	2.0	2.2	2.1	4.9
F	5.2	7.0	6.5	5.3	5.1

39   다음 설명 중 옳지 않은 것은?

① 2008년의 교통수단별 교통사고 사망자 중 A에 의한 사망자 수가 가장 많다.

② 2010년까지 A, B에 의한 교통사고 건수는 점차 감소하는 추세를 보이고 있다.

③ C에 의한 사고의 경우 인구 10만 명당 사망자 수는 지속적으로 증가하고 있다.

④ 2004년에 비해서 2012년 인구 10만 명당 사망자 수가 증가한 것은 C, D, E, F이다.

해설 F의 경우 2004년보다 2012년에 오히려 감소하였다.

40 연도별 인구 10만 명당 교통사고 사망자 수의 차이가 가장 큰 교통수단은 무엇인가?

① A   ② B   ③ C   ④ F

> **해설** C의 경우 2012년의 인구 10만 명당 교통사고 사망자 수는 24.4명, 2004년의 경우 14.1명이므로 그 차이가 10.3명으로 다른 교통수단의 경우보다 크다.

41~42 아래의 표는 지하층이 없고 건물마다 각 층의 바닥면적이 동일한 건물 A, B, C, D 네 곳의 건물정보를 나타낸 것이다. 여기서 건축면적은 건물 1층의 바닥면적을, 연면적은 건물의 각 층 바닥면적의 총합을 말한다. 이 정보를 토대로 다음 물음에 알맞은 답을 고르시오.

건물명	건폐율(%)	대지면적(㎡)	연면적(㎡)
A	50	300	600
B	60	300	
C	60	200	720
D	50	200	800

※건폐율(%) = (건축면적÷대지면적)×100

41 건물 A와 D의 층수를 합하면 얼마인가?

① 8층   ② 10층   ③ 12층   ④ 14층

> **해설** 각 층의 바닥면적이 동일하므로 '층수 = 연면적÷건축면적'이 된다. 따라서 건축면적을 알면 층수를 구할 수 있다. 그런데 '건폐율 = (건축면적÷대지면적)×100'이라고 하였으므로 '건축면적 = 건폐율×대지면적÷100'이 성립한다. 이에 따라 우선 A의 건축면적을 구하면 '50×300÷100 = 150'이고, A의 층수는 '600÷150 = 4(층)'이 된다. 마찬가지로 하여 D의 건축면적을 구하면 '50×200÷100 = 100'이고 층수는 '800÷100 = 8(층)'이다. 따라서 두 건물의 층수를 합하면 12층이다.

42 건물 B와 C의 층수가 같다고 할 때 건물 B의 연면적은 얼마인가?

① 720m²　　　　② 800m²　　　　③ 960m²　　　　④ 1,080m²

해설 우선, C의 건축면적은 '60×200÷100=120', 층수는 '720÷120=6(층)' 이므로 B의 층수도 6층이 된다. 한편 '연면적=층수×건축면적' 이므로 '연면적=층수×건폐율×대지면적÷100' 도 성립한다. 따라서 건물 B의 연면적은 '6×60×300÷100=1,080(m²)' 이다.

43~44 아래의 표는 온라인 게임의 요금체계에 관한 것이다. 어떤 온라인 게임을 하려면 사용자는 타임쿠폰제와 정액제 중 하나를 선택하여 요금을 지불하여야 하는데, 타임쿠폰은 세 종류를 원하는 대로 구입할 수 있지만 잔액이 남더라도 다음 달로 이월되지 않는다. 이러한 내용을 토대로 다음 물음에 알맞은 답을 고르시오.

종류	타임쿠폰제			정액제(1개월)
	3시간	5시간	10시간	
요금	3,000원	5,000원	8,000원	29,700원

43 현재 어떤 사람이 가장 적은 비용으로 매달 22시간씩 게임을 즐기고 있다. 이 사람이 다음달부터 게임 시간을 25시간으로 늘리고자 할 때, 가장 적은 비용으로 게임을 하려면 다음 달에 추가로 지불해야 하는 금액은 얼마인가?

① 2,000원　　　　② 3,000원　　　　③ 5,000원　　　　④ 6,000원

해설 매달 22시간씩 게임을 즐기는 데 드는 최소 비용은 타임쿠폰제 10시간제를 두 번 구입하고 3시간제를 한 번 구입하면 되므로, 총 '8,000+8,000+3,000=19,000(원)' 의 비용이 든다. 그리고 25시간 게임을 하는 데 드는 최소 비용은 10시간제 두 번, 5시간제 한 번을 구입하면 되므로 '8,000+8,000+5,000=21,000(원)' 이 된다. 따라서 매달 22시간 이용시 드는 비용에서 2,000원만 추가하면 25시간 이용이 가능하다.

44

1개월 동안 최소 몇 시간을 초과하여 게임을 할 경우 정액제가 타임쿠폰제보다 더 유리한가?

① 33시간   ② 34시간   ③ 35시간   ④ 36시간

해설 타임쿠폰제로 35시간을 이용하는 경우 10시간제 세 번, 5시간제 한 번 구입하면 29,000원이 든다. 그런데 여기서 게임 이용 시간을 추가하여 36시간을 이용하려면 적어도 3,000원을 추가로 지불해야 하므로 이용 요금은 32,000원 이상이 된다. 따라서 35시간을 초과하여 게임을 하려는 경우는 월 29,700원의 정액제를 이용하는 것이 유리하다.

45

다음은 A, B, C, D 4개 국가의 연도별 인구증가율과 상수접근율의 도 · 농 간 비교를 나타낸 것이다. 이 자료에 관한 다음 설명 중 옳지 않은 것은?

국가별 인구증가율과 상수접근율

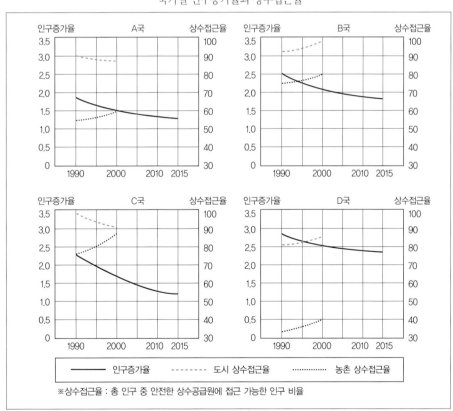

※상수접근율 : 총 인구 중 안전한 상수공급원에 접근 가능한 인구 비율

① 인구증가율이 가장 높은 국가의 경우 농촌의 상수접근율은 가장 낮다.

② 1999년의 인구증가율이 가장 낮은 국가의 경우 도시의 상수접근율은 상승하고 있다.

③ 4개 국가 모두 농촌의 상수접근율은 상승하고 있다.

④ 2000년을 기준으로 도시와 농촌 간 상수접근율의 차이가 가장 작은 국가는 C이고 가장 큰 국가는 D이다.

> **해설** ② 1999년의 인구증가율이 가장 낮은 국가는 A국인데, A국의 경우 도시의 상수접근율이 하락하고 있다.
> ① 인구증가율이 가장 높은 D국의 경우 농촌의 상수접근율은 가장 낮다.

46~47 아래의 표는 A, B, C, D 4개 국가의 산술적 인구밀도와 경지 인구밀도를 조사한 자료이다. 이를 토대로 다음 물음에 알맞은 답을 고르시오.

국가	인구 수(만 명)	산술적 인구밀도(명/㎢)	경지 인구밀도(명/㎢)
A	1,000	25	75
B	1,500	40	50
C	3,000	20	25
D	4,500	45	120

※산술적 인구밀도＝인구 수÷국토면적
※경지 인구밀도＝인구 수÷경지면적
※경지율＝경지면적÷국토면적×100

46 인구 1인당 경지면적이 가장 넓은 국가는 어디인가?

① A국　　　　② B국　　　　③ C국　　　　④ D국

> **해설** 인구 1인당 경지면적은 경지면적을 인구 수로 나눈 것이다(인구 1인당 경지면적＝경지면적/인구 수). 그런데 '경지 인구밀도 ＝ 인구 수/경지면적'이므로, 인구 1인당 경지면적은 경지 인구밀도의 역수가 된다. 따라서 경지 인구밀도가 가장 낮은 C국의 인구 1인당 경지면적이 가장 크다.

47 다음 중 옳지 않은 것은?

① 국토면적은 C국이 가장 넓다.　② 경지면적은 B국이 가장 좁다.

③ B국의 경지율은 D국보다 높다.　④ 경지율이 가장 낮은 국가는 A국이다.

해설 ② '경지 인구밀도＝인구 수/경지면적'이므로 '경지면적＝인구 수/경지 인구밀도'가 된다. 이를 통해 경지면적을 구하면 A국의 경지면적은 13.3㎢, B국은 30㎢, C국은 120㎢, D국은 37.5㎢이다. 따라서 A국의 경지면적이 가장 좁다.

① '산술적 인구밀도＝인구 수/국토면적'이므로 '국토면적＝인구 수/산술적 인구밀도'가 된다. 이를 통해 국토면적을 구하면, C국이 150㎢로 가장 크다.

③ '경지율＝경지면적/국토면적×100'인데, '경지면적＝인구 수/경지 인구밀도', '국토면적＝인구 수/산술적 인구밀도'이므로 '경지율＝산술적 인구밀도/경지 인구밀도×100'이 된다. 이를 이용해 경지율을 구하면 B국은 80%, D국은 37.5%이므로 B국의 경지율이 D국의 경지율보다 높다.

④ ③의 방식으로 경지율을 구하면, A국의 경지율은 33.3%, C국의 경지율은 80%이다. 따라서 4개 국가 중 A국의 경지율이 가장 낮다.

48~49

아래의 표는 모바일 뱅킹 서비스 이용실적에 관한 분기별 자료이다. 이를 토대로 다음 물음에 알맞은 답을 고르시오.

(단위 : 천 건)

구분	2010년	2011년				2012년
	4/4분기	1/4분기	2/4분기	3/4분기	4/4분기	1/4분기
조회 서비스	692	817	849	886	1,081	1,106
자금이체 서비스	18	25	16	13	14	25
합계	710(50.0%)	842(18.6%)	865(2.7%)	899(3.9%)	1,095(21.8%)	1,131(3.3%)

※( )는 전분기 대비 증가율

48 2010년 3/4분기의 모바일 뱅킹 서비스 이용실적은 대략 얼마인가?

① 355,000건　② 410,000건　③ 473,000건　④ 532,000건

해설 2010년 3/4분기의 모바일 뱅킹 서비스 이용실적을 x(건)라 하면, 다음 분기에 모바일 뱅킹 서비스 이용실적이 50% 증가하여 710,000(건)이 되었으므로 'x×1.5＝710,000'이 성립한다. 여기서 x를 구하면 대략 473,000건이다.

49 모바일 뱅킹 서비스 이용실적에 관한 분기별 자료에 대한 설명으로 옳은 것은?

① 조회 서비스 및 자금이체 서비스의 이용실적은 각각 조사대상 기간 중 계속 증가하고 있는 추세이다.

② 자금이체 서비스 이용실적은 2011년 4/4분기 대비 2012년 1/4분기에 44% 증가하였다.

③ 모바일 뱅킹 서비스 이용실적은 2010년 3/4분기 이후 증가하다가 2011년 1/4분기 이후 감소하였다.

④ 2010년 4/4분기 대비 2012년 1/4분기의 조회 서비스 이용실적 증가율은 자금이체 서비스 이용실적 증가율보다 높다.

> **해설** ④ 자금이체 서비스 이용실적은 2010년 4/4분기 18(천 건)에서 25(천 건)으로 증가하였으므로 증가율은 '7/18×100 ≒39(%)'이다. 조회 서비스 이용실적은 692(천 건)에서 1,106(천 건)으로 증가하였으므로 증가율은 '414/692×100 ≒60(%)'이다. 따라서 조회 서비스 이용실적 증가율이 더 높다.
>
> ① 조회 서비스는 2010년 4/4분기부터 2012년 1/4분기까지 계속 증가하고 있는 추세이나 자금이체 서비스는 2011년 2/4분기와 3/4분기에 감소하고 있다.
>
> ② 2011년 4/4분기 자금이체 서비스 이용실적은 14이고 2012년 1/4분기는 25이므로, 증가율은 '11/14×100=78.5(%)' 이다.
>
> ③ 모바일 뱅킹 서비스 이용실적은 조사대상 기간 중 계속 증가하고 있는 추세이다.

50~51 아래의 표는 2013년 1월 1일 오후 3시에서 4시까지 서울 영등포구의 대형 마트 A, B, C 세 곳을 방문한 고객의 연령대별 비율과 총고객 수를 각각 조사한 것이다. 이를 토대로 다음 물음에 알맞은 답을 고르시오.

구분	10대 이하	20대	30대	40대	50대 이상	총고객 수
A마트	7%	25%	28%	22%	18%	1,500명
B마트	4%	12%	39%	24%	21%	2,000명
C마트	11%	26%	27%	20%	16%	( )명

50 A마트를 방문한 30대 미만의 고객 수는 동일 동 시간대에 B마트를 방문한 30대 미만 고객 수의 몇 배인가?

① 1.2배   ② 1.5배   ③ 1.8배   ④ 2.0배

해설 A마트를 방문한 30대 미만의 고객 비율은 10대 이하 고객이 7%, 20대 고객이 25%이므로 모두 32%이며, 해당 고객 수는 '1,500×0.32=480(명)'이다. 한편, B마트를 방문한 30대 미만의 고객 비율은 모두 16%이므로, 해당 고객 수는 '2,000×0.16=320(명)'이다. 따라서 A마트를 방문한 30대 미만의 고객 수는 동일 동 시간대에 B마트를 방문한 30대 미만 고객 수의 1.5배이다.

51 2013년 1월 1일 오후 3시에서 4시 사이에 C마트를 방문한 40대 고객의 수가 동일 동 시간대 A마트를 방문한 50대 이상의 고객 수의 2배라 할 때 표의 ( ) 안에 가장 적합한 것은?

① 2,500   ② 2,700   ③ 2,800   ④ 3,000

해설 A마트를 방문한 50대 이상의 고객 수는 '1,500×0.18=270(명)'이므로 C마트를 방문한 40대 고객의 수는 2배인 540(명)이 되어야 한다. C마트를 방문한 40대 고객의 비율이 20%이므로, '( )×0.2=540(명)'이 성립한다. 따라서 ( )에 들어갈 수치는 2,700(명)이다.

52~53 아래의 표는 어떤 시험에서 지원자의 언어논리력과 공간지각력 평가 성적을 집계한 것이다. 이를 토대로 다음 물음에 알맞은 답을 고르시오.

(단위 : 명)

언어논리력 / 공간지각력	0~19점	20~39점	40~59점	60~79점	80~100점
0~19점	1	2		1	
20~39점		2	5	3	1
40~59점			3	8	3
60~79점		1	2	6	5
80~100점			1	4	2

52 언어논리력 점수는 60점 이상이면서 공간지각력 점수는 40점 미만인 학생 수는?

① 4명 ② 5명 ③ 10명 ④ 16명

해설 언어논리력 점수는 60점 이상이면서 공간지각력 점수는 40점 미만인 학생은 다음의 색칠한 부분이다.

언어논리력 / 공간지각력	0~19점	20~39점	40~59점	60~79점	80~100점
0~19점	1명	2명		1명	
20~39점		2명	5명	3명	1명
40~59점			3명	8명	3명
60~79점		1명	2명	6명	5명
80~100점			1명	4명	2명

따라서 모두 5명이다.

53 두 과목의 평균점수가 70점 이상이면서, 각 과목 점수가 모두 60점 이상인 학생을 합격시킨다고 할 때 합격자 수의 최소 · 최대 범위로 가장 적합한 것은?

① 2~9명 ② 2~11명 ③ 11~17명 ④ 11~21명

해설 2과목 모두 60점 이상인 학생 중 평균 70점 이상인 학생이 합격한다고 하였으므로 다음의 색칠한 부분은 합격자임이 분명하다.

공간 지각력 ＼ 언어논리력	0~19점	20~39점	40~59점	60~79점	80~100점
0~19점	1명	2명		1명	
20~39점		2명	5명	3명	1명
40~59점			3명	8명	3명
60~79점		1명	2명	(6명)	5명
80~100점			1명	4명	2명

하지만 괄호 안에 있는 6명은 두 과목 모두 60점 이상이나 평균 점수가 70점이 넘을 수도 있고 넘지 못할 수도 있다. 따라서 합격자 수는 최소 11명, 최대 17명이다.

54

다음은 어느 대학의 금년도 응시자와 합격자 수를 나타낸 표이다. 가장 경쟁률이 높은 학과와 대략적인 경쟁률은 얼마인가?

(단위 : 명)

구분	응시자 수	합격자 수
인문과학부	2,400	1,000
사회과학부	3,600	1,450
자연과학부	1,950	850
법학부	1,650	700

① 인문과학부, 1:2.4

② 사회과학부, 1:2.5

③ 자연과학부, 1:2.6

④ 법학부, 1:2.7

해설 여기서의 경쟁률은 합격자 수 대비 응시자 수를 말하므로, 합격자 수가 1일 때 응시자 수의 비를 구하면 된다. 우선, 인문과학부의 경쟁률을 구하면, '1:1,000 = x:2,400' 에서 'x=2.4' 이므로 경쟁률은 '1:2.4' 이다. 마찬가지 방법으로 경쟁률을 구하면, 사회과학부의 경쟁률은 '1:1,450 = x:3,600' 이므로 대략 '1:2.5', 자연과학부의 경쟁률은 '1:850 = x:1,950' 이므로 대략 '1:2.29', 법학부의 경쟁률은 '1:700 = x:1,650' 이므로 대략 '1:2.36' 이다. 따라서 가장 경쟁률이 높은 학과는 사회과학부이다.

55~56 아래의 표는 우리나라의 지역별 월 평균기온을 나타낸 것이다. 이를 토대로 다음 물음에 알맞은 답을 고르시오.

(단위 : ℃)

구분	1월	4월	7월	10월
경기도	−2.2	9.4	27.5	8.9
인천시	−1.9	9.1	27.7	9.0
강원도	−6.3	5.9	23.7	4.1
대전시	0.6	8.7	25.3	6.9
제주도	3.7	13.3	27.5	12.3

55 대전시의 경우 1월에서 4월까지 3개월 동안 월 평균기온은 매월 평균 몇 ℃씩 상승했는가?

① 2.7℃   ② 2.9℃   ③ 3.1℃   ④ 3.3℃

해설 대전시의 1월 평균기온은 0.6℃, 4월 평균기온은 8.7℃이므로, 3개월 동안 기온이 8.1℃가 상승하였다. 따라서 이 기간 동안 매월 평균 2.7(=8.1÷3)℃씩 상승하였다.

56 1월과 7월의 평균기온 차이가 가장 큰 지역은 어디인가?

① 경기도   ② 인천시   ③ 강원도   ④ 제주도

해설 1월과 7월의 평균기온 차이는 경기도의 경우 29.7℃, 인천시는 29.6℃, 강원도는 30.0℃, 대전시는 24.7℃, 제주도는 23.8℃이다. 따라서 1월과 7월의 평균기온 차이가 가장 큰 지역은 강원도이다.

57~58 아래의 표는 한 사학자가 고려시대 문헌을 통하여 당시 상류층(승려, 왕족, 귀족) 남녀 각각 160명에 대한 자료를 분석하여 작성한 것이다. 이를 토대로 다음 물음에 알맞은 답을 고르시오.

고려시대 상류층의 혼인연령, 사망연령 및 자녀 수

구분		평균 혼인연령(세)	평균 사망연령(세)	평균 자녀 수(명)
승려(80명)	남(50명)	–	69	–
	여(30명)	–	71	–
왕족(40명)	남(30명)	19	42	10
	여(10명)	15	46	3
귀족(200명)	남(80명)	15	45	5
	여(120명)	20	56	6

※승려를 제외한 모든 남자는 혼인하였고 이혼하거나 사별한 사례는 없음

57 다음 진술 중 옳지 않은 것은?

① 왕족 남자의 평균 혼인 기간은 귀족 남자의 평균 혼인 기간보다 길다.

② 귀족 남자의 평균 혼인연령은 왕족 남자의 경우보다 낮으며, 귀족 여자의 평균 혼인연령은 왕족 여자의 경우보다 높다.

③ 승려의 평균 사망연령은 왕족이나 귀족의 경우보다 높다.

④ 평균 사망연령의 남녀 간 차이는 승려가 귀족보다 작다.

해설 ① 이혼이나 사별이 없다고 하였으므로 혼인 기간은 혼인부터 사망까지의 기간을 말한다. 따라서 귀족 남자의 평균 혼인 기간은 30년이며 왕족 남자의 평균 혼인 기간은 23년이므로 귀족 남자의 경우가 왕족 남자의 경우보다 길다.
② 평균 혼인연령의 경우 귀족 남자의 경우 15세, 왕족 남자의 경우 19세, 귀족 여자의 경우 20세, 왕족 여자의 경우 15세이다.
④ 평균 사망연령의 남녀 간 차이는 승려의 경우 2년, 귀족의 경우 11년이다.

58 귀족의 평균 자녀 수는 얼마인가?

① 5.4명　　　② 5.5명　　　③ 5.6명　　　④ 5.7명

해설 '귀족의 평균 자녀 수＝귀족의 자녀 수÷귀족의 수' 이므로, '{(80×5)＋(120×6)}÷200＝5.6(명)' 이다.

정답 **55.** ①　**56.** ③　**57.** ①　**58.** ③

59~60 아래의 표는 증권시장을 통한 자금조달액 추이와 증권거래소 시장의 주식과 채권 거래 실적 추이에 대한 자료이다. 이를 토대로 다음 물음에 알맞은 답을 고르시오.

[표1] 증권시장을 통한 자금조달액 추이

(단위 : 억 원, %)

연도＼구분	주식	회사채	합계
2001	2,768(30.7)	6,246(69.3)	9,014(100.0)
2002	4,790(21.0)	18,040(79.0)	22,830(100.0)
2003	8,407(23.5)	27,288(76.5)	35,695(100.0)
2004	77,700(64.7)	42,443(35.3)	120,143(100.0)
2005	29,178(20.8)	110,835(79.2)	140,013(100.0)
2006	23,508(17.4)	111,373(82.6)	134,881(100.0)
2007	62,621(23.8)	200,332(76.2)	262,953(100.0)
2008	52,858(15.0)	299,025(85.0)	351,883(100.0)
2009	141,580(20.2)	559,703(79.8)	701,283(100.0)
2010	143,486(19.6)	586,628(80.4)	730,114(100.0)

[표2] 증권거래소 시장의 주식과 채권 거래실적 추이

(단위 : 억 원, %)

연도＼구분	주식	회사채	합계
2001	19,735(24.0)	62,457(76.0)	82,192(100.0)
2002	31,182(58.1)	22,500(41.9)	53,682(100.0)
2003	95,981(75.2)	31,699(24.8)	127,680(100.0)
2004	204,939(73.9)	72,383(26.1)	277,322(100.0)
2005	543,545(94.4)	32,503(5.60)	576,048(100.0)
2006	906,244(99.3)	6,050(0.70)	912,294(100.0)
2007	2,297,720(99.5)	11,689(0.50)	2,309,409(100.0)
2008	1,426,422(99.0)	13,784(1.00)	1,440,206(100.0)
2009	1,928,452(99.2)	15,488(0.80)	1,943,940(100.0)
2010	6,271,329(95.8)	271,696(4.20)	6,543,025(100.0)

59 다음 중 주식 거래와 채권 거래에 있어 거래 규모의 차이가 가장 큰 연도와 그 대략적인 차액을 순서대로 바르게 나열한 것은?

① 2001년, 4조 원 ② 2007년, 228조 원 ③ 2008년, 140조 원 ④ 2010년, 600조 원

해설 일반적으로 거래 규모는 거래 금액의 크기를 말한다. 따라서 위의 [표2]에서 보듯이 주식 거래와 채권 거래에 있어 거래 금액의 차이는 2010년에 대략 600조 원 정도의 차이로 가장 크다.

60 표와 관련된 다음 설명 중 옳지 않은 것은?

① 증권시장을 통한 자금조달액의 전년대비 증가액이 가장 큰 해는 2009년이다.

② 증권시장을 통한 자금조달액 중에서 회사채에 대한 주식의 비율이 가장 큰 해는 2004년 이다.

③ 주식 거래실적과 채권 거래실적의 차이가 가장 작은 해는 2002년이다.

④ 증권시장을 통한 자금조달액이 전년도에 비해 늘어나면 증권거래소 시장의 주식과 채권 의 거래실적도 각각 늘어난다.

해설 ④ [표1]에서 보면 2002년 자금조달액이 전년도에 비해 늘어났는데, [표2]의 거래실적에 있어서는 2002년 채권의 거래실적이 전년도에 비해 오히려 줄었음을 알 수 있다.

① [표1]에서 2009년 자금조달액이 전년도에 비해 약 35조 원 증가하여 전년대비 증가액이 가장 컸음을 알 수 있다.

② [표1]에서 회사채에 대한 주식의 비율은 2004년 64.7%로 가장 높음을 알 수 있다.

③ [표2]에서 2002년에 주식 거래와 채권 거래의 규모와 비율의 차이가 가장 작다는 것을 알 수 있다.

61~62 아래 그림은 초혼에 관한 자료들이다. 이를 토대로 다음 물음에 알맞은 답을 고르시오.

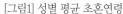

[그림1] 성별 평균 초혼연령

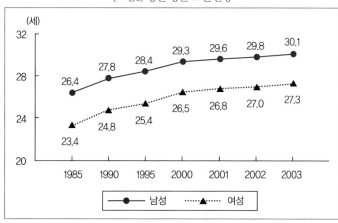

[그림2] 여성 초혼자의 연령별 구성비

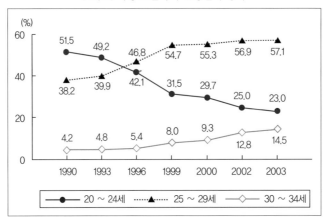

[그림3] 초혼부부의 혼인연령차 구성비

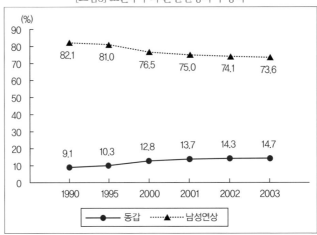

61 위의 그림에 대한 다음 설명 중 옳지 않은 것은?

① 평균 초혼연령은 남녀 모두 지속적으로 증가하고 있다.

② 1990년에 비해 2000년에는 남성연상 혼인의 비중은 5% 이상 감소하였다.

③ 평균 초혼연령의 남녀 간 격차는 매년 꾸준히 감소하고 있다.

④ 1990년 대비 2003년의 여성 초혼자의 연령별 구성비 증가율은 30~34세의 경우가 25~29세의 경우보다 크다.

> **해설** ③ 제시된 [그림1]에서 보면, 평균 초혼연령의 남녀 간 격차는 1985년부터 1995년까지는 3세로 일정하다가 2000년 2.8세로 줄었고, 이후 2003년까지 2.8세로 일정 격차를 유지하고 있다. 따라서 남녀 간의 평균 초혼연령 격차가 매년 꾸준히 감소하고 있다고 볼 수 없다.

① [그림1]에서 성별 평균 초혼연령이 남녀 모두 증가하고 있음을 알 수 있다.

② [그림3]에서 보면 1990년의 경우 초혼부부의 남성연상 비율이 82.1%였으나 2000년의 경우 76.5%로 그 비중이 5.6% 감소하였다.

④ [그림2]에서 보면, 여성 초혼자의 연령별 구성비는 30~34세의 경우 1990년 4.2%에서 2003년 14.5%로 10.3%가 증가하였으므로 증가율이 '10.3/4.2×100 ≒ 245(%)'이다. 그리고 25~29세 여성 초혼자의 증가율은 '18.9/38.2×100 ≒ 49(%)'이므로, 1990년 대비 2003년의 여성 초혼자의 연령별 구성비 증가율은 30~34세의 경우가 더 크다.

62

1990년에서 2003년 사이에 초혼부부 중 여성연상 혼인의 비중은 얼마나 증가하였는가?

① 1.3%　　　② 2.9%　　　③ 5.6%　　　④ 8.5%

해설 여성연상의 비중은 전체에서 남성연상 비중과 동갑비중을 제외한 것을 말한다. 따라서 여성연상의 비중은 1990년 8.8%에서 2003년 11.7%로 2.9%가 증가하였다.

63~64

아래의 표는 A, B, C의 세 지역에서 평상시의 미생물 밀도와 황사 발생시의 미생물 밀도를 미생물 종류별로 조사한 결과이다. 이를 토대로 다음 물음에 알맞은 답을 고르시오.

구분		미생물 밀도(개체/㎟)	
		평상시	황사 발생시
A지역	미생물X	270	1,800
	미생물Y	187	2,720
	미생물Z	153	2,120
B지역	미생물X	40	863
	미생물Y	45	1,188
	미생물Z	38	1,060
C지역	미생물X	98	1,340
	미생물Y	86	1,620
	미생물Z	77	1,510

63 다음 설명 중 옳지 않은 것은?

① 황사 발생시에는 지역과 미생물의 종류에 관계없이 평상시보다 미생물 밀도가 높다.

② 미생물 종류에 관계없이 평상시 미생물 밀도가 가장 낮은 지역이 황사 발생시에도 미생물 밀도가 가장 낮다.

③ B지역에서 평상시와 황사 발생시 밀도차가 가장 큰 것은 미생물Y이며, 그 때의 밀도 차이는 1,143(개체/㎟)이다.

④ 미생물Z는 지역에 관계없이 다른 미생물에 비해 평상시와 황사 발생시 밀도 차이가 가장 작다.

해설 ④ 지역에 관계없이 평상시와 황사 발생시 밀도 차이가 가장 작은 것은 미생물X이다.
　① 황사 발생시에는 모든 지역에서 세 미생물 밀도가 전부 높아졌다.
　② 평상시 미생물 밀도가 가장 낮은 지역은 B지역이며, 황사 발생시에도 B지역의 미생물 밀도가 가장 낮다.
　③ B지역에서 평상시와 황사 발생시 밀도차가 가장 큰 것은 미생물Y이다.
　• 미생물X : 863 − 40 = 823(개체/mm³)
　• 미생물Y : 1,188 − 45 = 1,143(개체/mm³)
　• 미생물Z : 1,060 − 38 = 1,022(개체/mm³)

64 다음 중 C지역에서 평상시에 비해 황사 발생시 밀도 증가율이 가장 큰 미생물은?

① 미생물X

② 미생물Y

③ 미생물Z

④ 미생물X, Y, Z 모두 동일하다.

해설 C지역의 황사 발생시 밀도 증가율을 구하면 다음과 같다.
　• 미생물X의 밀도 증가율 = 1,242/98×100 ≒ 1,267(%)
　• 미생물Y의 밀도 증가율 = 1,534/86×100 ≒ 1,784(%)
　• 미생물Z의 밀도 증가율 = 1,433/77×100 ≒ 1,861(%)
　따라서 미생물Z의 밀도 증가율이 가장 크다.

65~66
아래의 그림은 2001년부터 2005년까지의 주택건설 현황과 상수도 보급 현황에 관한 것이다. 이를 토대로 다음 물음에 알맞은 답을 고르시오.

[그림1] 주택건설 현황

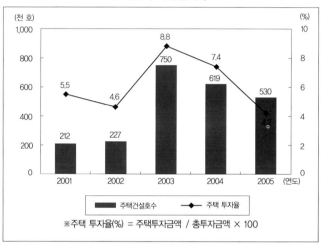

[그림2] 상수도 보급 현황

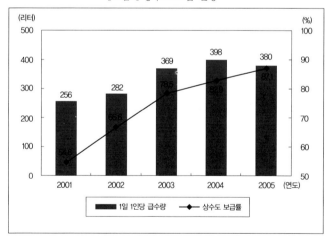

65 주택투자금액이 주택건설비용과 같고 2005년 총투자금액이 757,000(십억 원)이라면 그 해의 주택1호당 건설비용은 대략 얼마인가? (다른 추가 · 부대비용은 없는 것으로 한다)

① 5,000만 원　　② 6,000만 원　　③ 7,000만 원　　④ 9,000만 원

'주택 투자율 = 주택투자금액/총투자금액×100' 이므로 '주택투자금액 = 주택 투자율×총투자금액÷100' 이 성립한다. 따라서 주어진 문제 조건에 따라 2005년 주택투자금액을 구하면, '4.2×757,000(십억 원)÷100 = 31,794(십억 원)' 이다. 또한 문제 조건에 따라 주택투자금액과 주택건설비용은 동일하므로 '주택 1호당 건설비용 = 주택건설비용÷주택 건설호수' 이 성립한다. 여기에 [그림1]에서 제시된 2005년 주택건설호수인 530,000(호)를 대입하면 2005년의 주택 1호당 건설비용은 '31,794(십억 원)/530,000(호) ≒ 6,000(만 원)' 이다.

66 다음의 설명 중 옳지 않은 것은?

① 주택건설호수와 주택 투자율은 2003년까지는 매년 증가하다가 2004년 이후 감소하였다.
② 1일 1인당 급수량의 전년대비 증가분이 가장 큰 해는 2003년이다.
③ 주택 투자율은 2003년에, 상수도 보급률은 2005년에 가장 높다.
④ 주택건설호수의 전년대비 증가분이 가장 큰 해는 2003년이다.

[그림1]에서 주택건설호수와 주택 투자율은 2002년도에 감소하였다가 2003년에 증가하였고, 다시 2004년 이후에는 감소하였다.

67 다음은 가구주의 거주지역별 혼인상태와 연령대 분포에 대한 자료이다. 다음 중 옳지 않은 것은?

[표1] 가구주의 거주지역별 혼인상태

(단위 : %)

구분		남성 가구주			여성 가구주		
		도시	농촌	전체	도시	농촌	전체
1980	미혼	4.5	2.6	3.7	17.5	4.9	13.1
	결혼	93.9	95.0	94.4	30.5	23.7	28.1
	사별	1.2	2.1	1.6	47.4	69.2	55.0
	이혼	0.4	0.3	0.3	4.6	2.2	3.8
	합계	100.0	100.0	100.0	100.0	100.0	100.0
1990	미혼	6.9	3.5	6.0	26.0	6.0	20.5
	결혼	90.9	92.9	91.4	20.0	10.6	17.4
	사별	1.4	2.8	1.8	46.7	81.1	56.2
	이혼	0.8	0.8	0.8	7.3	2.3	5.9
	합계	100.0	100.0	100.0	100.0	100.0	100.0
2000	미혼	8.5	5.0	7.8	26.0	7.1	21.4
	결혼	87.8	90.3	88.3	20.0	10.2	17.5
	사별	1.4	2.9	1.7	40.1	78.0	49.4
	이혼	2.3	1.8	2.2	13.9	4.7	11.7
	합계	100.0	100.0	100.0	100.0	100.0	100.0

[표2] 가구주의 거주지역별 연령대 분포 (단위 : %)

구분		남성 가구주			여성 가구주		
		도시	농촌	전체	도시	농촌	전체
1980	15~24세	3.9	2.4	3.3	15.5	4.8	11.8
	25~34세	32.8	19.4	27.0	14.3	7.8	12.0
	35~44세	32.3	27.6	30.3	22.4	20.2	21.6
	45~54세	18.5	24.3	21.2	25.5	32.1	27.8
	55~64세	9.0	17.1	12.4	15.7	23.1	18.4
	65세 이상	3.5	9.2	5.8	6.6	12.0	8.4
	합계	100.0	100.0	100.0	100.0	100.0	100.0
1990	15~24세	2.8	1.2	2.4	14.7	3.6	11.7
	25~34세	32.0	18.0	24.8	16.0	4.9	12.9
	35~44세	30.4	22.0	31.3	18.4	8.8	15.8
	45~54세	21.0	24.5	20.0	20.5	19.7	20.3
	55~64세	9.6	20.3	14.1	18.2	31.1	21.7
	65세 이상	4.2	14.0	7.4	12.2	31.9	17.6
	합계	100.0	100.0	100.0	100.0	100.0	100.0
2000	15~24세	1.9	1.3	1.8	10.2	3.0	8.4
	25~34세	29.8	14.1	20.2	16.5	4.6	13.6
	35~44세	32.3	25.2	32.2	21.2	8.5	18.1
	45~54세	20.4	19.9	21.8	19.7	12.3	17.9
	55~64세	10.1	20.3	14.7	15.3	23.6	17.3
	65세 이상	5.5	19.2	9.3	17.1	48.0	24.7
	합계	100.0	100.0	100.0	100.0	100.0	100.0

① 1980년부터 2000년 사이의 남성 가구주 혼인상태 중 결혼의 비율은 계속 감소한 반면, 미혼과 이혼의 비율은 계속 증가하였다.

② 55세 이상 인구에서는 연도와 지역에 관계없이 여성 가구주의 비율이 남성 가구주의 비율보다 항상 높다.

③ 1980년에 비해 2000년에는 도시의 여성 가구주 중에서 가장 높은 비율을 차지하는 연령대가 낮아졌으나, 농촌의 여성 가구주 중에서 가장 높은 비율을 차지하는 연령대는 높아졌다.

④ 1990년과 2000년의 혼인상태에 있어 도시와 농촌의 여성 가구주 모두 1990년보다 2000년에 이혼의 비율은 증가하고 결혼의 비율은 감소하였다.

해설 ④ [표1]에서 보면 1990년에 비해 2000년에 이혼의 비율은 도시와 농촌의 여성 가구주 모두가 늘었다. 그러나 농촌의 여성 가구주의 결혼 비율은 1990년에 비해 2000년에 감소한 반면, 도시의 여성 가구주의 결혼 비율은 20.0%로 동일하다.

① [표2]에서 남성과 여성 가구주의 전체 비율을 비교해보면, 55세 이상의 경우 연도·지역에 관계없이 여성 가구주의 비율이 남성 가구주 비율보다 항상 높음을 알 수 있다.

② [표2]에서 1980년에는 가장 높은 비율을 차지하는 연령대가 농촌과 도시 모두 '45~54세' 였으나, 2000년에는 가장 높은 비율을 차지하는 연령대가 농촌의 경우는 '55~64세' 로 높아졌고 도시의 경우 '35~44세' 로 낮아졌음을 알 수 있다.

68

아래의 표는 어느 나라의 기업 기부금 순위 상위 기업의 현황과 연도별 기부금 추이를 나타낸 것이다. 이를 토대로 할 때 다음 중 옳지 않은 것은?

[표1] 2012년 기부금 순위 상위 5개 기업 현황

순위	기업명	총 기부금(억 원)	현금 기부율(%)
1	A	350	20
2	B	300	24
3	C	280	28
4	D	250	15
5	E	200	19

[표2] 연도별 기부금 추이

(단위 : 억 원)

연도 구분	2008	2009	2010	2011	2012
기부금 총액	5,520	6,240	7,090	7,820	8,220
기업 기부금 총액	1,980	2,190	2,350	2,610	2,760

① 2012년 기부금 상위 5개 기업 중 현금 기부금이 가장 많은 기업은 C이다.

② 2012년 상위 5개 기업의 총기부금은 기부금 총액의 17% 미만이다.

③ 기부금 총액과 기업의 기부금 총액은 2008년부터 매년 지속적으로 증가하였다.

④ 기부금 총액에서 기업의 기부금이 차지하는 비중은 매년 지속적으로 증가하였다.

해설 ④ 2012년 기부금 총액에서 기업 기부금이 차지하는 비중은 대략 33.6%이며 2007년의 경우는 대략 33.4%, 2010년의 경우 대략 33.1%, 2009년의 경우 대략 35.1%, 2008년의 경우 대략 35.9%이다. 따라서 이는 2008년부터 2010년까지 감소하다 이후 다시 증가하고 있다.

① '현금 기부금＝현금 기부율 × 총기부금 ÷ 100' 이다. 이를 통해 상위 5개 기업의 현금 기부금을 구하면 C기업이 78.4(억 원)으로 가장 많다.

② 2012년 상위 5개 기업의 총기부금은 1,380(억 원)인데, 기부금 총액은 8,220(억 원)이므로 상위 5개 기업의 총기부금은 대략 기부금 총액의 16.8%를 차지하고 있다.

③ [표2]에서 보면 기부금 총액과 기업 기부금 총액은 2008년부터 2012년까지 매년 증가하고 있다.

69~70 다음은 A도서관에서 특정 시점에 구입한 도서 10,000권에 대한 5년간의 대출 현황을 조사한 결과이다. 이를 토대로 다음 물음에 알맞은 답을 고르시오.

(단위 : 권)

대출 횟수 ＼ 조사대상기간	구입 ~ 1년	구입 ~ 3년	구입 ~ 5년
0	5,302	4,021	3,041
1	2,912	3,450	3,921
2	970	1,279	1,401
3	419	672	888
4	288	401	519
5	109	177	230
계	10,000	10,000	10,000

69 전체 구입 도서 중, 구입 후 5년간 단 한 번도 대출되지 않은 도서의 비율은?

① 30.41%　　② 39.21%　　③ 40.21%　　④ 53.02%

해설 $\dfrac{3,041}{10,000} \times 100 = 30.41(\%)$

70 구입 후 1년간 도서의 권당 평균 대출 횟수를 바르게 구한 것은?

① 0.7805회　　② 0.7806회　　③ 0.7807회　　④ 0.7808회

해설 $\dfrac{2,912 \times 1 + 970 \times 2 + 419 \times 3 + 288 \times 4 + 109 \times 5}{10,000}$

$= \dfrac{2,912 + 1,940 + 1,257 + 1,152 + 545}{10,000} = \dfrac{7,806}{10,000} = 0.7806(회)$

03 공간지각

Guide 주어진 지도를 보고 목표지점의 위치와 방향을 정확하게 찾아낼 수 있는 능력을 측정하는 검사이다. 추상적이고 시각적인 이미지를 생성·유지하고 조작하는 능력을 측정하고자 한다. 지도상에서 개인의 위치 및 주위의 환경을 인식하고 감지하는 능력을 측정함으로써 공간에 대한 빠른 이해력(공간시각화)과 심상회전 능력(공간관계)을 동시에 측정하고 보다 완전한 공간추리능력을 측정하는 문항의 검사이다.

대표유형

다음 지도를 보고 물음에 답하시오.

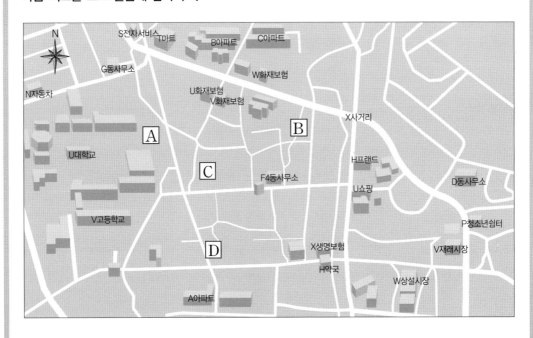

01 위 지도의 Ⓐ, Ⓑ, Ⓒ, Ⓓ 중 당신이 서 있는 곳은 어디인가?

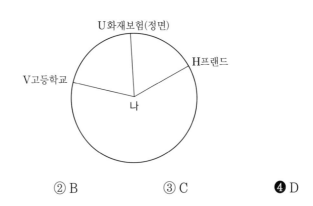

① A   ② B   ③ C   ❹ D

02 당신이 F4동사무소에서 B아파트를 정면으로 바라볼 때 ㄱ, ㄴ, ㄷ, ㄹ 중 A아파트는 어디인가?

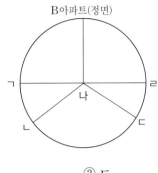

① ㄱ   ❷ ㄴ   ③ ㄷ   ④ ㄹ

03 다음은 위 지도의 일부를 나타낸 것이다. 위의 지도와 다른 것을 고르시오.

①

②

❸

④

01~03 다음 지도를 보고 물음에 답하시오.

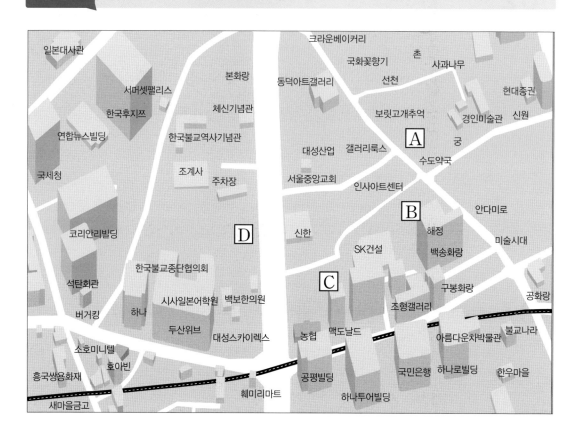

01 위 지도의 Ⓐ, Ⓑ, Ⓒ, Ⓓ 중 당신이 서 있는 곳은 어디인가?

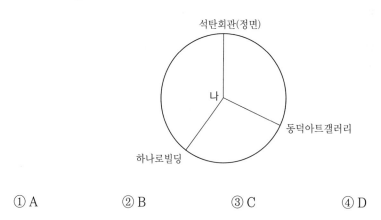

① A　　　　② B　　　　③ C　　　　④ D

02 당신이 조계사에서 경인미술관을 정면으로 바라볼 때 국세청은 ㄱ, ㄴ, ㄷ, ㄹ 중 어디에 있는가?

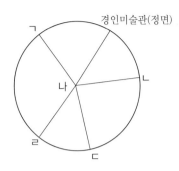

① ㄱ   ② ㄴ   ③ ㄷ   ④ ㄹ

03 다음은 위 지도의 일부를 나타낸 것이다. 위의 지도와 다른 것을 고르시오.

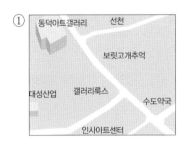

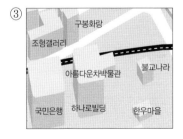

04~06 다음 지도를 보고 물음에 답하시오.

04 위 지도의 Ⓐ, Ⓑ, Ⓒ, Ⓓ 중 당신이 서 있는 곳은 어디인가?

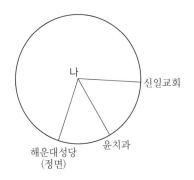

① A   ② B   ③ C   ④ D

05 당신이 해운대구청에서 르노삼성을 정면으로 바라볼 때 메가박스는 ㄱ, ㄴ, ㄷ, ㄹ 중 어디에 있는가?

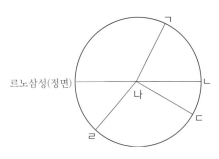

① ㄱ   ② ㄴ   ③ ㄷ   ④ ㄹ

06 다음은 위 지도의 일부를 나타낸 것이다. 위의 지도와 다른 것을 고르시오.

①

②

③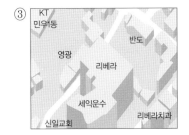

④

07~09 다음 지도를 보고 물음에 답하시오.

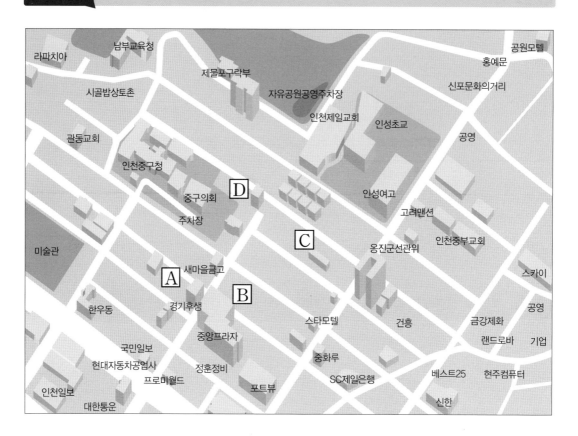

07 위 지도의 Ⓐ, Ⓑ, Ⓒ, Ⓓ 중 당신이 서 있는 곳은 어디인가?

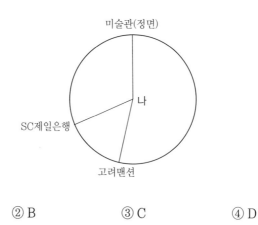

① A   ② B   ③ C   ④ D

08 당신이 새마을금고에서 옹진군선관위를 정면으로 바라볼 때 인천일보는 ㄱ, ㄴ, ㄷ, ㄹ 중 어디에 있는가?

옹진군선관위(정면)

① ㄱ　　　　　② ㄴ　　　　　③ ㄷ　　　　　④ ㄹ

09 다음은 위 지도의 일부를 나타낸 것이다. 위의 지도와 다른 것을 고르시오.

①

②

③

④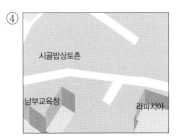

10~12 다음 지도를 보고 물음에 답하시오.

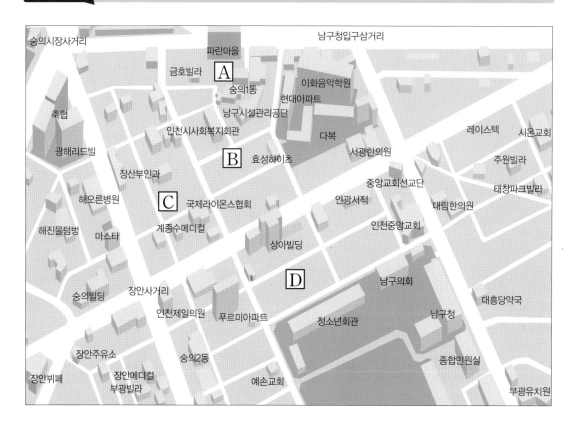

10 위 지도의 Ⓐ, Ⓑ, Ⓒ, Ⓓ 중 당신이 서 있는 곳은 어디인가?

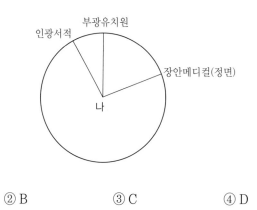

① A   ② B   ③ C   ④ D

11

당신이 효성하이츠에서 남구의회를 정면으로 바라볼 때 해오른병원은 ㄱ, ㄴ, ㄷ, ㄹ 중 어디에 있는가?

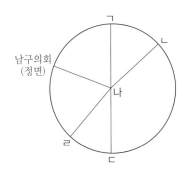

① ㄱ   ② ㄴ   ③ ㄷ   ④ ㄹ

12

다음은 위 지도의 일부를 나타낸 것이다. 위의 지도와 다른 것을 고르시오.

①

②

③

④

13~15 다음 지도를 보고 물음에 답하시오.

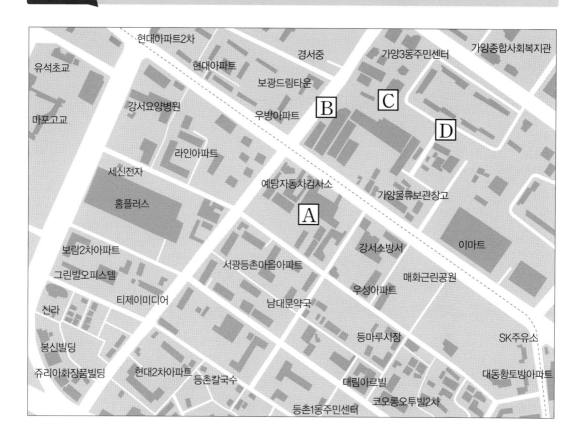

13 위 지도의 Ⓐ, Ⓑ, Ⓒ, Ⓓ 중 당신이 서 있는 곳은 어디인가?

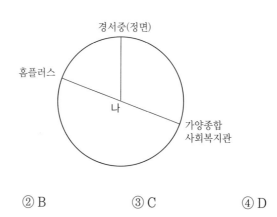

① A   ② B   ③ C   ④ D

지적능력평가

14 당신이 강서소방서에서 마포고교를 정면으로 바라볼 때 등촌칼국수는 ㄱ, ㄴ, ㄷ, ㄹ 중 어디에 있는가?

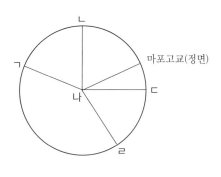

① ㄱ   ② ㄴ   ③ ㄷ   ④ ㄹ

15 다음은 위 지도의 일부를 나타낸 것이다. 위의 지도와 다른 것을 고르시오.

①

②

③

④

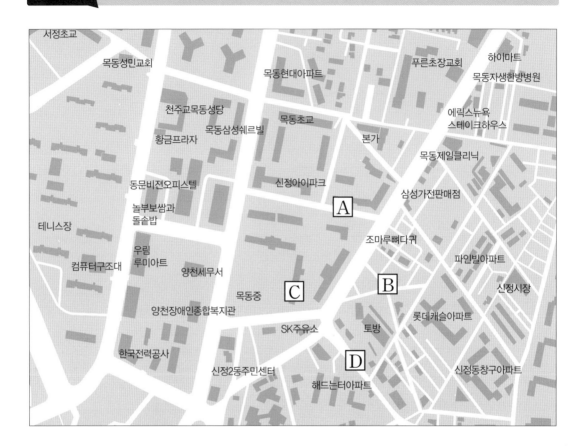

16 위 지도의 A, B, C, D 중 당신이 서 있는 곳은 어디인가?

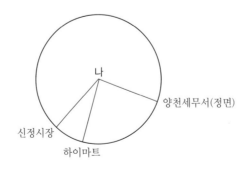

① A　　　　　② B　　　　　③ C　　　　　④ D

17 당신이 목동초교에서 한국전력공사를 정면으로 바라볼 때 목동자생한방병원은 ㄱ, ㄴ, ㄷ, ㄹ 중 어디에 있는가?

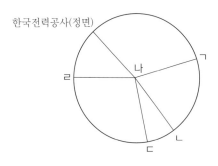

① ㄱ   ② ㄴ   ③ ㄷ   ④ ㄹ

18 다음은 위 지도의 일부를 나타낸 것이다. 위의 지도와 다른 것을 고르시오.

①

②

③

④

19~21 다음 지도를 보고 물음에 답하시오.

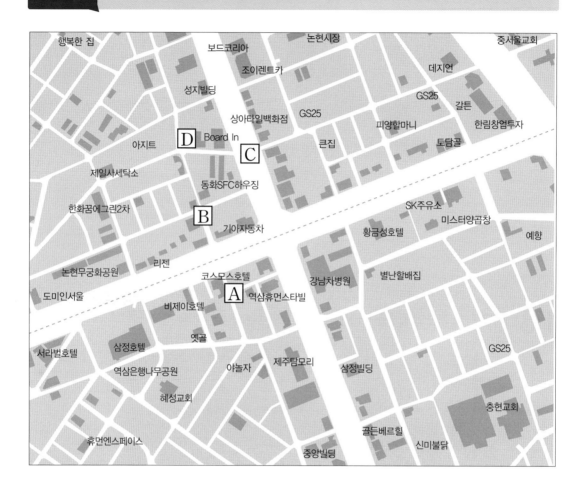

19 위 지도의 Ⓐ, Ⓑ, Ⓒ, Ⓓ 중 당신이 서 있는 곳은 어디인가?

① A   ② B   ③ C   ④ D

20 당신이 강남차병원에서 서라벌호텔을 정면으로 바라볼 때 성지빌딩은 ㄱ, ㄴ, ㄷ, ㄹ 중 어디에 있는가?

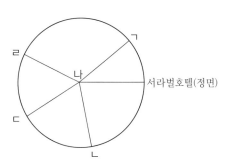

① ㄱ   ② ㄴ   ③ ㄷ   ④ ㄹ

21 다음은 위 지도의 일부를 나타낸 것이다. 위의 지도와 다른 것을 고르시오.

①

②

③

④

22~24 다음 지도를 보고 물음에 답하시오.

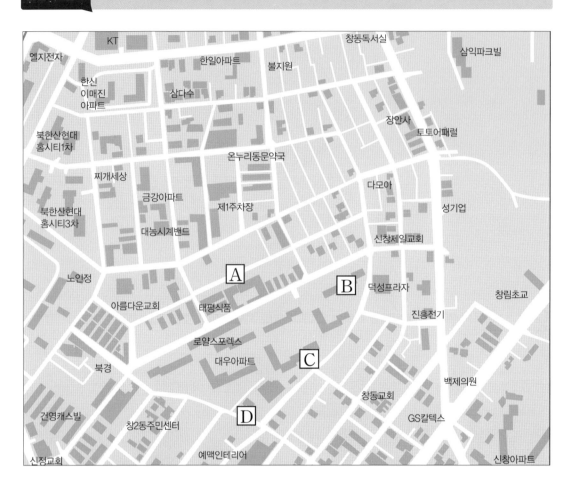

22 지도의 Ⓐ, Ⓑ, Ⓒ, Ⓓ 중 당신이 서 있는 곳은 어디인가?

① A   ② B   ③ C   ④ D

23

당신이 창동교회에서 창2동주민센터를 정면으로 바라볼 때 금강아파트는 ㄱ, ㄴ, ㄷ, ㄹ 중 어디에 있는가?

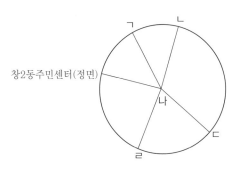

① ㄱ　　　　　　② ㄴ　　　　　　③ ㄷ　　　　　　④ ㄹ

24

다음은 위 지도의 일부를 나타낸 것이다. 위의 지도와 다른 것을 고르시오.

25~27 다음 지도를 보고 물음에 답하시오.

25 위 지도의 A, B, C, D 중 당신이 서 있는 곳은 어디인가?

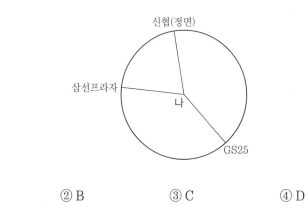

① A　　　　　② B　　　　　③ C　　　　　④ D

26 당신이 훼미리마트에서 GS칼텍스를 정면으로 바라볼 때 상명산업은 ㄱ, ㄴ, ㄷ, ㄹ 중 어디에 있는가?

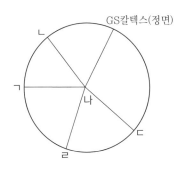

① ㄱ   ② ㄴ   ③ ㄷ   ④ ㄹ

27 다음은 위 지도의 일부를 나타낸 것이다. 위의 지도와 다른 것을 고르시오.

28~30 다음 지도를 보고 물음에 답하시오.

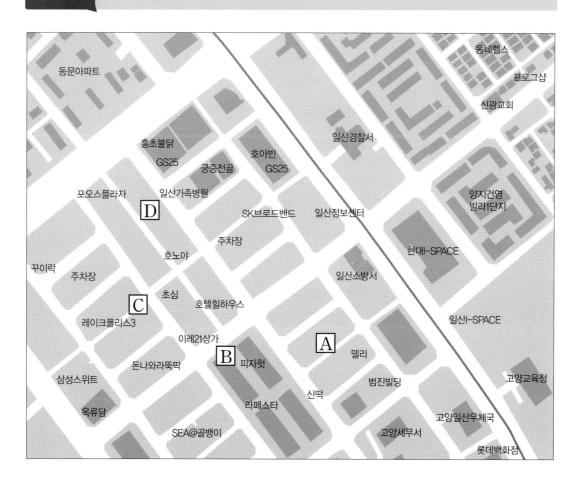

28 위 지도의 Ⓐ, Ⓑ, Ⓒ, Ⓓ 중 당신이 서 있는 곳은 어디인가?

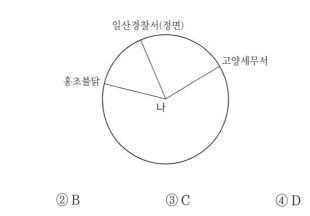

① A   ② B   ③ C   ④ D

29 당신이 일산소방서에서 일산가족병원을 정면으로 바라볼 때 롯데백화점은 ㄱ, ㄴ, ㄷ, ㄹ 중 어디에 있는가?

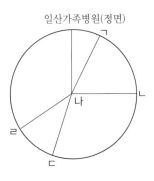

① ㄱ　　　　　　② ㄴ　　　　　　③ ㄷ　　　　　　④ ㄹ

30 다음은 위 지도의 일부를 나타낸 것이다. 위의 지도와 다른 것을 고르시오.

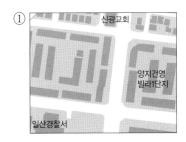

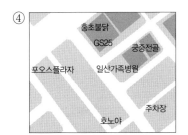

31~33 다음 지도를 보고 물음에 답하시오.

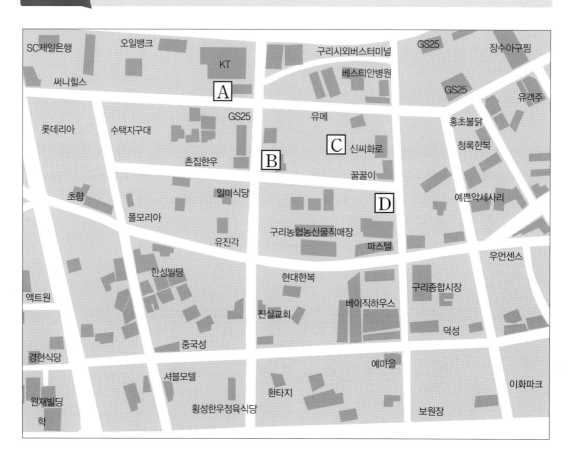

31 위 지도의 A, B, C, D 중 당신이 서 있는 곳은 어디인가?

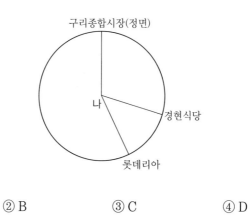

① A   ② B   ③ C   ④ D

32 당신이 구리농협농산물직매장에서 수택지구대를 정면으로 바라볼 때 원재빌딩은 ㄱ, ㄴ, ㄷ, ㄹ 중 어디에 있는가?

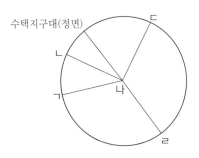

① ㄱ   ② ㄴ   ③ ㄷ   ④ ㄹ

33 다음은 위 지도의 일부를 나타낸 것이다. 위의 지도와 다른 것을 고르시오.

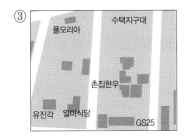

34~36 다음 지도를 보고 물음에 답하시오.

34 위 지도의 Ⓐ, Ⓑ, Ⓒ, Ⓓ 중 당신이 서 있는 곳은 어디인가?

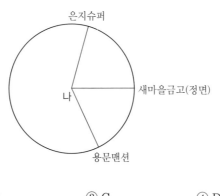

① A   ② B   ③ C   ④ D

35 당신이 바이더웨이에서 농협을 정면으로 바라볼 때 대성마트는 ㄱ, ㄴ, ㄷ, ㄹ 중 어디에 있는가?

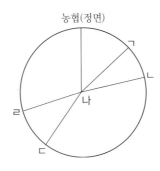

① ㄱ   ② ㄴ   ③ ㄷ   ④ ㄹ

36 다음은 위 지도의 일부를 나타낸 것이다. 위의 지도와 다른 것을 고르시오.

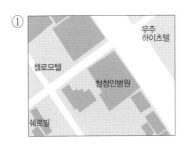

37~39 다음 지도를 보고 물음에 답하시오.

37 위 지도의 ⒶⒷⒸⒹ 중 당신이 서 있는 곳은 어디인가?

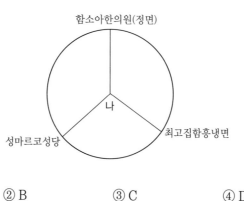

① A   ② B   ③ C   ④ D

38 당신이 풀향기식당에서 야탑우체국을 정면으로 바라볼 때 세븐일레븐은 ㄱ, ㄴ, ㄷ, ㄹ 중 어디에 있는가?

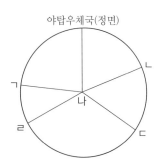

① ㄱ   ② ㄴ   ③ ㄷ   ④ ㄹ

39 다음은 위 지도의 일부를 나타낸 것이다. 위의 지도와 다른 것을 고르시오.

①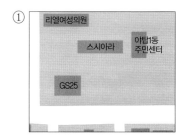

②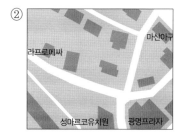

③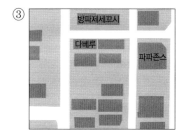

④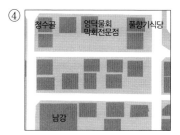

40~42 다음 지도를 보고 물음에 답하시오.

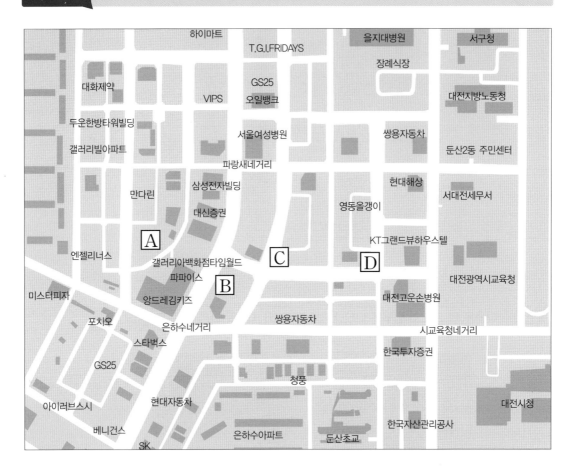

40 위 지도의 Ⓐ, Ⓑ, Ⓒ, Ⓓ 중 당신이 서 있는 곳은 어디인가?

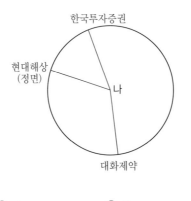

　①　A　　　　　　②　B　　　　　　③　C　　　　　　④　D

제1편

지각능력평가

41 당신이 대신증권에서 서구청을 정면으로 바라볼 때 현대자동차는 ㄱ, ㄴ, ㄷ, ㄹ 중 어디에 있는가?

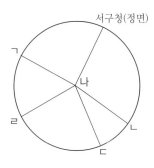

① ㄱ   ② ㄴ   ③ ㄷ   ④ ㄹ

42 다음은 위 지도의 일부를 나타낸 것이다. 위의 지도와 다른 것을 고르시오.

①

②
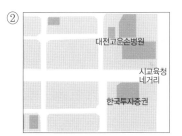

③

④
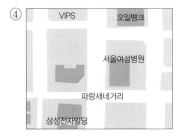

43~45 다음 지도를 보고 물음에 답하시오.

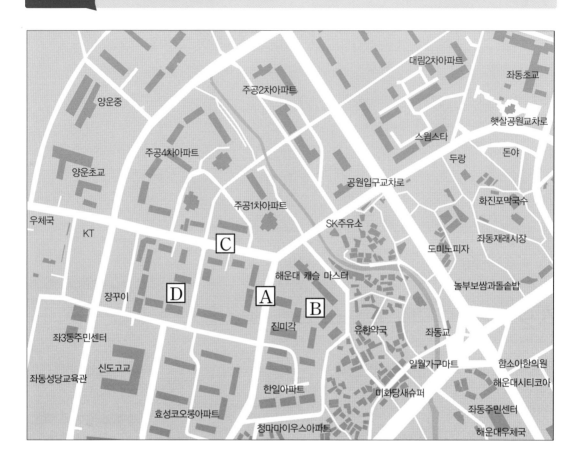

43 위 지도의 Ⓐ, Ⓑ, Ⓒ, Ⓓ 중 당신이 서 있는 곳은 어디인가?

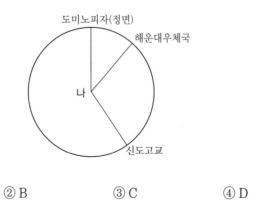

① A   ② B   ③ C   ④ D

44 당신이 SK주유소에서 우체국을 정면으로 바라볼 때 대림2차아파트는 ㄱ, ㄴ, ㄷ, ㄹ 중 어디에 있는가?

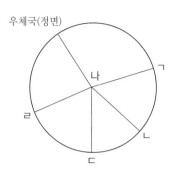

① ㄱ   ② ㄴ   ③ ㄷ   ④ ㄹ

45 다음은 위 지도의 일부를 나타낸 것이다. 위의 지도와 다른 것을 고르시오.

①

②

③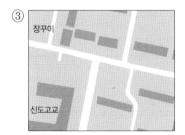

④

46~48 다음 지도를 보고 물음에 답하시오.

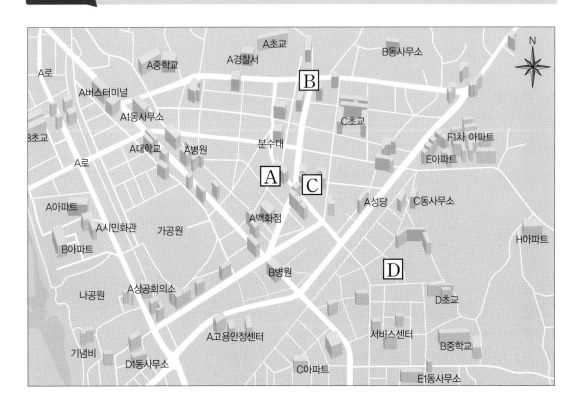

46 위 지도의 Ⓐ, Ⓑ, Ⓒ, Ⓓ 중 당신이 서 있는 곳은 어디인가?

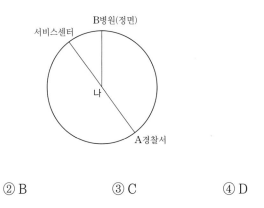

① A　　　　　② B　　　　　③ C　　　　　④ D

47 당신이 A백화점에서 가공원을 정면으로 바라볼 때 서비스센터는 ㄱ, ㄴ, ㄷ, ㄹ 중 어디에 있는가?

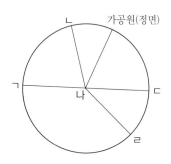

① ㄱ   ② ㄴ   ③ ㄷ   ④ ㄹ

48 다음은 위 지도의 일부를 나타낸 것이다. 위의 지도와 다른 것을 고르시오.

① 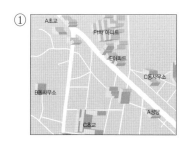   ②

③ 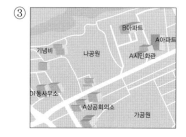   ④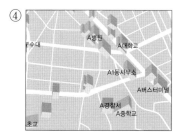

04 지각속도

Guide 시각적인 형태의 세부항목을 정확하고 신속하게 파악하여 비교 및 대조 등의 처리 과제를 수행하는 능력을 평가하는 검사이다.

(1) 좌우 대응 유형

대표유형

아래 〈보기〉의 왼쪽과 오른쪽 기호의 대응을 참고하여 각 문제의 대응이 같으면 답안지에 '① 맞음'을, 틀리면 '② 틀림'을 선택하시오.

보기			
a=강	b=응	c=산	d=전
e=남	f=도	g=길	h=아

01 강 응 산 전 남 - a b c d e

❶ 맞음　　　　　　　② 틀림

01~06 아래 〈보기〉의 왼쪽과 오른쪽 문자, 숫자의 대응을 참고하여 각 문제의 대응이 같으면 답안지에 '① 맞음'을, 틀리면 '② 틀림'을 선택하시오.

보기			
g=15	h=4	i=8	j=11
k=7	l=16	m=3	n=12

01 4 12 7 16 8 - h n k l i

① 맞음　　　　　　　② 틀림

제1편

지적능력평가

02

11　8　3　16　7 - j　i　h　l　k

① 맞음　　　　　　　　② 틀림

해설 11 8 <u>3</u> 16 7 - j i <u>m</u> l k

03

7　4　11　16　3 - k　h　j　l　m

① 맞음　　　　　　　　② 틀림

04

3　11　8　7　12　4 - m　j　i　k　n　h

① 맞음　　　　　　　　② 틀림

05

15　7　4　12　11　16 - g　k　h　n　m　l

① 맞음　　　　　　　　② 틀림

해설 15 7 4 12 <u>11</u> 16 - g k h n j l

06

| 16   3   15   11   8   7 – l   m   g   j   i   k |

① 맞 음   ② 틀 림

07~11 아래 〈보기〉의 왼쪽과 오른쪽 문자, 기호의 대응을 참고하여 각 문제의 대응이 같으면 답안지에 '① 맞음'을, 틀리면 '② 틀림'을 선택하시오.

보기

| 경기 = @ | 제주 = # | 강원 = $ | 광주 = % |
| 전북 = & | 부산 = * | 서울 = + | 충남 = ₩ |

07

&   @ $ +   * – 전북   경기   강원   서울   제주

① 맞 음   ② 틀 림

해설 & @ $ + * – 전북 경기 강원 서울 <u>부산</u>

08

$ ₩   +   %   # – 강원   충남   서울   광주   제주

① 맞 음   ② 틀 림

09

*   %   @   ₩ $ – 부산   광주   전북   충남   강원

① 맞 음   ② 틀 림

해설 * % @ ₩ $ – 부산 광주 <u>경기</u> 충남 강원

10 + * % # & − 서울 부산 광주 제주 충남

① 맞 음　　　　　　　　② 틀 림

해설 + * % # & − 서울 부산 광주 제주 <u>전북</u>

11 ₩ * # % + − 충남 부산 제주 광주 서울

① 맞 음　　　　　　　　② 틀 림

12~16 아래 〈보기〉의 왼쪽과 오른쪽 기호, 문자의 대응을 참고하여 각 문제의 대응이 같으면 답안지에 '① 맞음'을, 틀리면 '② 틀림'을 선택하시오.

보기

+ = 소	× = 전	% = 비	÷ = 유
※ = 총	! = 함	* = 행	# = 채

12 전 총 비 채 유 − × ※ % * ÷

① 맞 음　　　　　　　　② 틀 림

해설 전 총 비 <u>채</u> 유 − × ※ % <u>#</u> ÷

13 유 소 행 총 함 - ÷ + * ※ !

① 맞음   ② 틀림

14 함 채 소 비 행 - ! # + % ×

① 맞음   ② 틀림

해설 함 채 소 비 행 - ! # + % *

15 유 함 전 총 비 채 - ÷ ! × ※ % #

① 맞음   ② 틀림

16 전 소 총 행 채 비 - × + ÷ * ※ %

① 맞음   ② 틀림

해설 전 소 총 행 채 비 - × + ※ * # %

17~21 아래 〈보기〉의 왼쪽과 오른쪽 숫자, 문자의 대응을 참고하여 각 문제의 대응이 같으면 답안지에 '① 맞음'을, 틀리면 '② 틀림'을 선택하시오.

보기				
2 = 육	41 = 작	24 = 포	15 = 연	33 = 지
17 = 군	8 = 전	38 = 탄	7 = 대	26 = 령

17 8 33 군 15 포 - 전 지 17 연 24

① 맞음　　　　　　　　② 틀림

18 41 38 2 포 대 - 작 탄 육 24 17

① 맞음　　　　　　　　② 틀림

해설 41 38 2 포 대 - 작 탄 육 24 7

19 17 15 령 전 33 대 - 군 연 26 41 지 7

① 맞음　　　　　　　　② 틀림

해설 17 15 령 전 33 대 - 군 연 26 8 지 7

20

포 대 15 2 작 17 - 24 7 연 육 41 군

① 맞 음   ② 틀 림

21

전 26 2 군 33 7 41 - 8 령 육 17 지 대 포

① 맞 음   ② 틀 림

해설 전 26 2 군 33 7 <u>41</u> - 8 령 육 17 지 대 <u>작</u>

22~26 아래 〈보기〉의 왼쪽과 오른쪽 기호, 문자의 대응을 참고하여 각 문제의 대응이 같으면 답안지에 '① 맞음'을, 틀리면 '② 틀림'을 선택하시오.

보기				
	@ = p	* = x	$ = e	& = b
	₩ = j	# = w	% = k	~ = m

22

* % ₩ p # - x k j @ e

① 맞 음   ② 틀 림

해설 * % ₩ p <u>#</u> - x k j @ <u>w</u>

23 & m $ j % x - b ~ e @ k *

① 맞음　　　　　　② 틀림

해설 & m $ <u>j</u> % x - b ~ e <u>₩</u> k *

24 # b m * $ @ - w & ~ x e p

① 맞음　　　　　　② 틀림

25 % p ~ ₩ e & - k @ m j $ b

① 맞음　　　　　　② 틀림

26 m & * e j # - ~ b x % ₩ w

① 맞음　　　　　　② 틀림

해설 m & * <u>e</u> j # - ~ b x <u>$</u> ₩ w

아래 〈보기〉의 왼쪽과 오른쪽 숫자, 기호의 대응을 참고하여 각 문제의 대응이 같으면 답안지에 '① 맞음'을, 틀리면 '② 틀림'을 선택하시오.

27~31

보기				
43 = ☆	12 = ●	50 = ◇	25 = △	31 = ■
27 = □	19 = ★	49 = ○	37 = ▲	56 = ◆

27

49 　▲ 　12 　56 　☆ 　－ 　○ 　37 　● 　◇ 　43

① 맞 음　　　　　　　　② 틀 림

해설 49 ▲ 12 <u>56</u> ☆ － ○ 37 ● <u>◆</u> 43

28

△ 　19 　27 　■ 　50 　－ 　25 　● 　□ 　31 　◇

① 맞 음　　　　　　　　② 틀 림

해설 △ <u>19</u> 27 ■ 50 － 25 <u>★</u> □ 31 ◇

29

● 　25 　43 　▲ 　56 　－ 　12 　△ 　☆ 　37 　◆

① 맞 음　　　　　　　　② 틀 림

30

37 ★ 31 ○ ● 27 - ▲ 19 ■ 49 12 □

① 맞 음   ② 틀 림

31

☆ ◆ 25 50 ▲ 12 - 43 56 □ ◇ 37 ●

① 맞 음   ② 틀 림

해설 ☆ ◆ <u>25</u> 50 ▲ 12 - 43 56 <u>△</u> ◇ 37 ●

32~37 아래 〈보기〉의 왼쪽과 오른쪽 기호의 대응을 참고하여 각 문제의 대응이 같으면 답안지에 '① 맞음'을, 틀리면 '② 틀림'을 선택하시오.

보기				
	# = ▲	+ = ○	* = △	∵ = ■
	$ = □	∞ = ◇	% = ●	∫ = ◆

32

∞ ▲ ∵ ∫ ● - ◇ * ■ ◆ %

① 맞 음   ② 틀 림

해설 ∞ <u>▲</u> ∵ ∫ ● - ◇ <u>#</u> ■ ◆ %

33   +   ∫   □   *   ●   −   ○   ◆ $ △   %

① 맞음   ② 틀림

34   %   ◇   □   +   #   ◆   −   ●   ∞ $ ○   ▲   ∫

① 맞음   ② 틀림

35   ∵   ● $ ▲   ◇   *   −   ■   %   □   #   +   △

① 맞음   ② 틀림

해설 ∵ ● $ ▲ <u>◇</u> * − ■ % □ # <u>∞</u> △

36   ◆   %   #   ○   △ $ −   ∫   ●   ▲   +   *   □

① 맞음   ② 틀림

37   #   ∫   ∵   ●   ○   *   −   ▲   ◆   ■   %   +   △

① 맞음   ② 틀림

38~40 아래 〈보기〉의 왼쪽과 오른쪽 문자, 기호의 대응을 참고하여 각 문제의 대응이 같으면 답안지에 '① 맞음'을, 틀리면 '② 틀림'을 선택하시오.

보기				
장 = ■	충 = r	단 = ※	조 = ◇	계 = n
교 = h	성 = △	결 = ●	준 = d	급 = #

38 급 ● r 단 h - # 결 충 ※ 교

① 맞음　　　　　　② 틀림

39 준 △ n ■ 조 # - d 성 계 장 ※ 급

① 맞음　　　　　　② 틀림

해설 준 △ n ■ 조 # - d 성 계 장 <u>◇</u> 급

40 결 r 단 △ 교 n - ● 충 ※ 성 h 계

① 맞음　　　　　　② 틀림

(2) 개수 파악 유형

대표유형

다음 각 문제의 왼쪽에 표시된 굵은 글씨체의 기호, 문자, 숫자의 개수를 모두 세어 개수를 고르시오.

01 | **3** | 7830206420682048720387307962050406732 1

① 2개　　　❷ 4개　　　③ 6개　　　④ 8개

02 | **ㄴ** | 나의 살던 고향은 꽃피는 산골

① 2개　　　② 4개　　　❸ 6개　　　④ 8개

01~12 다음 각 문제의 왼쪽에 제시된 숫자의 개수를 고르시오.

01 | **8** | 2530596802346289749850963205 8649

① 2개　　　② 3개　　　③ 4개　　　④ 5개

해설 25305968023462897498509632058649

02 | **3** | ksjh5386ds9830kfilaheos25039kfkaiglddkl52kfksfkel2330kflk

① 2개　　　② 3개　　　③ 5개　　　④ 6개

해설 ksjh5386ds9830kfilaheos25039kfkaiglddkl52kfksfkel2330kflk

제1편

지각능력평가

03 | 2 | 3052893893859372849050598277 34859505918

① 2개   ② 3개   ③ 4개   ④ 5개

해설 3052893893859372849050598277 34859505918

04 | 7 | 91500285712049350590962948989146858504987382

① 2개   ② 3개   ③ 4개   ④ 5개

해설 91500285712049350590962948989146858504987382

05 | 5 | 29950283792040097422598643809843288900765453 2146580

① 2개   ② 3개   ③ 4개   ④ 5개

해설 29950283792040097422598643809843288900765453 2146580

06 | 6 | 0520491954986820049693885269490996636845003929 56502

① 3개   ② 5개   ③ 7개   ④ 9개

해설 0520491954986820049693885269490996636845003929 56502

07 | 4 | kgksoekr3904jf8264995kakfo03o1969450392kjdkf1o7q4o237dkw |

① 2개   ② 3개   ③ 4개   ④ 5개

해설 kgksoekr3904jf8264995kakfo03o1969450392kjdkf1o7q4o237dkw

08 | 9 | 38dsokgfiwd056928j909k23jjfd854ut626059606kd83orkw83 |

① 1개   ② 2개   ③ 3개   ④ 4개

해설 38dsokgfiwd056928j909k23jjfd854ut626059606kd83orkw83

09 | 1 | keiai209k291jihb35092jfjigi294710kdjgiidiq8id92483 |

① 2개   ② 3개   ③ 4개   ④ 5개

해설 keiai209k291jihb35092jfjigi294710kdjgiidiq8id92483

10 | 2 | 6030i394kffkhidkgi392i294028kdkwie591k320kdgl8sco38 |

① 2개   ② 3개   ③ 4개   ④ 5개

해설 6030i394kffkhidkgi392i294028kdkwie591k320kdgl8sco38

제1편

지적능력평가

11 | 3 | kg92k69fkis8t83k406ke0205ktkw94920kfo042o549294o3lr

① 1개 　　② 2개 　　③ 3개 　　④ 4개

해설 kg92k69fkis8t83k406ke0205ktkw94920kfo042o549294o3lr

12 | 8 | kg306e48825kdkoi$%^@kdg59760oikd93k81348#$^&#984r

① 2개 　　② 3개 　　③ 4개 　　④ 5개

해설 kg306e48825kdkoi$%^@kdg59760oikd93k81348#$^&#984r

13~30 다음 각 문제의 왼쪽에 제시된 문자의 개수를 고르시오.

13 | ㄱ | 독자적 직업관과 업무관의 확립

① 3개 　　② 5개 　　③ 7개 　　④ 9개

해설 독자적 직업관과 업무관의 확립

14 | ㄴ | 육군과 해군 및 공군의 안보 태세

① 2개 　　② 3개 　　③ 4개 　　④ 5개

해설 육군과 해군 및 공군의 안보 태세

15　　ㄹ　　세계 경제 성장률 하락에 따른 한국의 성장률 하락

① 3개　　　　　② 5개　　　　　③ 7개　　　　　④ 9개

해설　세계 경제 성장률 하락에 따른 한국의 성장률 하락

16　　ㅂ　　공정한 사법 집행에 대한 국민적 요구의 급증

① 1개　　　　　② 2개　　　　　③ 3개　　　　　④ 4개

해설　공정한 사법 집행에 대한 국민적 요구의 급증

17　　ㅅ　　성실한 복무 태도와 투철한 군인정신

① 2개　　　　　② 3개　　　　　③ 4개　　　　　④ 5개

해설　성실한 복무 태도와 투철한 군인정신

18　　ㅇ　　양국 관계 강화를 위한 안보 공동체 수립

① 5개　　　　　② 6개　　　　　③ 7개　　　　　④ 8개

해설　양국 관계 강화를 위한 안보 공동체 설립

19 ㅈ 실존적 고통과 시대의 아픔을 역사로 승화하는 자세

① 2개　　　② 3개　　　③ 4개　　　④ 5개

해설 실존적 고통과 시대의 아픔을 역사로 승화하는 자세

20 ㅏ 저렴한 가격 및 다양한 서비스 제공에 따른 구매 수요 증가

① 5개　　　② 6개　　　③ 7개　　　④ 8개

해설 저렴한 가격 및 다양한 서비스 제공에 따른 구매 수요의 증가

21 ㅕ 작년 명절 연휴 동안 발생한 교통사고 현황

① 1개　　　② 2개　　　③ 3개　　　④ 4개

해설 작년 명절 연휴 동안 발생한 교통사고 현황

22 ㅡ 모든 일은 원인에 따라 결과가 생긴다

① 2개　　　② 3개　　　③ 4개　　　④ 5개

해설 모든 일은 원인에 따라 결과가 생긴다

23 | a | He was the hero in his family, a big frog in a small pond

① 3개   ② 4개   ③ 5개   ④ 6개

해설 He w<u>a</u>s the hero in his f<u>a</u>mily, <u>a</u> big frog in <u>a</u> sm<u>a</u>ll pond

24 | b | She went to bed with a heating pad

① 1개   ② 2개   ③ 3개   ④ 4개

해설 She went to <u>b</u>ed with a heating pad

25 | e | The earth revolves around the sun

① 3개   ② 4개   ③ 5개   ④ 6개

해설 Th<u>e</u> <u>e</u>arth r<u>e</u>volv<u>e</u>s around th<u>e</u> sun

26 | n | His grandmother is the chairperson in name only

① 2개   ② 3개   ③ 4개   ④ 5개

해설 His gra<u>n</u>dmother is the chairperso<u>n</u> i<u>n</u> <u>n</u>ame o<u>n</u>ly

27 | o | They connect orange blossoms with weddings

① 3개　　　　② 4개　　　　③ 5개　　　　④ 6개

해설 They c<u>o</u>nnect <u>o</u>range bl<u>o</u>ss<u>o</u>ms with weddings

28 | p | The gap widened during the 1997–1998 Asian currency crisis

① 1개　　　　② 2개　　　　③ 3개　　　　④ 4개

해설 The ga<u>p</u> widened during the 1997–1998 Asian currency crisis

29 | s | Drivers should keep a safe distance from the car in front

① 2개　　　　② 3개　　　　③ 4개　　　　④ 5개

해설 Driver<u>s</u> <u>s</u>hould keep a <u>s</u>afe di<u>s</u>tance from the car in front

30 | y | The country will enjoy warm, fine weather through Sunday

① 1개　　　　② 2개　　　　③ 3개　　　　④ 4개

해설 The countr<u>y</u> will enjo<u>y</u> warm, fine weather through Sunda<u>y</u>

31~38 다음 각 문제의 왼쪽에 제시된 기호의 개수를 고르시오.

31 | ▶ | ◀▷△■▲▼●◆◀◐◈▲▼▶●◆▲■▲▼▶◀◈◁◀▲△▼■◀▲▼◆▼

① 2개　　② 3개　　③ 4개　　④ 5개

해설 ◀▷△■▲▼●◆◀◐◈▲▼▶●◆▲■▲▼▶◀◈◁◀▲△▼■◀▲▼◆▼

32 | ! | &*( )#$%!%$#+₩#$$$@!%&!**( )##+!%!₩$

① 2개　　② 3개　　③ 4개　　④ 5개

해설 &*( )#$%!%$#+₩#$$$@!%&!**( )##+!%!₩$

33 | # | *( )!!@#+₩++#$%^~!&&*@$$#*^%=$^=+₩&!!@

① 2개　　② 3개　　③ 4개　　④ 5개

해설 *( )!!@#+₩++#$%^~!&&*@$$#*^%=$^=+₩&!!@

34 | $ | ₩+@$%^&#~Skgidk%#@*&( )++₩agiels#$%g@%Sp@&

① 2개　　② 3개　　③ 4개　　④ 5개

해설 ₩+@$%^&#~Skgidk%#@*&( )++₩agiels#$%g@%Sp@&

35 | % | @%^&( )$@@%&^#&+₩GWFHOWDE^&*#@$%₩+~!RSHJE

① 2개　　　② 3개　　　③ 4개　　　④ 5개

해설 @%^&( )$@@%&^#&+₩GWFHOWDE^&*#@$%₩+~!RSHJE

36 | & | *&$#!~@%+₩%&@!ERFGS&@$#~EGAGJ#@( )=+EQC&⟨K%

① 2개　　　② 3개　　　③ 4개　　　④ 5개

해설 *&$#!~@%+₩%&@!ERFGS&@$#~EGAGJ#@( )=+EQC&⟨K%

37 | * | #!%^&%$*=+₩++%!@%&e*x#kgi지$^%&*( )!+₩%$#e

① 2개　　　② 3개　　　③ 4개　　　④ 5개

해설 #!%^&%$*=+₩++%!@%&e*x#kgi지$^%&*( )!+₩%$#e

38 | ≠ | ±×÷≠≤¥≒≡≠≥∞⊆∈⊃∧⊇⊂∝÷≒∞≠≡※=⊇⊃∈±≠=↔≒

① 2개　　　② 3개　　　③ 4개　　　④ 5개

해설 ±×÷≠≤¥≒≡≠≥∞⊆∈⊃∧⊇⊂∝÷≒∞≠≡※=⊇⊃∈±≠=↔≒

(3) 변형 유형

01~12 다음의 각 문제에 제시된 왼쪽과 오른쪽의 문장, 문자, 숫자, 기호의 대응이 같으면 답안지에 '① 맞음'을, 틀리면 '② 틀림'을 선택하시오.

01 앞마을말뚝이말맬말뚝이냐말안맬말뚝이냐 – 앞마을말뚝이말맬말뚝이냐말안맬멀뚝이냐

    ① 맞 음   ② 틀 림

> **해설** 앞마을말뚝이말맬말뚝이냐말안맬말뚝이냐 – 앞마을말뚝이말맬말뚝이냐말안맬멀뚝이냐

02 간장공장공장장은강공장장이다 – 간장공장공장장은강공장장이다

    ① 맞 음   ② 틀 림

03 svyenacdfkxtvnmnijntihj – svyenacdfkxtvnmnjintihj

    ① 맞 음   ② 틀 림

> **해설** svyenacdfkxtvnmnijntihj – svyenacdfkxtvnmnjintihj

04 enerosiynymnmphontaxzijbptvu − enerosiynymnmphontaxzijbptvu

① 맞 음   ② 틀 림

05 490693819492096989703926302120 − 490693819492096989703926302120

① 맞 음   ② 틀 림

06 599320570912095068949630714723 − 599320570912095068949930714723

① 맞 음   ② 틀 림

> **해설** 599320570912095068949630714723 − 599320570912095068949930714723

07 松樵鑛暴竹想景進仁乘 − 松樵鑛暴竹想景延仁乘

① 맞 음   ② 틀 림

> **해설** 松樵鑛暴竹想景進仁乘 − 松樵鑛暴竹想景延仁乘

08   昇利基員應源戰熱氣顧條必勝 – 昇利基員應源戰熱氣顧條必勝

① 맞 음   ② 틀 림

09 $%*₩=+!@%&*#@$&*&#!!*=₩#@%* – $%*₩=+!@%&*#@$&*&#!!*=₩#@%*

① 맞 음   ② 틀 림

10   ≥÷≠±∞¥≒§≡※∴÷∋∈∝∽≒∞ – ≥÷≠±∞¥≒§≡※∴÷∋⊂∝∽≒∞

① 맞 음   ② 틀 림

해설 ≥÷≠±∞¥≒§≡※∴÷<u>∋</u>∈∝∽≒∞ – ≥÷≠±∞¥≒§≡※∴÷<u>∋⊂</u>∝∽≒∞

11   ●◎★☆▽□▼▶◁◀♡♧♠◐◑♣▣▲◇ – ●◎★☆▽□▼▶◁◀♡♧♠◐◑♣▣▲◆

① 맞 음   ② 틀 림

해설 ●◎★☆▽□▼▶◁◀♡♧♠◐◑♣▣▲<u>◇</u> – ●◎★☆▽□▼▶◁◀♡♧♠◐◑♣▣▲<u>◆</u>

12

① 맞 음   ② 틀 림

해설

13~17

다음의 각 문제에 제시된 왼쪽과 오른쪽의 문장, 문자, 숫자, 기호가 서로 다른 하나를 고르시오.

13

① 박법학박사백법학박사 – 박법학박사백법학박사
② 따아딱달닿뚫닭뚫닳따다닥 – 따아딱달닿뚫닭뚫닳따다닥
③ 앞집한영양장점옆집한양양장점 – 앞집한영양장점옆집한양양잠점
④ 콩깍지가깐콩깍지냐안깐콩깍지냐 – 콩깍지가깐콩깍지냐안깐콩깍지냐

해설 앞집한영양장점옆집한양양장점 – 앞집한영양장점옆집한양양잠점

14

① bdktidkglwkdgodl – bdktidkglwkdgodl
② endlesseverlasting – endlesseverlaszing
③ paintingdrawingsculpture – paintingdrawingsculpture
④ ntowmlalfkgoekkfgidkldoq – ntowmlalfkgoekkfgidkldoq

해설 endlesseverlasting – endlesseverlaszing

15

① 98600392101492758921 − 98600392101492758921
② 아으동동다리아으동동디리 − 아으동동다리아으동동디리
③ glkdkkgoielkaopqopvbmnl − glkdkkgoielkaopqopvbmnl
④ +W#$%&∗!@#&$@=W!#&∗ − +W#$%&∗!@#&$@=W!#@∗

해설 +W#$%&∗!@#&$@=W!#&∗ − +W#$%&∗!@#&$@=W!#@∗

16

① ○♥◁♥♦▲◀□■★☆▷♡♠♡◁▶♧♦ − ○♥◁♥♦▲◀□■★☆▷♡♠♥◁▶♧♦
② *$#!!&*#@+&W=5##%$+=@*@$# − *$#!!&*#@+&W=5##%$+=@*@$#
③ dlkgiqkffkfiofkhdqoppgmvmn − dlkgiqkffkfiofkhdqoppgmvmn
④ 581927659759093491041 − 581927659759093491041

해설 ○♥◁♥♦▲◀□■★☆▷♡♠♡◁▶♧♦ − ○♥◁♥♦▲◀□■★☆▷♡♠♥◁▶♧♦

17

① rkdalsrltkfkdgo − rkdalsrltkfkdgo
② 6489132593771 − 6489132593771
③ 창살갑창살걍호혹귫잇 − 창살갑창살걍호혹귫잇
④ ◎♡◀▷ㅌㅌ■▼♥♧ − ◎♡◀▷ㅌㅌ■▼♥♧

해설 창살갑창살걍호혹귫잇 − 창살갑창살걍호혹귫잇

18~21 아래 〈보기〉의 대응관계를 보고 각 문제에 제시된 문자에 알맞은 짝을 고르시오.

보기

A	B	C	D	E	F	G	H	I	J	K	L	M	N	o	p	q	r	s	t	u	v	w	x	y	z
ㄱ	ㄴ	ㄷ	ㄹ	ㅁ	ㅂ	ㅅ	ㅇ	ㅈ	ㅊ	ㅋ	ㅌ	ㅍ	ㅎ	ㅏ	ㅑ	ㅓ	ㅕ	ㅗ	ㅛ	ㅜ	ㅠ	ㅡ	ㅣ	ㅔ	ㅐ

18 IsAuA

① 군인   ② 군대   ③ 조국   ④ 조상

19 EuBNso

① 문명   ② 문화   ③ 평등   ④ 평화

20 GoAxIxBIoA

① 고진감래   ② 고민상담   ③ 사병충원   ④ 사기진작

21 의무

① HuxEu   ② HwzFu   ③ HwxEu   ④ HuxFu

정답 15. ④   16. ①   17. ③   18. ③   19. ②   20. ④   21. ③

22~25 아래 〈보기〉의 대응관계를 보고 각 문제에 제시된 문자, 숫자에 알맞은 짝을 고르시오.

									보기																
A	B	C	D	E	F	G	H	I	J	K	L	M	N	O	P	Q	R	S	T	U	V	W	X	Y	Z
14	76	3	46	35	27	72	83	79	5	85	91	94	19	48	33	2	60	52	58	8	57	23	39	64	10

22 | FRIEND

① 27 60 79 27 94 46   ② 27 60 79 35 19 52

③ 27 60 79 35 19 46   ④ 27 60 5 27 94 52

23 | LOYALTY

① 91 48 64 14 91 58 39   ② 91 48 64 14 91 52 39

③ 91 48 64 14 91 52 64   ④ 91 48 64 14 91 58 64

24 | 19 57 3 79 39 5

① N W C I X J   ② N W C I X K

③ N V C I X K   ④ N V C I X J

25 | 2 10 83 76 94 8 23

① Q Z H B M U W   ② Q Z H I M U X

③ Q Z H I M U W   ④ Q Z H B M U X

26~29 아래 〈보기〉의 대응관계를 보고 각 문제에 제시된 기호, 숫자에 알맞은 짝을 고르시오.

보기

₩	!	@	+	#	$	*	%	&	~	±	≠	∞	※	∫∫	↔	∴	∥
47	16	69	42	21	65	77	5	53	84	25	70	9	55	30	34	12	88

26   & ∫∫ ! + ∴ %

① 53 30 16 25 12 5   ② 53 30 16 42 12 5

③ 53 30 88 25 12 5   ④ 53 30 88 42 12 5

27   ↔ ₩ @ ≠ ± ∥

① 84 47 69 21 25 88   ② 34 47 69 21 25 88

③ 84 47 69 70 25 88   ④ 34 47 69 70 25 88

28   16   77   34   30   5   12   55

① ! ※ ↔ ∫∫ & ∴ *   ② ! ※ ↔ ∫∫ % ∴ *

③ ! * ↔ ∫∫ % ∴ ※   ④ ! * ↔ ∫∫ & ∴ ※

29   88   69   ~ $ 42   ∞

① ∥ $ 84 65 + 70   ② ∥ @ 84 5 + 70

③ ∥ $ 84 5 + 9   ④ ∥ @ 84 65 + 9

30～35 아래 〈보기〉의 대응관계를 보고 각 문제에 제시된 기호, 문자에 알맞은 짝을 고르시오.

보기

◆	○	▽	♥	♡	☆	◀	◎	◁	□	▼	▲	◉	★	◇	▶	●	■	▷
g	s	c	k	h	m	l	a	f	p	e	q	i	n	r	b	o	j	d

30 p c j l h e

① □ ▽ ◁ ◀ ♡ ▼   ② □ ▽ ◁ ◀ ♡ ▲

③ □ ▽ ■ ◀ ♡ ▼   ④ □ ▽ ■ ◀ ♡ ▲

31 s o k d m a n

① ○ ◉ ♥ ▷ ☆ ◎ ★   ② ○ ● ♥ ▷ ☆ ◇ ★

③ ○ ◉ ♥ ▷ ☆ ◇ ★   ④ ○ ● ♥ ▷ ☆ ◎ ★

32 ★ ♡ ▶ ◆ ▲ ◁

① n h e g q f   ② n h b g q f

③ n h b g l f   ④ n h e g l f

33 ◎ ○ ■ ☆ ♥ ▷ ◀

① a r j m k d l   ② a s j m h d g

③ a r j m h d g   ④ a s j m k d l

34 ★ h ▲ j ◁ o

① n ♡ q ■ d ●　　　　② n ♥ q ■ d ●
③ n ♡ q ■ f ●　　　　④ n ♥ q ■ f ●

35 ▼ l ▶ p ▽ s

① e ◀ b □ c ○　　　　② e ◀ b □ c ◎
③ l ◀ b □ c ◎　　　　④ l ◀ b □ c ○

36~41 다음 각 문제에 제시된 문자의 구성과 다른 것을 고르시오(구성 순서는 무관).

36 뭐 육 쉴 훗 덪 합

① 쉴 뭐 덪 육 훗 합　　② 덪 훗 합 쉴 뭐 육
③ 합 육 뭐 덪 훗 쉴　　④ 뭐 덩 합 쉴 육 훗

해설 뭐 덩(→덪) 합 쉴 육 훗

37 야 격 소 설 체 낭 뒤

① 격 낭 설 야 소 체 뒤　　② 체 뒤 야 소 격 낭 살
③ 뒤 소 격 체 설 낭 야　　④ 낭 설 소 뒤 야 체 격

해설 체 뒤 야 소 격 낭 살(→설)

38

P A T C O V Z

① T V Z A P O C
② Z C O T V A P
③ O P Z U A C T
④ V T P C Z A O

해설 O P Z U(→V) A C T

39

X J Q R M I W

① J W M I Q R X
② Q X J R W N I
③ I W M Q R X J
④ X J W I Q M R

해설 Q X J R W N(→M) I

40

B 섹 K 윌 E 협 N

① N 섹 B 협 E 윌 K
② 윌 E K 섹 N 협 B
③ K B 협 윌 E 섹 N
④ E 섹 N K 윌 P 협

해설 E 섹 N K 윌 P(→B) 협

41

A 격 덩 K K 찰 홋

① A 홋 덩 K 격 K 찰
② K 홋 찰 K 덩 A 격
③ 덩 K A 찰 K 홋 격
④ 걱 K A 찰 덩 K 홋

해설 걱(→격) K A 찰 덩 K 홋

42~43 다음 각 문제에 제시된 숫자의 구성과 다른 것을 고르시오(구성 순서는 무관).

42

| 26 13 2 19 8 30 |

① 2 30 26 13 8 19

② 13 8 2 19 26 30

③ 19 26 30 8 13 2

④ 30 8 12 19 2 26

해설 30 8 <u>12(→13)</u> 19 2 26

43

| 5 18 36 21 14 3 25 |

① 21 18 36 25 5 14 3

② 14 5 3 18 36 21 25

③ 3 26 5 21 18 36 14

④ 5 3 25 18 14 21 36

해설 3 <u>26(→25)</u> 5 21 18 36 14

44~45 다음 각 문제에 제시된 기호의 구성과 다른 것을 고르시오(구성 순서는 무관).

44

| % * ≒ # + @ $ |

① + ≒ @ % * $ #

② @ * $ % ≒ # +

③ * $ + ≒ @ # %

④ # * + @ % ≡ $

해설 # * + @ % <u>≡(→≒)</u> $

4.5

★ ◎ ◆ ▽ ■ ◀ ◑

① ◆ ◑ ▽ ◀ ★ ◎ ■   ② ◎ ■ ★ ◆ ▽ ◑ ◀

③ ▽ ★ ◑ ◎ ■ ◆ ◀   ④ ◀ ◎ ◆ ▽ ★ ■ ◑

해설 ◆ ◑(→◑) ▽ ◀ ★ ◎ ■

46~48 다음 각 문제에 제시된 문자 중 아래 〈보기〉에 제시되어 있지 않은 문자의 개수를 고르시오.

보기

각자 각각 각기 각계 각지 각주 각접 각추 각처 각란

각국 각급 각결 각반 각배 각벌 각부 각성 각누 각론

각오 각양 각소 각술 각망 각몽 각별 각개 각명 각난

46

각망 각술 각초 각명 각름

① 1개   ② 2개   ③ 3개   ④ 4개

해설 '각초'와 '각름'은 제시되어 있지 않다.

47

각주 각망 각설 각누 각오 각란

① 1개   ② 2개   ③ 3개   ④ 4개

해설 '각설'은 제시되어 있지 않다.

제1편

지적능력평가

48

각안	각배	각몽	각진	각접	각수	각절

① 1개   ② 2개   ③ 3개   ④ 4개

해설 '각안, 각진, 각수, 각절'은 제시되어 있지 않다.

49~51 다음 각 문제에 제시된 문자 중 아래 〈보기〉에 제시되어 있지 않은 문자의 개수를 고르시오.

<table>
<tr><td rowspan="4">보기</td><td>수수 수형 수성 수반 수북 수세 수상 수선</td></tr>
<tr><td>수난 수통 수어 수양 수놀 수대 수동 수들</td></tr>
<tr><td>수로 수변 수발 수영 수익 수가 수지 수절</td></tr>
<tr><td>수찰 수교 수척 수하 수널 수타 수란 수강</td></tr>
</table>

49

수복	수타	수척	수서	수정	수통	수상

① 1개   ② 2개   ③ 3개   ④ 4개

해설 '수복, 수서, 수정'은 제시되어 있지 않다.

50

수출	수단	수수	수혈	수어	수견	수하

① 1개   ② 2개   ③ 3개   ④ 4개

해설 '수출, 수단 수혈, 수견'은 제시되어 있지 않다.

51

수형　수지　수강　수발　수변　수구　수란

① 1개　　　　② 2개　　　　③ 3개　　　　④ 4개

해설 '수구'는 제시되어 있지 않다.

52~53 다음 각 문제에 제시된 문자 중 아래 〈보기〉에 제시되어 있지 않은 문자의 개수를 고르시오.

보기 He wanted to figure out why it is that the most reliable predictor of obesity in America today is a person's wealth. For most of history, after all, the poor have typically suffered from a shortage of calories, not a surfeit.

52

shortage　out　poor　behind　from　after　today

① 1개　　　　② 2개　　　　③ 3개　　　　④ 4개

해설 'behind'는 제시되어 있지 않다.

53

surfeit　all　rich　not　history　when　to　reliable

① 1개　　　　② 2개　　　　③ 3개　　　　④ 4개

해설 'rich'와 'when'은 제시되어 있지 않다.

54~56 다음 각 문제에 제시된 문자가 아래 〈보기〉에 몇 번씩 나와 있는지 고르시오.

보기

주모 주동 주단 주들 주몽 주먹 주훈 주문 주부 주번 주통 주저
주강 주교 주간 주농 주난 주전 주탄 주름 주항 주식 주서 주저
주저 주빈 주문 주조 주창 주출 주리 주판 주표 주형 주송 주랑

54 | 주문

① 0개 　　　　② 1개 　　　　③ 2개 　　　　④ 3개

해설 '주문'은 첫째 줄과 셋째 줄에 한 번씩 나와 있다.

55 | 주선

① 0개 　　　　② 1개 　　　　③ 2개 　　　　④ 3개

해설 '주선'은 보기에 제시되어 있지 않다.

56 | 주탄

① 0개 　　　　② 1개 　　　　③ 2개 　　　　④ 3개

해설 '주탄'은 둘째 줄에 한 번 제시되어 있다.

57~59 다음 각 문제에 제시된 숫자가 아래 〈보기〉에 몇 번씩 나와 있는지 고르시오.

258 946 369 416 578 103 369 364 153 692 589 436 941 657
810 336 936 413 369 415 234 636 812 369 369 259 623 939
361 236 936 726 541 875 236 836 369 453 216 969 936 638

57
369

① 5개　　　② 6개　　　③ 7개　　　④ 8개

해설 '369'는 첫째 줄에 두 번, 둘째 줄에 세 번, 셋째 줄에 한 번 나와 있다.

58
936

① 2개　　　② 3개　　　③ 4개　　　④ 5개

해설 '936'은 둘째 줄에 한 번, 셋째 줄에 두 번 나와 있다.

59
413

① 1개　　　② 2개　　　③ 3개　　　④ 4개

해설 '413'은 둘째 줄에 한 번 나와 있다.

60~62 다음 각 문제에 제시된 문자가 아래 〈보기〉에 몇 번씩 나와 있는지 고르시오.

보기

거울속에는소리가없소저렇게까지조용한세상은참없을것이오거울속에도내게귀가
있소내말을못알아듣는딱한귀가두개나있소거울속의나는왼손잡이오내악수를받을
줄모르는-악수를모르는왼손잡이요거울때문에나는거울속의나를만져보지못하는
구료마는거울이아니었던들내가어찌거울속의나를만나보기라도했겠소나는지금거
울을안가졌소마는거울속에는늘거울속의내가있소잘은모르지만외로된사업에골몰
할께요거울속의나는참나와는반대요마는또꽤닮았소나는거울속의나를근심하고진
찰할수없으니퍽섭섭하오

60 거울

① 11개　　　　② 12개　　　　③ 13개　　　　④ 14개

해설 '거울'은 총 12번 제시되어 있다.

61 왼손

① 1개　　　　② 2개　　　　③ 3개　　　　④ 4개

해설 '왼손'은 둘째 줄과 셋째 줄에 한 번씩 제시되어 있다.

62 귀

① 1개　　　　② 2개　　　　③ 3개　　　　④ 4개

해설 '귀'는 첫째 줄과 둘째 줄에 한 번씩 제시되어 있다.

63~65 다음 각 문제에 제시된 문자가 아래 〈보기〉에 몇 번씩 나와 있는지 고르시오.

보기

MEN	MAN	NEM	MAN	MEN	NAN	MEN	MEM	MAM	MEN	NAM	MOM
NAN	NAM	MEN	NAM	NAN	MAM	NAN	NEN	NAN	MEM	MAM	MEN
MAM	NAN	MAN	MEN	MAM	MOM	MAM	MAN	NEN	NEN	NAN	MEM
MOM	MEN	MEN	MEN	MOM	NAN	MOM	NEN	MAM	MAN	NEN	NEN
MAN	MAM	NVN	MAN	MEN	NEM	MEN	NAM	MOM	NEN	MAM	MAM

63   MAN

① 4개   ② 5개   ③ 6개   ④ 7개

해설 'MAN'은 총 7번 제시되어 있다.

64   MOM

① 2개   ② 4개   ③ 6개   ④ 7개

해설 'MOM'은 총 6번 제시되어 있다.

65   NEN

① 7개   ② 8개   ③ 9개   ④ 10개

해설 'NEN'은 총 7번 제시되어 있다.

66~68 다음 각 문제에 제시된 기호가 아래 〈보기〉에 몇 번씩 나와 있는지 고르시오.

보기
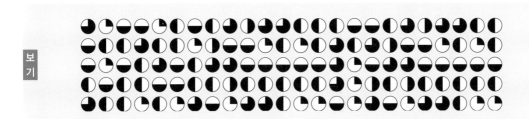

66

① 22개 　　　　② 24개 　　　　③ 26개 　　　　④ 28개

해설 '◔'은 총 24번 나와 있다.

67

① 0개 　　　　② 7개 　　　　③ 11개 　　　　④ 17개

해설 '◔'은 〈보기〉에 나와 있지 않은 기호이다.

68

① 29개 　　　　② 34개 　　　　③ 39개 　　　　④ 40개

해설 '◖'은 총 40번 나와 있다.

69~70 다음 제시된 기본문장과 조금이라도 다른 문장을 고르시오.

69

각 개인으로 하여금 좌절을 느끼게 하는 문제 상황은 경제적 실패나 관계의 실패와 같이 구조로부터 야기될 수도 있지만, 실체적 질병이나 심리적 문제와 같이 개인의 특성에 의해 야기될 수도 있다.

① 각 개인으로 하여금 좌절을 느끼게 하는 문제 상황은 경제적 실패나 관계의 실패와 같이 구조로부터 야기될 수도 있지만, 실체적 질병이나 심리적 문제와 같이 개인의 특성에 의해 야기될 수도 있다.

② 각 개인으로 하여금 좌절을 느끼게 하는 문제 상황은 경제적 실패나 관계의 실패와 같이 구조로부터 야기될 수도 있지만, 실체적 질병이나 심리적 문제와 같이 개인의 특성에 의해 야기될 수도 있다.

③ 각 개인으로 하여금 좌절을 느끼게 하는 문제 상황은 경제적 실패나 관계의 실패와 같이 구조로부터 얘기될 수도 있지만, 실체적 질병이나 심리적 문제와 같이 개인의 특성에 의해 얘기될 수도 있다.

④ 각 개인으로 하여금 좌절을 느끼게 하는 문제 상황은 경제적 실패나 관계의 실패와 같이 구조로부터 야기될 수도 있지만, 실체적 질병이나 심리적 문제와 같이 개인의 특성에 의해 야기될 수도 있다.

해설 ③번 문장은 '야기'가 '얘기'로 표기되어 있다.
③ 각 개인으로 하여금 좌절을 느끼게 하는 문제 상황은 경제적 실패나 관계의 실패와 같이 구조로부터 <u>얘기</u>될 수도 있지만, 실체적 질병이나 심리적 문제와 같이 개인의 특성에 의해 <u>얘기</u>될 수도 있다.

70

Although sleep research has improved our understanding of sleep and ailmants about it, researchers still do not know just why sleep is necessary.

① Although sleep research has improved our understanding of sleep and ailments about it, researchers still do not know just why sleep is necessary.

② Although sleep research has improved our understanding of sleep and ailmants about it, researchers still do not know just why sleep is necessary.

③ Although sleep research has improved our understanding of sleep and ailments about it, researchers still do not know just why sleep is necessary.

④ Although sleep research has improved our understanding of sleep and ailments about it, researchers still do not know just why sleep is necessary.

해설 ②번 문장은 'ailments' 가 'ailmants' 로 표기되어 있다.
② Although sleep research has improved our understanding of sleep and <u>ailmants</u> about it, researchers still do not know just why sleep is necessary.

ROTC · 학사장교

제2편

상황판단능력평가 &
직무성격검사

초급 간부에게 요구되는 역량과 관련된 성격 요인들을 측정하는 검사이다. 인적성 검사
가 반영하지 못하는 군 조직만의 직무상황을 반영할 수 있으며, 인지요인/성격요인/과거
일을 했던 경험을 모두 간접 측정할 수 있고, 군에서 추구하는 가치와 역량이 행동으로
어떻게 표출되는지를 반영한다.

▶ 상황판단능력평가 : 15문항, 20분
▶ 직무성격검사 : 180문항 30분

01 상황판단능력평가

대표유형

다음 상황에서 당신은 어떻게 행동하겠습니까?

> 당신은 소대장이며, 당신의 소대에는 음주와 관련한 문제가 있다. 특히 한 병사는 음주운전으로 인하여 민간인을 사망케 한 사고로 인해 아직도 감옥에 있고, 몰래 술을 마시고 소대원들끼리 서로 주먹다툼을 벌인 사고도 있었다. 당신은 이 문제에 대해 지대한 관심을 가지고 있으며, 병사들에게 문제의 심각성을 알리고 부대에 영향을 주기 위한 무엇인가를 하려고 한다. 이 상황에서 당신은 어떻게 할 것인가?

① 음주조사를 위해 수시로 건강 및 내부검사를 실시한다.

② 알코올 관련 전문가를 초청하여 알코올 중독 및 남용의 위험에 대한 강연을 듣는다.

③ 병사들에 대하여 엄격하게 대우한다. 사소한 것이라도 위반을 하면 가장 엄중한 징계를 할 것이라고 권한다.

④ 전체 부대원에게 음주 운전 사망사건으로 인하여 감옥에 가 있는 병사에 대한 사례를 구체적으로 설명해준다.

M. 가장 취할 것 같은 행동   (①)
L. 가장 취하지 않을 것 같은 행동   (③)

※ 답안지(OMR 카드) 표시 방법

상황판단능력평가								
1	M	❶	②	③	④	⑤	⑥	⑦
	L	①	②	❸	④	⑤	⑥	⑦

01~15 다음 상황을 읽고 제시된 질문에 적합하다고 생각하는 답을 적으시오.

01 다음 상황에서 당신은 어떻게 행동하겠습니까?

> 당신은 예비군 훈련을 담당하고 있는 장교이다. 예비군의 적극적인 훈련 참여를 위해 현재의 훈련 방식보다 좀 더 효율적이고 새로운 훈련 방식을 찾아 상부에 이를 제안하였다. 그런데 상부에서는 이를 고려해보지 않고 기존의 훈련 방식만을 고수하고자 한다. 이 상황에서 당신은 어떻게 할 것인가?

M. 가장 취할 것 같은 행동   (   )

L. 가장 취하지 않을 것 같은 행동   (   )

① 상부와의 갈등으로 인해 문제를 일으키기를 원하지 않으므로 기존 방식대로 훈련을 진행시킨다.

② 다른 장교들과 상의하여 새로운 훈련 방식을 수용하도록 한다.

③ 대대장에게 기존의 훈련 방식보다 훨씬 효율적이라는 점을 부각시키면서 새로운 훈련방식의 도입을 강조한다.

④ 훈련 담당 동료들에게 나는 상급자의 결정에 찬성하지는 않지만, 어쩔 수 없으니 그 명령을 따르자고 말한다.

⑤ 상부에 기존 훈련 방식과 새로운 훈련 방식의 두 가지 훈련을 같이 실시해보고 나서 다시 결정하자고 한다.

⑥ 상부에 기존의 훈련 방식을 고수하려는 이유가 무엇인지 물어보고, 그 이유에 해당되는 내용을 새로운 훈련 방식에 추가하여 상부에서 수용할 수 있게끔 유도한다.

⑦ 결정된 훈련 방식을 바꿔치기하여 자신이 제안한 새로운 훈련 방식으로 명령이 하달되도록 한다.

> **Tip**
> 예비군 군기진작 및 훈련통제에 있어서도 훈련 방식의 선택은 중요하다. 새로운 훈련 방식을 제안하는 등 간부로서 담당하는 직무에 대한 적극적인 역할을 수행하는 것도 좋지만 의견균형을 위해서 충분한 의견수렴 과정을 거치고 서로의 의견을 조정하는 것이 바람직하다.

02 다음 상황에서 당신은 어떻게 행동하겠습니까?

> 당신은 소대장이다. 어느 날 중대장의 부대 내 특정 사안에 따른 업무상 명령이 있었다. 당신은 그 명령이 불합리하다고 생각하고 있다. 당신은 그가 가능한 그 결정을 취하할 수 있도록 설득하려 노력했으나, 그는 이미 확고한 결단을 내렸으니 결정을 따르라고 한다. 이 상황에서 당신은 어떻게 할 것인가?

M. 가장 취할 것 같은 행동 （ ）

L. 가장 취하지 않을 것 같은 행동 （ ）

① 소대원들에게 나는 중대장의 결정에 찬성하지는 않지만, 어쩔 수 없으니 그 명령에 따르라고 지시한다.

② 중대장에서 다시 가서 그 결정에 따른 명령에는 문제가 있다는 자신의 생각을 밝히고, 또한 다른 동료들과 소대원들에게 잘못된 명령을 지시하기는 어렵다고 말한다.

③ 다른 동료들에게 자신은 중대장의 결정에 따르지 않겠다고 말하고, 이 상황에서 어떻게 처신해야 할지 조언을 구한다.

④ 대대장에게 가서 상황의 불합리성을 설명하고, 중대장에게 시정 명령을 내려줄 것을 건의한다.

⑤ 다른 동료 장교들과 단합하여 중대장에게 다른 대안을 제시해달라는 의견을 모아 전달한다.

⑥ 계급 사회에서 상관의 명령에 따르는 것은 당연하므로, 그 명령이 불합리하다 생각할지라도 무조건적으로 중대장의 명령에 따라 행동한다.

⑦ 일단 중대장의 명령에 따라 행동하고, 그 이후 나타나는 불합리한 부분을 중대장 스스로가 느끼게 하기 위해 불합리한 부분이 더 잘 나타날 수 있도록 부각시켜 행동한다.

Tip

상급자의 명령에 따르는 것도 중요하지만 부당한 명령이므로 단호하게 거부하기 보다는 충분하게 상황을 설명하고 적절한 조치를 지시받아서 처리할 수 있도록 한다.

03 다음 상황에서 당신은 어떻게 행동하겠습니까?

위관급 장교 A는 타 부대의 군사기밀정보를 알아내기 위하여 대대 내의 군사기밀 중 일부를 누설하였다. 같은 부대에서 근무하고 있는 당신이 우연히 이 사실을 알게 되었다. 이 상황에서 당신은 어떻게 할 것인가?

M. 가장 취할 것 같은 행동　　　　(　　)
L. 가장 취하지 않을 것 같은 행동　(　)

① 대대장에게 사실 그대로를 보고하여 A장교가 군사재판에 의해 처벌받도록 한다.
② A장교에게 부대 기밀을 누설한 것은 어떤 이유에서든 잘못된 것이라고 따진다.
③ A장교에서 스스로 대대장에게 찾아가서 사실을 보고하고 자신이 저지른 잘못에 대해 처벌을 받음으로써 사태를 수습하라고 설득한다.
④ 둘 만의 비밀유지를 약속하고 A장교에게 기밀을 공유하자고 한다.
⑤ A장교가 처음 한 행동이니 눈감아준다고 말하고 이를 못 본 척한다.
⑥ 대대장에게 알리지 않고 계속 A장교의 행동을 감시한다.
⑦ 자신이 한 일이 아니므로 그냥 무시하고 지나친다.

> **Tip**
> 군사기밀을 누설·유출하는 것은 엄연한 범죄행위이며 국가안전보장에 심각한 위험성을 초래하는 일이다. 군기강 문란 행위에 대해서는 국가보안법 및 군사기밀보호법 등 관련법을 적용하여 적발 시 엄단 조치하는 등 수시 점검하는 체계가 필요하다.

04 다음 상황에서 당신은 어떻게 행동하겠습니까?

당신은 근무하는 부대에서 복무 중 몇몇의 선임병들이 신병의 군기를 잡는다는 목적으로 후임병을 구타하는 현장을 목격하였다. 이 상황에서 당신은 어떻게 할 것인가?

M. 가장 취할 것 같은 행동 ( )

L. 가장 취하지 않을 것 같은 행동 ( )

① 구타를 당장 중지시키고 선임병들을 불러 이유 불문하고 처벌한다.

② 상급자에게 보고하여 군사재판에 회부되게 하여 구타를 가한 선임병들이 폭행죄로 처벌을 받도록 한다.

③ 구타를 가한 선임병들에게 그 이유를 물어보고 다시는 이런 일이 재발되지 않도록 따끔하게 주의를 준다.

④ 어떤 이유에서건 구타는 잘못된 행위라는 것을 분명히 인지시키고 구타를 가한 선임병들에게 다시는 이러한 행위를 하지 않겠다는 약속을 받는다.

⑤ 구타를 당한 후임병에게 사과하게 한 후 그냥 눈감아순다.

⑥ 구타를 가한 선임병들을 세워놓고 후임병과 역할을 바꾸어 구타할 수 있도록 한다.

⑦ 군대 내에서 흔히 있을 수 있는 행동이므로 못 본 척하고 그냥 지나친다.

Tip

반인권적인 구타 행위가 군 특수성에 의해 은폐되거나 방관하는 일이 생기지 않도록 구타행위 발생시 엄벌 조치가 요구된다. 지휘관이라면 군 기강 확립과 병영문화 개선에 대해 깊이 고민해야 할 것이다.

05 다음 상황에서 당신은 어떻게 행동하겠습니까?

당신은 소대장으로, 중대장을 보좌하여 소대원들을 이끌고 전투훈련을 나갔다. 훈련을 실시하던 중 김일병이 부상을 당했는데 다른 소대원들은 모두 환자를 돌볼 수 있는 상황이 아니고 소대장도 다른 소대원들을 지휘하고 있는 상황이다. 이 상황에서 당신은 어떻게 할 것인가?

M. 가장 취할 것 같은 행동   (   )

L. 가장 취하지 않을 것 같은 행동   (   )

① 훈련 중인 몇몇 소대원들로 하여금 김일병을 군의 병원으로 옮겨 치료받게 한다.

② 중대장에게 연락하여 훈련을 전면 중단시키고 김일병을 군의 병원으로 옮겨 치료받게 한다.

③ 군 병원에 연락하여 김일병을 후송할 장비와 인력을 보내줄 것을 요청한다.

④ 소대의 훈련 지휘를 부소대장에게 맡기고 직접 김일병을 군의 병원으로 후송한다.

⑤ 중대장에게 연락하여 현재의 상황을 설명하고 어떻게 할 것인지를 묻는다.

⑥ 훈련을 전면 중단시킬 수는 없으므로 일단 급한 대로 자신이 응급처치를 실시하고, 훈련이 끝날 때까지 참으라고 한다.

⑦ 큰 부상이 아니니 훈련을 마칠 때까지 그냥 참고 견디라고 한다.

> **Tip**
>
> 부대의 지휘관은 훈련 도중 부대원들이 부상을 당하는 일이 없도록 작전 능력에 맞게 훈련의 강도를 적절하게 조절하는 것은 물론 불의의 가능성을 미리 방지해야 하며, 항상 예의 주시해야 한다. 부상병 발생 시 부상 정도에 따른 치료 및 병원 후송 등 적절한 조치를 받을 수 있도록 사고 수습방안에 대한 안전메뉴얼 확립이 필요하다.

06 다음 상황에서 당신은 어떻게 행동하겠습니까?

> 박이병은 논산 훈련소에 입소해 훈련을 받은 후 자대배치를 받아 온 지 약 2주일 정도 되었다. 그러나 평소 내성적인 탓에 군 생활에 적응하지 못하고 힘들어 하고 있다. 이 사실을 소대장인 당신이 처음 알게 되었다. 이 상황에서 당신은 어떻게 할 것인가?

M. 가장 취할 것 같은 행동 　　　(　)

L. 가장 취하지 않을 것 같은 행동 　　(　)

① 같은 내무반에서 생활하고 있는 제일 선임병에게 박이병을 특별히 신경 써서 보살펴 주라고 지시한다.

② 박이병에게 성격을 바꾸어 같은 내무반 병들과 빨리 어울림 적응할 수 있도록 노력해보라고 충고한다.

③ 군 생활에 적응이 될 때까지 어려움을 견디게 해줄 수 있는 취미 생활을 가져보라고 한다.

④ 중대장에게 이를 알리고 휴가를 보내줄 것을 건의한다.

⑤ 모르는 척 무시하고 그냥 내버려 둔다.

⑥ 다른 방법이 없으므로 그냥 꾹 참고 견디라고 한다.

⑦ 당분간 모든 훈련에서 제외시켜 내무반에서 편히 쉴 수 있도록 선처해준다.

Tip

군 생활 부적응 병사는 그대로 방치할 경우 군기사고를 야기할 수 있다는 점에서 특별 관리하고 예의 주시하는 것이 바람직하다. 자대 생활 배치 후 군 생활 부적응의 가능성이 있는 자를 선별하여 지속적인 상담프로그램을 운영하고 부사관급 이상의 군 간부 교육을 통한 자체 상담 전문가를 육성할 필요가 있다.

07 다음 상황에서 당신은 어떻게 행동하겠습니까?

당신은 진급 심사를 얼마 남겨두지 않은 소대장이다. 근무 종료 후 인근의 한 주점에서 음주를 한 후 취기가 있는 상태에서 근처를 지나던 중대장에게 발각되었다. 이 상황에서 당신은 어떻게 할 것인가?

M. 가장 취할 것 같은 행동 ( )

L. 가장 취하지 않을 것 같은 행동 ( )

① 딱 한 잔 마셨을 뿐이라고 잡아떼고 선처를 빈다.

② 다른 소대장이 고민 상담을 해달라며 하도 졸라 어쩔 수 없이 마셨다고 변명한다.

③ 근무 종료 후의 음주를 묵인해주는 다른 부대의 관계를 말하며 봐달라고 한다.

④ 음주로 인해 사고를 저지르거나 소란을 피우지 않았으니 그냥 눈감아달라고 당당히 요구한다.

⑤ 중대장을 설득하여 술자리로 끌어들이고 잘 대접한다.

⑥ 음주를 한 다른 소대장들의 이름을 전부 말해 자신에 대한 처벌을 막거나 혼자만 처벌을 받는 일이 없도록 한다.

⑦ 자신의 실수를 인정하고 용서를 빌며, 재발장지와 시정의 약속을 한다.

> **Tip**
>
> 군에서는 원칙적으로 작업 혹은 훈련 중의 사고를 미연에 방지하기 위해 영내 생활을 할 때는 음주가 제한된다. 일과 시간 종료 후이므로 엄격한 규율위반 행위는 아니나 자칫 품의유지의무위반(명정추태)과 기강해이로 비춰질 수 있으니 군 근무기강 확립과 미연의 사고방지를 위해서는 군 간부로서의 품위를 잃지 않도록 한다.

08 다음 상황에서 당신은 어떻게 행동하겠습니까?

> 당신은 포대장이다. 어느 날 영외 부대 전술훈련 도중 전차 1대가 진지를 점령하는 과정에서 전차병의 전차운전 미숙으로 인해 인근 경작지를 훼손하게 되었다. 결국 경작지 주인으로부터 항의를 받았다. 이 상황에서 당신은 어떻게 할 것인가?

M. 가장 취할 것 같은 행동 　　　　(　)

L. 가장 취하지 않을 것 같은 행동 　　(　)

① 즉시 전술훈련을 중지하고 경작지 주인에게 사과한 후 부대로 복귀한다.

② 경작지 주인에게 추후 부대에서 피해부분에 대한 보상이 있을 것이라고 설명하고 훈련을 계속한다.

③ 즉시 경작지 훼손사실을 대대장에게 보고하고 지시에 따른다.

④ 훈련 중에 발생한 부득이한 상황이므로 경작지 주인의 항의를 무시하고 훈련을 계속한다.

⑤ 훈련을 마치는 것이 시급하므로 훈련을 지속하고 부대 복귀 후 상부에 보고한다.

⑥ 전차 운전 미숙으로 인한 훼손사고이므로 전차병에게 부주의의 책임을 물어 즉시 보상액을 결정한다.

⑦ 즉시 훈련을 중지하고 피해규모를 확인한 후 경작지 피해규모에 따라 추후 보상하겠다는 확인서를 경작지 주인에게 써준다.

Tip

훈련 중 주변 경작지 훼손행위는 군에 대한 국민일반의 불신감과 불안감을 초래할 수 있다는 점에서 신속히 상부에 사실을 가감 없이 보고한 후 적절한 피해보상절차를 밟는 것이 중요하다.

09 다음 상황에서 당신은 어떻게 행동하겠습니까?

당신은 소대장이다. 지난 인사발령으로 다른 부대의 소대를 맡게 되었다. 그런데 그 소대에는 당신보다 나이가 많은 다수의 소대원이 있다. 이 상황에서 당신은 어떻게 할 것인가?

M. 가장 취할 것 같은 행동　　　　(　　)

L. 가장 취하지 않을 것 같은 행동　(　　)

① 소대원 중 선임이나 분대장을 등을 꽉 휘어잡고 기선을 제압하기 위해 노력한다.

② 자신의 지시나 명령 수행에 불성실한 소대원에게 아주 혹독한 정신교육을 시키고 중대장에게 보고한다.

③ 계급의 차이를 분명히 주지시키고 나이가 많은 사병이라도 엄격하게 대한다.

④ 선임 소대장이나 그 밖에 비슷한 경험이 있는 다른 소대장들에게 조언을 구한다.

⑤ 자신보다 나이가 많은 사병들은 그만큼 충분히 예우해준다.

⑥ 새로 맡게 된 소대의 관계를 우선시하고 소대원들을 최대한 배려한다.

⑦ 소대원 중 실질적인 영향력이 가장 큰 선임병들과 친목을 도모하고 소대 분위기를 화기애애하도록 만든다.

> **Tip**
>
> 장교의 언어사용은 상황 나름이겠지만 군 경력을 인정하여 상호 존칭을 사용하는 등 상황을 잘 판단하여 적절한 언어를 사용하는 자세가 필요하다. 군은 계급에 따라 말을 높이고 낮추는 것이 엄격히 구분되어 있고 같은 계급이라도 임관년도에 따라 높임과 낮춤이 다르다. 단순히 계급을 앞세워 부적절한 언어사용으로 감정을 상하는 일이 없도록 하는 것이 바람직하다. 병사들의 생리와 고충을 잘 이해하는 지도력 있고 노련한 장교가 되어야 할 것이다.

10 다음 상황에서 당신은 어떻게 행동하겠습니까?

초임 소대장인 당신은 자신의 직속상관인 중대장이 부대의 업무와 관련된 중요한 실수를 하는 것을 목격했다. 중대장은 자신의 실수를 눈감아주면 진급 심사 등에 있어서 특혜를 주겠다고 하며 설득했다. 이 상황에서 당신은 어떻게 할 것인가?

M. 가장 취할 것 같은 행동 ( )

L. 가장 취하지 않을 것 같은 행동 ( )

① 직속 상관의 부탁이라도 부당한 것이므로 단호히 거부한다.

② 중대장의 상관을 찾아 중대장의 실수와 부당한 제안을 모두 보고한다.

③ 중대장에게 자신의 실수를 사실대로 보고하도록 설득한다.

④ 특혜 제안은 수용하지 않고 그냥 실수를 못 본 척 해준다.

⑤ 관련 사실에 대해 입을 다물고 다른 부대로의 전출을 요구한다.

⑥ 다른 동료 소대장에게 전후 사실을 설명하고 어떻게 처신해야 할 것인지 조언을 구한다.

⑦ 제안을 수용하는 조건으로 특혜를 확실히 보장받을 수 있도록 중대장의 서명날인을 받아 둔다.

> **Tip**
> 군인사법상 공평한 진급 심사와 평가의 기회가 동일하게 보장되어야 한다. 진급 심사위원인 상급자가 공사 구분을 못할 경우 부대의 명예실추는 물론 군 전체의 기강이 흔들릴 수 있다.

11 다음 상황에서 당신은 어떻게 행동하겠습니까?

당신은 소대장이다. 어느 날 우연히 소대원들이 자신에 대해 불평을 늘어놓고 비난하는 것을 듣게 되었다. 이 상황에서 당신은 어떻게 할 것인가?

M. 가장 취할 것 같은 행동 ( )

L. 가장 취하지 않을 것 같은 행동 ( )

① 자신을 비난하는 부하들을 모두 불러 경고하고 얼차려를 시킨다.

② 자신에 대한 비난을 다 알고 있다는 것을 넌지시 알려 주의를 환기시키고 우회적으로 경고한다.

③ 상급자에게 모두 보고하여 규정대로 처리하게 한다.

④ 그냥 못들은 척 하고 넘어간다.

⑤ 다른 소대의 소대장들에게 조언을 구하여 대처한다.

⑥ 자신을 비난하는 소대원들 모두와 더 친분을 쌓아 가까워지도록 한다.

⑦ 불평불만의 내용을 수용하여 원인을 파악하고 잘못된 부분은 시정하는 등 발전적인 방향을 모색한다.

> **Tip**
> 소대원들이 상관에 대한 불만을 토로하고 각종 지시에 불이행 한다면 소대원들은 물론 본인의 업무진척에도 영향을 줄 수 있고 나아가 부대 전체 조직의 단결을 저해할 수 있다. 문제를 찾아 해결하려는 자세가 필요하다.

12 다음 상황에서 당신은 어떻게 행동하겠습니까?

당신은 군수품 담당 군수과장이다. 우연히 같은 부대의 부하인 부소대장이 부대의 비품을 횡령하고 있다는 사실을 알게 되었다. 그런데 그 내막을 알아보던 중 부소대장의 다른 가족들의 형편이 무척 곤궁하다는 것을 알게 되었다. 이 상황에서 당신은 어떻게 할 것인가?

M. 가장 취할 것 같은 행동　　　(　　)

L. 가장 취하지 않을 것 같은 행동　　　(　　)

① 자신의 상관에게 부소대장의 횡령 사실을 그대로 보고한다.

② 횡령 사실을 직접 보고하기보다는 우회적으로 다른 부대원들이 알게 한다.

③ 부대의 비품 관리 강화 캠페인을 벌려 부소대장이 횡령 행위를 멈추도록 간접적인 압박을 가한다.

④ 부소대장을 개인적으로 불러 횡령 사실을 알고 있다고 말하고 그만두라고 지시한다.

⑤ 부소대장의 가족을 금전적으로 도울 수 있는 방안을 모색해 본다.

⑥ 그의 딱한 처지를 이해하고 발각되지 않게 조건을 해준다.

⑦ 다른 가족들의 형편을 고려하여 그냥 못 본 척한다.

> **Tip**
>
> 군인이 금품·향응을 받거나 군수품 횡령 및 유용한 경우 징계처분 외에 수수한 금액 또는 횡령 및 유용한 금액의 상당한 배수에 해당하는 징계부가금이 부과된다. 군수품의 부당한 사용으로 인해 군수품 횡령 및 착복사건에 연루되어 재판이 진행되면 개인의 파멸은 물론 부대 전체의 균형을 잃게 할 수 있다. 군수품, 예산 등의 취급자에 대해서는 수시 점검체계가 필요하다.

13 다음 상황에서 당신은 어떻게 행동하겠습니까?

당신은 소대장이다. 본인이 통솔하고 있는 소대의 소대원의 실수로 부대에 문제가 발생하였다. 이에 당신은 상관에게 불려가 소대원을 제대로 관리하지 못한 것에 대해 심한 문책을 받고 인격적인 모멸감까지 당했다. 이 상황에서 당신은 어떻게 할 것인가?

M. 가장 취할 것 같은 행동 　　　　(　)

L. 가장 취하지 않을 것 같은 행동 　　(　)

① 자신의 직접 잘못이 아님에도 인격적 모멸을 가한 것에 대해 상관에게 항의한다.

② 소대나 보직의 변경을 요구한다.

③ 상관에게 당한 일은 깨끗이 잊고 자신의 업무를 계속한다.

④ 다른 소대장들에게 관련 사실을 말하고 조언을 구하여 어떻게 할지 결정한다.

⑤ 소대원에게도 자신이 당한 만큼의 모멸감을 안겨 준다.

⑥ 소대원 전체의 정신 기강을 확립하는 차원에서 혹독한 정신교육과 얼차려를 실시한다.

⑦ 소대원을 적절히 관리하지 못한 점을 반성하고 소대원 관리에 더욱 노력한다.

> **Tip**
>
> 개인의 실수는 부대원 전체를 위험에 처하게 할 수 있다는 점을 명심해야 한다. 자신의 실수가 드러나 문책 당할지도 모른다는 생각에 감추거나 왜곡하게 되면 연대책임을 물어 더 큰 화를 입을 수 있다. 소대원의 실수로 그 소대를 담당하는 장교가 문책을 받는다는 것은 지휘관으로서 지휘 · 통솔에 문제를 삼는 것이므로 책임을 져야 하는 것은 당연하다. 더욱 주변을 경계하고 실수한 소대원을 포함해 소대원 관리에 더욱 힘써야 할 것이다.

14 다음 상황에서 당신은 어떻게 행동하겠습니까?

> 1소대장인 당신은 같은 부대로 배치 받은 동기인 2소대장과 함께 근무하면서 평소 자신이 더 성실하고 지휘관으로서의 능력도 뛰어나다고 생각하고 있었다. 그런데 이후 진급 심사에서 2소대장만 진급하고 1소대장인 본인은 진급하지 못했다. 이 상황에서 당신은 어떻게 할 것인가?

M. 가장 취할 것 같은 행동　　　　(　　)

L. 가장 취하지 않을 것 같은 행동　　(　　)

① 진급 심사 결과가 부당하다고 상관에게 항의한다.

② 가능한 경로를 통해 공식적으로 재심사를 요구한다.

③ 부대 내에서 자신이 2소대장보다 뛰어나며 진급 심사가 잘못되었다는 여론을 형성하려 노력한다.

④ 부대 내에서의 문제 제기보다는 다른 부대로의 전출을 요구한다.

⑤ 어쩔 수 없으므로 진급 심사 결과를 수용하고 2소대장을 상사로 인정한다.

⑥ 진급 심사의 결과는 수용하되 2소대장을 상사로 인정하지는 않는다.

⑦ 자신이 탈락한 이유를 알아보고 부족한 점을 보충하고 개선하려 노력한다.

> **Tip**
>
> 진급심사는 지휘관 근무평정, 양성과정 성적, 각종 표창, 병과전문성 등등이 계량화되어 진급 심사위원들의 평가점수에 따라 순위가 매겨지고 이 순위에 따라 진급하게 된다. 군에서의 진급은 동기간의 경쟁이 될 수밖에 없다. 공정한 경쟁에 의해 주어지는 결과이므로 결과에 수용하고 보직관리에 더욱 신경쓰는 것이 바람직하다.

15 다음 상황에서 당신은 어떻게 행동하겠습니까?

당신은 소대장이다. 어느 날 부소대장에게 공적인 업무를 명령했다. 그런데 부소대장은 명령을 수행하기 전, 중대장의 개인적인 심부름도 받게 되어 결국 중대장의 심부름만 하고 당신의 명령은 이행하지 못했다. 이 상황에서 당신은 어떻게 할 것인가?

M. 가장 취할 것 같은 행동 　　　(　)
L. 가장 취하지 않을 것 같은 행동 　　 (　)

① 군대는 계급이 우선이므로, 상관의 명령의 따른 부소대장의 행동에 대하여 칭찬한다.
② 중대장에게 찾아가 개인적인 심부름을 시킨 것에 대해 항의한다.
③ 부소대장을 불러 자신이 명령한 업무를 하지 않은 이유에 대해 물어본다.
④ 부소대장의 난처한 상황을 고려하여 그냥 넘긴다.
⑤ 군대 내에서 상관의 개인적인 심부름은 부당한 것이라고 군 관련 홈페이지에 익명의 글을 남긴다.
⑥ 부소대장에게 공적인 업무와 사적인 일이 충돌할 때는 공적인 업무가 우선이라고 설교한다.
⑦ 중대장에게 이를 보고한 후 중대장의 지시사항을 받도록 한다.

Tip

명령체계는 계급체계가 명확한 군 조직에서는 대단히 중요한 기본적인 부분이다. 이는 실전에 대비하기 위함이다. 소대장의 명령과 중대장의 명령이 상충되는 경우 상급 지휘관인 중대장의 명령을 들어야 하는 것이 옳다. 몇몇 상황에 따라 명령이 하달되는 과정이 다를 수 있겠으나 혼란이 없으려면 이 또한 충분한 경험이 있어야 할 것이다.

Guide 초급 간부에게 요구되는 역량과 관련된 성격 요인들을 측정할 수 있도록 개발된 것으로 지원자의 의견이나 행동을 나타내는 문항으로 구성되어 있다.

대표유형

각각의 문항을 읽고 그 문항이 자기 자신을 얼마나 잘 나타내고 있는지를, 다음에 제시한 〈응답척도〉와 같이 응답지에 답해 주시기 바랍니다.

〈 응답척도 〉

'1' = 전혀 그렇지 않다.   ❶ ② ③ ④ ⑤

'2' = 그렇지 않다.   ① ❷ ③ ④ ⑤

'3' = 보통이다.   ① ② ❸ ④ ⑤

'4' = 그렇다.   ① ② ③ ❹ ⑤

'5' = 매우 그렇다.   ① ② ③ ④ ❺

① 전혀 그렇지 않다   ② 그렇지 않다   ③ 보통이다   ④ 그렇다   ⑤ 매우 그렇다

01 조직(학교나 부대) 생활에서 여러 가지 다양한 일을 해보고 싶다. ① ② ③ ④ ⑤

02 아무것도 아닌 일에 지나치게 걱정하는 때가 있다. ① ② ③ ④ ⑤

03 조직(학교나 부대) 생활에서 작은 일에도 걱정을 많이 하는 편이다.
① ② ③ ④ ⑤

04 여행을 가기 전에 미리 세세한 일정을 준비한다. ① ② ③ ④ ⑤

05 조직(학교나 부대) 생활에서 매사에 마음이 여유롭고 느긋한 편이다.
① ② ③ ④ ⑤

01~180 다음 제시된 상황을 읽고 자신의 성향을 기준으로 판단하여 제시된 보기 ①~⑤ 중에서 본인이 해당된다고 생각하는 것을 고르시오.

① 전혀 그렇지 않다   ② 그렇지 않다   ③ 보통이다   ④ 그렇다   ⑤ 매우 그렇다

01 금방 싫증이 나는 편이다.   ① ② ③ ④ ⑤

02 다른 사람에게 나의 생각을 분명히 주장한다.   ① ② ③ ④ ⑤

03 교통사고를 당하지 않을까 항상 신경이 쓰인다.   ① ② ③ ④ ⑤

04 지금까지도 가슴 아픈 과거의 실패가 있다.   ① ② ③ ④ ⑤

05 고생은 사서라도 하는 편이다.   ① ② ③ ④ ⑤

06 의견이나 생각이 자주 바뀌는 편이다.   ① ② ③ ④ ⑤

07 다른 사람의 험담을 한 번도 해본 적이 없다.   ① ② ③ ④ ⑤

08 내 주위의 사람들이 나를 어떻게 생각하는지 신경 쓰인다.   ① ② ③ ④ ⑤

09 친하거나 가까운 사람에게 의존하는 경향이 있다.   ① ② ③ ④ ⑤

10 학교를 그만두고 싶다는 생각을 한 적이 있다.   ① ② ③ ④ ⑤

11 나쁜 일이 생기면 계속 이어질 것 같은 생각이 든다.   ① ② ③ ④ ⑤

12 개성 있는 사람이 좋다.   ① ② ③ ④ ⑤

13 나는 기분파라고 생각한다.　　　　　① ② ③ ④ ⑤

14 친구와 만나는 것도 귀찮다고 생각한 적이 있다.　　① ② ③ ④ ⑤

15 알고 보면 이 세상에 싫은 사람은 없다.　　　① ② ③ ④ ⑤

16 화를 잘 내지 않는 편이다.　　　　　① ② ③ ④ ⑤

17 어떤 일에 일단 흥분되면 잘 진정되지 않는 편이다.　① ② ③ ④ ⑤

18 하는 일이 잘못되면 내 책임이 크다고 생각한다.　① ② ③ ④ ⑤

19 남에게 시끄럽다는 소리를 들은 적이 있다.　　① ② ③ ④ ⑤

20 맘에 드는 일에는 금방 빠져드는 타입이다.　　① ② ③ ④ ⑤

21 지루한 것은 참기 어렵다.　　　　　① ② ③ ④ ⑤

22 남에게 폐를 끼친 적이 한 번도 없다.　　　① ② ③ ④ ⑤

23 혼자만의 고독을 즐긴다.　　　　　① ② ③ ④ ⑤

24 화날 만한 일이 생기면 곧바로 화를 낸다.　　① ② ③ ④ ⑤

25 주위의 속삭이는 말은 나에 대한 이야기라는 느낌이 든다.　① ② ③ ④ ⑤

26 신경질적인 면이 있다.　　　　　① ② ③ ④ ⑤

27 나 자신은 감정적인 인간이라고 생각한다.　　　　① ② ③ ④ ⑤

28 종종 다른 사람이 바보 같다는 생각이 든다.　　　　① ② ③ ④ ⑤

29 다른 사람에 대한 칭찬에 인색하지 않다.　　　　① ② ③ ④ ⑤

30 언행에 있어 다른 사람의 이목이 신경 쓰인다.　　　　① ② ③ ④ ⑤

31 나는 자부심이 대단한 사람이다.　　　　① ② ③ ④ ⑤

32 거짓말을 한 적이 없다.　　　　① ② ③ ④ ⑤

33 사소한 일에도 끙끙대며 걱정하는 편이다.　　　　① ② ③ ④ ⑤

34 나만의 신념을 가지고 있다.　　　　① ② ③ ④ ⑤

35 나는 융통성이 별로 없다.　　　　① ② ③ ④ ⑤

36 나는 낙천적인 사람이다.　　　　① ② ③ ④ ⑤

37 뉴스에서 범죄 소식을 들으면 불안한 마음이 든다.　　　　① ② ③ ④ ⑤

38 솔직히 논쟁 시 다른 사람의 의견을 듣는 것이 싫다.　　　　① ② ③ ④ ⑤

39 과제를 잊은 적이 한 번도 없다.　　　　① ② ③ ④ ⑤

40 남의 생각이나 행동 패턴을 분석하여 잘 파악하는 편이다.　　　　① ② ③ ④ ⑤

41 일상적 현상이나 일에 대해서도 곰곰이 생각해 보는 편이다. ① ② ③ ④ ⑤

42 일을 처리하는데 있어 더 나은 방법이 있는지 따져보는 편이다. ① ② ③ ④ ⑤

43 세세한 일까지 챙기는 편이다. ① ② ③ ④ ⑤

44 낯선 상황을 접할 때도 거의 긴장하지 않는다. ① ② ③ ④ ⑤

45 항상 혁신적인 태도를 유지하는 편이다. ① ② ③ ④ ⑤

46 신중하고 꼼꼼하다는 주위의 평가가 있다. ① ② ③ ④ ⑤

47 나는 인정이 넘치는 사람이다. ① ② ③ ④ ⑤

48 새로운 사람을 사귀는 것이 어렵지 않다. ① ② ③ ④ ⑤

49 나는 아주 진취적인 사람이다. ① ② ③ ④ ⑤

50 낯선 사람과의 술자리에서는 조용히 있는 편이다. ① ② ③ ④ ⑤

51 꼬치꼬치 따지는 사람은 짜증이 난다. ① ② ③ ④ ⑤

52 남을 귀찮게 하는 것은 큰 실례이다. ① ② ③ ④ ⑤

53 어떤 모임에서든 분위기를 잘 띄우는 편이다. ① ② ③ ④ ⑤

54 동료와의 유대관계 유지를 위해 사생활을 포기할 수 있다. ① ② ③ ④ ⑤

55 위험을 감수하지 않고는 성공할 수 없다고 생각한다.　① ② ③ ④ ⑤

56 결국 더 중요한 것은 과정보다는 결과이다.　① ② ③ ④ ⑤

57 내가 속한 조직이나 분야에서 언젠가는 최고가 되고 싶다.　① ② ③ ④ ⑤

58 실패한 일은 반드시 되짚어 보고 원인을 분석한다.　① ② ③ ④ ⑤

59 어떤 일이든 도전해서 성공할 자신이 있다.　① ② ③ ④ ⑤

60 방이나 책상 정리를 항상 깔끔히 하는 편이다.　① ② ③ ④ ⑤

61 나는 나만의 개성이 넘치는 사람이다.　① ② ③ ④ ⑤

62 나는 마음만 먹으면 어떤 사람도 설득시킬 수 있다.　① ② ③ ④ ⑤

63 승부근성이 강하다.　① ② ③ ④ ⑤

64 종종 사소한 일에 예민하게 반응한다.　① ② ③ ④ ⑤

65 아무것도 하지 않고 멍하게 있는 것을 무척 싫어한다.　① ② ③ ④ ⑤

66 옳다고 생각하는 일은 끝까지 밀어붙이는 편이다.　① ② ③ ④ ⑤

67 기분이 들떠 잠을 못 잔 적이 많다.　① ② ③ ④ ⑤

68 안 되는 일에는 포기가 남들보다 빠르다.　① ② ③ ④ ⑤

69 남에게 상처가 될 말은 절대 하지 않는다. ① ② ③ ④ ⑤

70 사람을 사귀는 것이 성가시다고 생각한 적이 있다. ① ② ③ ④ ⑤

71 남에게 칭찬받기 위해 하기 싫은 일도 곧잘 한다. ① ② ③ ④ ⑤

72 타인에 대한 배려심이 남달리 강하다고 생각한다. ① ② ③ ④ ⑤

73 친절한 사람이라는 말을 자주 듣는다. ① ② ③ ④ ⑤

74 다수의 의견은 절대 존중한다. ① ② ③ ④ ⑤

75 가까운 사람에게는 쉽게 비밀을 털어 놓는다. ① ② ③ ④ ⑤

76 일을 처리하는데 있어 나만의 노하우가 있다. ① ② ③ ④ ⑤

77 가끔 아무것도 의식하지 않고 함부로 말할 때가 있다. ① ② ③ ④ ⑤

78 기분을 솔직하게 표현하는 편이다. ① ② ③ ④ ⑤

79 감정의 기복이 심한 편이다. ① ② ③ ④ ⑤

80 친한 친구가 다른 사람을 욕하면 동조해 주는 편이다. ① ② ③ ④ ⑤

81 공공장소에서 시끄럽게 이야기하는 사람은 꼴 보기 싫다. ① ② ③ ④ ⑤

82 아주 늦게 가느니 차라리 안 가는게 낫다고 생각한다. ① ② ③ ④ ⑤

83 법이나 규칙은 어떠한 경우에도 지켜야 한다. ① ② ③ ④ ⑤

84 스포츠 경기에서 응원하는 팀이 지면 그날 기분이 우울하다. ① ② ③ ④ ⑤

85 어떤 일을 함에 있어 비교적 구체적인 계획을 세우는 편이다. ① ② ③ ④ ⑤

86 주위 환경 변화에 그다지 동요하지 않는다. ① ② ③ ④ ⑤

87 능력이 뛰어난 사람을 보면 무척 부럽다는 생각이 든다. ① ② ③ ④ ⑤

88 유행에 민감한 편이다. ① ② ③ ④ ⑤

89 해야 할 일은 신속히 처리하는 편이다. ① ② ③ ④ ⑤

90 전통이나 관습에 구애받지 않는 편이다. ① ② ③ ④ ⑤

91 고집이 세다는 이야기를 가끔 듣는다. ① ② ③ ④ ⑤

92 불평불만을 늘어놓는 사람은 한심해 보인다. ① ② ③ ④ ⑤

93 부끄러운 일을 당하면 얼굴이 화끈거린다. ① ② ③ ④ ⑤

94 나는 의지가 강한 사람이다. ① ② ③ ④ ⑤

95 나와 무관한 일에 관련되는 것은 언제나 성가시다. ① ② ③ ④ ⑤

96 뻔뻔하다는 말을 듣는 것은 정말 싫다. ① ② ③ ④ ⑤

97 무서운 영화를 보면서 안 무서운 척 한 적이 있다. ① ② ③ ④ ⑤

98 여간해서는 병원에 가지 않는다. ① ② ③ ④ ⑤

99 세상에는 불의가 눈감아질 때가 많다. ① ② ③ ④ ⑤

100 손해를 감수하면서까지 정직할 필요는 없다. ① ② ③ ④ ⑤

101 진실은 언제나 밝혀지기 마련이다. ① ② ③ ④ ⑤

102 양심에 어긋난 행동은 하지 않는다. ① ② ③ ④ ⑤

103 일처리는 마감 일정에 맞추기보다 항상 조금 일찍 끝낸다. ① ② ③ ④ ⑤

104 내가 유치하게 느껴질 때가 종종 있다. ① ② ③ ④ ⑤

105 윗사람들로부터 고분고분하다는 말을 듣는 편이다. ① ② ③ ④ ⑤

106 내면의 과시욕을 억누르는 편이다. ① ② ③ ④ ⑤

107 내가 생각하는 이상 세계와 지금의 현실 세계는 차이가 크다. ① ② ③ ④ ⑤

108 아는 사람과 만나는 것이 불편할 때가 종종 있다. ① ② ③ ④ ⑤

109 1등을 제외하고 2등 이하는 잘 모를 때가 많다. ① ② ③ ④ ⑤

110 읽기 시작한 책은 대부분 끝까지 읽는 편이다. ① ② ③ ④ ⑤

111 비 오는 날과 맑은 날에 느끼는 기분 차가 큰 편이다.　① ② ③ ④ ⑤

112 뜻밖에 시간이 빌 때는 무엇을 할지 모를 때가 많다.　① ② ③ ④ ⑤

113 자신이 지나치게 신중하다고 느낄 때가 있다.　① ② ③ ④ ⑤

114 우산을 챙겨오지 못해 비를 맞은 적이 많다.　① ② ③ ④ ⑤

115 남이 하는 칭찬이 유쾌하지만은 않다.　① ② ③ ④ ⑤

116 화려한 옷차림보다는 수수한 것을 더 선호한다.　① ② ③ ④ ⑤

117 남의 배려가 귀찮게 느껴질 때가 있다.　① ② ③ ④ ⑤

118 작은 일에 연연해 하지 않는 것이 성공의 지름길이다.　① ② ③ ④ ⑤

119 주변 사람들은 나의 재능을 과소평가한다.　① ② ③ ④ ⑤

120 규칙을 지키는 것이 경쟁에서의 승리보다 중요하다.　① ② ③ ④ ⑤

121 약속은 반드시 지켜야 한다.　① ② ③ ④ ⑤

122 책임감이 강하다.　① ② ③ ④ ⑤

123 조직이나 어떤 모임에서 눈에 띄는 행동을 하지 않는다.　① ② ③ ④ ⑤

124 갑자기 이유 없이 화가 날 때가 있다.　① ② ③ ④ ⑤

125 자신의 결점보다 남의 결점을 잘 찾아낸다.　　① ② ③ ④ ⑤

126 어떤 상황에서든 결정이 빠른 편이다.　　① ② ③ ④ ⑤

127 상사의 부당한 명령도 언제나 수용해야 한다.　　① ② ③ ④ ⑤

128 어떤 상황에서든 차분함을 잃지 않는다.　　① ② ③ ④ ⑤

129 기왕이면 새로운 것이 좋다.　　① ② ③ ④ ⑤

130 말보다는 행동이 중요하다.　　① ② ③ ④ ⑤

131 가끔 주위의 물건을 때려 부수고 싶을 때가 있다.　　① ② ③ ④ ⑤

132 낯선 상황에도 빨리 적응한다.　　① ② ③ ④ ⑤

133 스스로에 대해서는 아주 엄격한 편이다.　　① ② ③ ④ ⑤

134 혼자 노는 것보다는 여럿이 어울려 노는 것이 좋다.　　① ② ③ ④ ⑤

135 때로는 선의의 거짓말이 필요하다.　　① ② ③ ④ ⑤

136 주변 사람들의 불행한 일은 나의 일 같이 느껴진다.　　① ② ③ ④ ⑤

137 다른 사람들의 기분이나 감정 상태를 잘 파악한다.　　① ② ③ ④ ⑤

138 가끔 불을 지르고 싶은 충동을 느낀다.　　① ② ③ ④ ⑤

139 일을 처리하는데 있어 나만의 기준이 있다. ① ② ③ ④ ⑤

140 어렸을 때 혼자 논 적이 많았다. ① ② ③ ④ ⑤

141 약자에게 약하고 강자에게 강하다. ① ② ③ ④ ⑤

142 중요한 일은 일단 결정을 내리고 그 후 합당한 이유를 찾는 편이다. ① ② ③ ④ ⑤

143 스스로 판단해 볼 때 자신은 머리가 아주 좋은 편이다. ① ② ③ ④ ⑤

144 나는 무척 용기 있는 사람이다. ① ② ③ ④ ⑤

145 남에게 아픈 모습을 보이는 것을 싫어하는 편이다. ① ② ③ ④ ⑤

146 나는 다른 사람으로부터 영향을 받기 쉬운 타입이다. ① ② ③ ④ ⑤

147 어떤 사람이든 끝까지 미워하기는 어렵다. ① ② ③ ④ ⑤

148 사실 세상은 불공평하다. ① ② ③ ④ ⑤

149 욕심이 많은 것과 목표가 큰 것은 아주 비슷하다고 생각한다. ① ② ③ ④ ⑤

150 과욕은 나쁘지만 아무런 욕심이 없는 것보다는 낫다. ① ② ③ ④ ⑤

151 가끔 혼자 살고 싶다는 생각을 한다. ① ② ③ ④ ⑤

152 나의 평소 심적 상태는 무척 안정되어 있다. ① ② ③ ④ ⑤

153 취미가 다양한 편이다. ① ② ③ ④ ⑤

154 다른 사람들과 잘 협조하는 편이다. ① ② ③ ④ ⑤

155 근거 없는 소문은 무시하는 편이다. ① ② ③ ④ ⑤

156 자랑할 만한 남다른 특기가 많다. ① ② ③ ④ ⑤

157 규칙적으로 운동한다. ① ② ③ ④ ⑤

158 스스로 생각해봐도 대견한 일을 많이 한 편이다. ① ② ③ ④ ⑤

159 사람들이 나쁘다고 생각할 때가 있다. ① ② ③ ④ ⑤

160 고민을 털어놓을 친구가 많은 편이다. ① ② ③ ④ ⑤

161 남이 재촉할 때는 화부터 난다. ① ② ③ ④ ⑤

162 강한 의지보다는 바른 생각이 우선이다. ① ② ③ ④ ⑤

163 나의 미래는 밝다고 생각한다. ① ② ③ ④ ⑤

164 다른 사람이 답답하다고 느낄 때가 많다. ① ② ③ ④ ⑤

165 여러 일이 한꺼번에 닥치면 포기하고 싶다. ① ② ③ ④ ⑤

166 문제가 발생하면 그 원인부터 따진다. ① ② ③ ④ ⑤

167 쉽게 감동받는 편이다.   ① ② ③ ④ ⑤

168 후회를 자주 하는 편이다.   ① ② ③ ④ ⑤

169 말다툼을 자주 한다.   ① ② ③ ④ ⑤

170 스트레스는 바로바로 풀려고 노력한다.   ① ② ③ ④ ⑤

171 어떤 일을 끝마치지 않고는 다른 일에 집중할 수 없다.   ① ② ③ ④ ⑤

172 매일 한 가지씩은 반성한다.   ① ② ③ ④ ⑤

173 열심히 일하다가도 갑자기 하기 싫을 때가 있다.   ① ② ③ ④ ⑤

174 세상을 바꾸고 싶다는 생각이 자주 든다.   ① ② ③ ④ ⑤

175 지나치게 긴장해 일을 망친 적이 있다.   ① ② ③ ④ ⑤

176 사회생활에서는 인간관계가 무엇보다 중요하다.   ① ② ③ ④ ⑤

177 정이 많은 사람이 능력 있는 사람보다 좋다.   ① ② ③ ④ ⑤

178 돈을 허비한 적이 한 번도 없다.   ① ② ③ ④ ⑤

179 한 번 믿은 사람은 끝까지 믿는 편이다.   ① ② ③ ④ ⑤

180 세상이 나아지는데 이바지하고 싶은 꿈을 가지고 있다.   ① ② ③ ④ ⑤

ROTC · 학사장교

제3편

인성검사

MMPI-II
복무 적합도를 알아보기 위한 검사로, 주어진 질문에 그렇다와 아니다(Yes/No)를 선택하는 문제이다. 한 문항을 깊게 고민하지 말고 바로바로 응답한다. 거짓 응답 여부가 확인될 수 있으니 응답할 때에는 평소 자신의 모습을 솔직하게 응답하는 것이 좋다.

▶ 검사시간 : 40분

01 인성검사 안내

1. 의의

　인성검사는 성격이나 인간성 등 사람의 성품을 검사하는 것을 말한다. ROTC 학군사관 후보생 선발 시험에서 이를 실시하는 가장 큰 목적은 이상 성격자를 미리 판별하여 입영을 억제하거나 부적격자에 대한 핵심 및 위험물 취급직위에 대한 군사특기 부여를 제한하여 사고예방에 기여하고자 하는 것이다. 이러한 인성검사는 인재 선발시 이러한 인성과 관련된 문제나 결함 여부를 판단하여 면접시 반영하도록 하고 있다.

　그동안 우리나라의 인사선발제도는 인간성보다는 학력이나 성적, 경력 등에 치중하여 시행됨으로써 선발된 사람의 정서불안과 직업 부적응 등에 따른 사건·사고의 발생에 미리 대처하지 못하는 문제가 있었다. 이에 따라 부적격자와 위험요인 보유자를 적절히 차단·제한함으로써 이들로 인한 문제를 예방할 수 있는 평가의 필요성이 제기되었고, 이것이 곧 인성검사(MMPI-2)의 시행으로 이어졌다.

※ 육군 표준인성검사의 경우 면접 평가시 평가자의 심의를 거쳐 합격/불합격으로 판정

2. 검사의 구성

　MMPI-2는 다면적 인성검사(Minnesota Multiphasic Personality Inventory-2, 1989)로 타당도척도와 임상척도로 구성되어 이들 여러 척도를 평가하는 데 필요한 567개의 개별 문항으로 구성되어 있다. 타당도척도는 피검자의 왜곡된 검사태도를 탐지하고, 임상척도의 해석을 풍부하게 해 주는 보충적 정보를 제공하며, 임상척도는 피검자의 비정상 행동의 종류를 측정하고, 성격진단을 통해 그 유형을 해석한다.

3. 검사항목

- 안정성 : 정서적 안정성의 정도
- 외향성 : 대인관계, 사교성, 협동성, 사회적 관용성 등
- 책임감 : 인내력과 자기통제력, 의지력, 자율성, 신뢰성, 자발성 등
- 주도성 : 적극적 참여 및 주체성
- 자신감 : 자신감의 정도
- 우울 및 불안조절력 : 우울 또는 불안 경향의 조절 정도
- 자기주장능력 : 자신의 욕구나 주장을 적절히 표현하는 정도
- 대인관계능력 : 대인관계능력과 사회적 활동 정도
- 행동화경향 : 대인관계에서의 부적응성 및 공격성, 충동성 정도

- 타인에 대한 의식 : 대인관계에서 예민하고 심각하게 생각하는 정도
- 스트레스지수 : 스트레스 정도
- 생활만족도 : 일상생활에서의 만족도 및 신체적 고통이나 심리적 불편감이 적은 정도
- 타당도 : 평가 결과의 타당성과 신뢰성

4. 검사 유의사항

- 솔직하게 표현하라. 인성검사는 일상생활에서 일어날 수 있는 문제들을 지면에 옮겨 놓은 것에 불과하므로 일정한 정답이 없다. 그러므로 평소 자신이 생각하고 있는 것을 솔직하게 서술하는 것이 좋다. 너무 신중하게 선택하거나, 보기 좋은 답안을 선택하는 것은 채점 시 역효과를 나타낼 수 있다.
- 신속하게 답안지에 체크하라. 인성검사의 문항수와 반복되는 질문이 많은 것은 제한된 시간 내에 개인의 성격과 자질을 얼마나 정확하게 표현하는가 하는 것도 심사의 대상이기 때문이다. 그러므로 최대한 간결하고 신속하게 답변하는 것이 좋다. 검사 항목에 대하여 너무 고민하는 것은 오히려 역효과를 가져올 수 있다.
- 무응답 문항이 많으면 검사의 타당도에 영향을 미칠 수 있으므로 누락 문항이 없도록 해야 한다. 이는 전체 결과에 영향을 미칠 수 있다.
- 일관성 있게 답하라. 솔직하고 진실하게 답변을 하면 일관성은 저절로 유지된다. 즉, 역으로 답변의 일관성이 있는지 여부로써 진실성과 신뢰성을 평가할 수 있으므로 일관성 있고 진실한 답변을 하는 것이 중요하다.
- 시험에 성실한 태도로 임하라. 간혹 지적 · 인지능력검사는 성실하게 온 힘을 다하면서 인성검사는 소홀히 생각하는 사람들이 있다. 그러나 인성검사에서 불합격하는 경우도 있으므로 지적 · 인지능력검사를 보는 만큼의 노력과 정성을 기울여서 인성검사에 임하도록 해야 한다.

02 인성검사 유형

Guide 원만한 인간관계, 조직에의 적응, 정신질환의 유무, 정서적 안정의 정도를 파악하기 위해 개인이 갖는 다양한 심리적 특성인 성격과 품성을 검사하는 질문으로 구성되어 있다.

대표유형

1. 일반선택형 : 주어진 질문을 읽고 자신의 생각이나 성격에 알맞은 정도를 보기에서 선택하는 유형이다.

> 다음의 질문 내용을 읽고 자신의 생각과 일치하거나 자신을 가장 잘 나타내는 것을 Ⓐ~Ⓔ 중에서 고르시오.

> Ⓐ 전혀 그렇지 않다   Ⓑ 그렇지 않다   Ⓒ 보통이다   Ⓓ 그렇다   Ⓔ 매우 그렇다

01 한 번 실패해도 포기하지 않고 계속 시도하는 편이다.   Ⓐ Ⓑ Ⓒ Ⓓ Ⓔ

2. 양자택일형 : 주어진 문장을 읽고 자신의 생각이나 성격을 잘 표현한 문구를 '예(YES)'나 '아니오(NO)' 중에서 고르는 유형이다.

> 다음 질문을 잘 읽고 자신의 성격이나 생각에 해당된다고 생각하면 Y(YES), 해당되지 않는다고 생각하면 N(NO)을 골라 체크하시오.

01 나는 혼자서 자유롭게 행동하는 것을 좋아한다. | Y | N |

01~50 다음 질문 내용을 읽고 자신의 생각과 일치하거나 자신을 가장 잘 나타내는 것을 Ⓐ~Ⓔ 중에서 고르시오.

Ⓐ 전혀 그렇지 않다   Ⓑ 그렇지 않다   Ⓒ 보통이다   Ⓓ 그렇다   Ⓔ 매우 그렇다

01 나는 꼭 성공하고 싶은 욕구가 있다.   Ⓐ Ⓑ Ⓒ Ⓓ Ⓔ

02 일이 아무리 힘들어도 주위에 내색하지 않는다.   Ⓐ Ⓑ Ⓒ Ⓓ Ⓔ

03 '아마', '대충'과 같은 단어를 사용하지 않으면 생각이 더 명확해질 것이다.

Ⓐ Ⓑ Ⓒ Ⓓ Ⓔ

04 진정한 종교는 단 하나뿐이라 생각한다.   Ⓐ Ⓑ Ⓒ Ⓓ Ⓔ

05 어떤 긴박한 상황에서도 침착하며 신속하게 대처한다.   Ⓐ Ⓑ Ⓒ Ⓓ Ⓔ

06 나는 어떤 것에 푹 빠진 적이 있다.   Ⓐ Ⓑ Ⓒ Ⓓ Ⓔ

07 남자는 여자보다 과감한 결정을 내린다.   Ⓐ Ⓑ Ⓒ Ⓓ Ⓔ

08 나는 사이코(psycho)이다.   Ⓐ Ⓑ Ⓒ Ⓓ Ⓔ

09 다른 사람을 배려하는 것도 중요하지만 나의 이익이 우선이다.   Ⓐ Ⓑ Ⓒ Ⓓ Ⓔ

10 가끔 야한 동영상을 본 적이 있다.   Ⓐ Ⓑ Ⓒ Ⓓ Ⓔ

11 싫어하는 사람과 함께 일하는 것은 질색이다.   Ⓐ Ⓑ Ⓒ Ⓓ Ⓔ

12 나는 낯선 사람들과도 잘 어울린다.   Ⓐ Ⓑ Ⓒ Ⓓ Ⓔ

13 나는 책임감보다 자율성에 따라 일을 한다.   Ⓐ Ⓑ Ⓒ Ⓓ Ⓔ

14 정적인 일보다는 활동적인 일을 좋아한다.   Ⓐ Ⓑ Ⓒ Ⓓ Ⓔ

15 일단 마음먹은 일은 곧바로 실천에 옮긴다.   Ⓐ Ⓑ Ⓒ Ⓓ Ⓔ

16 나는 업무보다는 가족의 일이 우선이다.   Ⓐ Ⓑ Ⓒ Ⓓ Ⓔ

17 주변에서 일어나는 일에 관심이 많다.   Ⓐ Ⓑ Ⓒ Ⓓ Ⓔ

18 일이 뜻대로 되지 않으면 신경질적이 된다.   Ⓐ Ⓑ Ⓒ Ⓓ Ⓔ

19 나는 여러 사람의 의견을 하나로 모으는 능력이 있다.   Ⓐ Ⓑ Ⓒ Ⓓ Ⓔ

20 소리에 예민하고 쉽게 반응한다.   Ⓐ Ⓑ Ⓒ Ⓓ Ⓔ

21 사람들과 함께 있을 때 나의 의견을 제안하기보다는 다른 사람들의 의견을 따르는 편이다.

   Ⓐ Ⓑ Ⓒ Ⓓ Ⓔ

22 취미생활을 즐기는 것은 스트레스가 많은 현대인에게 있어 필수적이다.

   Ⓐ Ⓑ Ⓒ Ⓓ Ⓔ

23 나는 주변에서 문제가 발생하면 중재자 역할을 잘한다.   Ⓐ Ⓑ Ⓒ Ⓓ Ⓔ

24 젊을 때는 누구나 한 번쯤은 인생을 걸고 무언가에 도전해야 한다.   Ⓐ Ⓑ Ⓒ Ⓓ Ⓔ

25	일이 잘 풀리지 않으면 부정적인 생각이 든다.	Ⓐ Ⓑ Ⓒ Ⓓ Ⓔ

26	걱정거리가 있으면 속으로 끙끙거린다.	Ⓐ Ⓑ Ⓒ Ⓓ Ⓔ

27	사소한 일에 신경을 쓰는 편이다.	Ⓐ Ⓑ Ⓒ Ⓓ Ⓔ

28	나는 변덕이 심하다.	Ⓐ Ⓑ Ⓒ Ⓓ Ⓔ

29	나는 귀가 얇다는 소리를 듣는다.	Ⓐ Ⓑ Ⓒ Ⓓ Ⓔ

30	문제가 생기면 너무 깊게 생각한다.	Ⓐ Ⓑ Ⓒ Ⓓ Ⓔ

31	의지가 약해 쉽게 포기하는 경향이 있다.	Ⓐ Ⓑ Ⓒ Ⓓ Ⓔ

32	혼자서 여행하기를 좋아한다.	Ⓐ Ⓑ Ⓒ Ⓓ Ⓔ

33	나의 일은 다른 사람과 상의하기보다는 혼자서 처리한다.	Ⓐ Ⓑ Ⓒ Ⓓ Ⓔ

34	여러 사람과 어울리기보다는 혼자 있는 것이 더 좋다.	Ⓐ Ⓑ Ⓒ Ⓓ Ⓔ

35	나는 자존심이 강한 편이다.	Ⓐ Ⓑ Ⓒ Ⓓ Ⓔ

36	나는 남들에게 지기 싫어한다.	Ⓐ Ⓑ Ⓒ Ⓓ Ⓔ

37	어떤 일을 하다가 어려운 문제에 부딪히면 스스로 해결하려고 노력한다.

Ⓐ Ⓑ Ⓒ Ⓓ Ⓔ

38   나는 나의 주장이 반영되지 않으면 화가 난다.   Ⓐ Ⓑ Ⓒ Ⓓ Ⓔ

39   다른 사람과 수다떨기를 좋아한다.   Ⓐ Ⓑ Ⓒ Ⓓ Ⓔ

40   나는 기분이 쉽게 들뜨고 좋아지는 편이다.   Ⓐ Ⓑ Ⓒ Ⓓ Ⓔ

41   다른 사람 앞에서 우쭐거리는 일이 많다.   Ⓐ Ⓑ Ⓒ Ⓓ Ⓔ

42   나는 낙천적이어서 일을 여유 있게 처리한다.   Ⓐ Ⓑ Ⓒ Ⓓ Ⓔ

43   나는 장난을 치거나 소란을 잘 피운다.   Ⓐ Ⓑ Ⓒ Ⓓ Ⓔ

44   나는 화를 내는 일이 거의 없다.   Ⓐ Ⓑ Ⓒ Ⓓ Ⓔ

45   거짓말을 해 본 적이 거의 없다.   Ⓐ Ⓑ Ⓒ Ⓓ Ⓔ

46   나는 주위 사람을 거의 의심하지 않는다.   Ⓐ Ⓑ Ⓒ Ⓓ Ⓔ

47   이성에 대해 호감을 가진 적이 거의 없다.   Ⓐ Ⓑ Ⓒ Ⓓ Ⓔ

48   나는 여러 사람 앞에서 혼자 나서 이야기하는 것을 좋아하지 않는다.   Ⓐ Ⓑ Ⓒ Ⓓ Ⓔ

49   나는 낯가림이 심해서 처음 만난 사람과 금방 친해지지 못한다.   Ⓐ Ⓑ Ⓒ Ⓓ Ⓔ

50   어린이가 엄마에게 심하게 혼나는 것은 교육상 오히려 좋지 않다고 생각한다.

   Ⓐ Ⓑ Ⓒ Ⓓ Ⓔ

51~341 다음 질문을 잘 읽고 자신의 성격이나 생각에 해당된다고 생각하면 Y(YES), 해당되지 않는다고 생각하면 N(NO)을 골라 체크하시오.

51 처음 하는 일은 두려워 소극적으로 추진한다.

Y	N

52 나는 진지하고 사려 깊은 사람이므로 실제로 행동하기까지는 많은 시간이 걸린다.

Y	N

53 일단 시작한 일은 끝날 때까지 멈추지 않는다.

Y	N

54 한 가지 일에 몰두하여 집중할 때는 다른 일은 잊어버린다.

Y	N

55 나는 스케줄에 따라 계획대로 행동한다.

Y	N

56 일할 때는 꼼꼼하고 빈틈이 없다.

Y	N

57 즉흥적으로 일을 처리하지 않는다.

Y	N

58 리더십이 강하고 남들 앞에 나서기를 좋아한다.

Y	N

59 남이 시키기 전에 스스로 나서서 처리한다.

Y	N

60 나는 걱정과 근심이 많은 편이다.

Y	N

61 길을 가다가 휴지가 보이면 주워서 휴지통을 찾아 넣는 편이다.

Y	N

62 특별한 이유 없이 다른 사람을 미워할 때가 종종 있다.

Y	N

63	주위 사람들로부터 부지런하다는 말을 들을 때가 많다.	Y	N
64	일을 하다 보면 머리에 피로가 자주 온다.	Y	N
65	나는 단체생활의 경험이 풍부한 편이다.	Y	N
66	나는 다른 사람의 의견에 귀를 기울이고 지시에 잘 따르는 편이다.	Y	N
67	어떤 일이나 과제에 대해 끝맺음을 정확히 하는 편이다.	Y	N
68	나는 주위 사람들로부터 특이하다는 이야기를 가끔 듣는다.	Y	N
69	나는 아는 사람들의 부탁을 잘 거절하지 못한다.	Y	N
70	틀에 박힌 규율은 깨고 싶다.	Y	N
71	나는 정이 많은 사람이 제일 좋다.	Y	N
72	나는 내가 하는 일에서만큼은 일인자가 되고 싶다.	Y	N
73	나는 융통성이 없다는 말을 종종 듣는다.	Y	N
74	나는 나만의 가치관이 있다.	Y	N
75	나는 높은 도덕적 기준을 가지고 있다.	Y	N
76	나는 감상적인 성격이라 눈물도 많다.	Y	N

77 항상 뭔가를 해야 할 것 같아 불안하다. | Y | N |

78 나는 익숙하지 않은 일은 여간해서는 시작하지 않는다. | Y | N |

79 세상은 공평하지 않다고 생각한다. | Y | N |

80 사야 할 물건도 막상 사려면 망설일 때가 많다. | Y | N |

81 나는 남보다 고집이 센 편이다. | Y | N |

82 나는 친절하다는 말을 가끔 듣는다. | Y | N |

83 스스로 생각해도 지나치게 솔직하다고 생각한 적이 있다. | Y | N |

84 식사 시간은 거의 일정하게 유지한다. | Y | N |

85 솔직히 자발적으로 봉사활동에 참여하고 싶지는 않다. | Y | N |

86 나는 동창회 같은 모임에는 잘 나가지 않는다. | Y | N |

87 다른 사람의 소리나 주위 소음은 신경쓰지 않는다. | Y | N |

88 나는 가끔 불을 지르고 싶을 때가 있다. | Y | N |

89 친구가 잘못했을 때 쉽게 용서한다. | Y | N |

90 나는 기계의 분해나 조립을 할 수 있다. | Y | N |

91 나는 무슨 일이든 남에게 의존하기가 싫다.　　Y　　N

92 나는 자신도 모르게 어떤 일에 끙끙 앓게 고민할 때가 있다.　　Y　　N

93 다른 사람이 한 행동의 이유를 잘 파악하는 편이다.　　Y　　N

94 가끔 지진이 일어나지나 않을지 불안할 때가 있다.　　Y　　N

95 운동 경기를 시청할 때 쉽게 흥분하는 편이다.　　Y　　N

96 다른 사람과 의견이 다르면 상대를 설득시키려 노력한다.　　Y　　N

97 의례적인 예의일지라도 다른 사람을 위해서 반드시 필요하다.　　Y　　N

98 나는 자기주관이 뚜렷하고 확고부동한 사람이 좋다.　　Y　　N

99 나는 체계적이고 조직적으로 행동하는 것을 좋아한다.　　Y　　N

100 나는 행동이 조심스럽고 신중한 편이다.　　Y　　N

101 나는 조용하고 아늑한 분위기를 무척 좋아한다.　　Y　　N

102 실수나 잘못에 대해 오랫동안 고민하고 생각한다.　　Y　　N

103 나는 다른 사람이 어려워하는 일을 잘 수습한다.　　Y　　N

104 나는 사람을 가리지 않고 쉽게 잘 사귄다.　　Y　　N

105 어떤 일을 하기 전에 계획을 꼼꼼하게 세우는 편이다. | Y | N |

106 우울해지면 아무것도 하기 싫을 때가 많다. | Y | N |

107 다른 사람의 일에 관심이 많은 편이다. | Y | N |

108 법규를 위반하거나 준칙을 어긴 적이 없다. | Y | N |

109 한번 시작한 일은 끝을 보는 편이다. | Y | N |

110 일을 추진하는 데 있어서 소극적이다. | Y | N |

111 사람들에게 나의 감정을 잘 표현한다. | Y | N |

112 새로운 일에 흥미를 느낀다. | Y | N |

113 나는 화를 내는 일이 거의 없다. | Y | N |

114 혼자 있을 때 불안감을 잘 느낀다. | Y | N |

115 새로운 분야에 도전하는 것을 즐긴다. | Y | N |

116 나는 가끔 이유 없이 화가 날 때가 있다. | Y | N |

117 주어진 과제는 시간 내에 반드시 마치려고 노력한다. | Y | N |

118 명확하게 나의 주장을 하는 편이다. | Y | N |

제3편 인성검사

119	즉흥적으로 일을 처리하지 않는다.	Y	N
120	나는 성공이나 출세가 하고 싶다.	Y	N
121	마음먹은 일은 바로 행동에 옮긴다.	Y	N
122	소리에 예민하고 쉽게 반응한다.	Y	N
123	걱정거리가 있으면 혼자 삭이는 편이다.	Y	N
124	귀가 얇다는 소리를 자주 듣는다.	Y	N
125	혼자 여행하는 것을 좋아한다.	Y	N
126	다른 사람과 경쟁하는 것을 즐긴다.	Y	N
127	나는 무엇이든 열중하는 타입이다.	Y	N
128	주변 사람들에게 특이하다는 말을 자주 듣는다.	Y	N
129	다른 사람의 부탁을 잘 거절하지 못한다.	Y	N
130	비판적인 말을 들어도 감정조절에 능숙하다.	Y	N
131	약속한 일은 반드시 지키려고 한다.	Y	N
132	나의 판단에 대한 확신이 있다.	Y	N

133	전통을 중시하는 편이다.	Y	N
134	나는 끈기가 있고 성실하다.	Y	N
135	다른 사람과 쉽게 친해질 수 있다.	Y	N
136	순서에 따라 일을 진행하는 편이다.	Y	N
137	행동에 옮기기 전에 다시 한 번 생각한다.	Y	N
138	나는 타인의 감정에 민감하다.	Y	N
139	나는 임기응변이 뛰어나다.	Y	N
140	나는 배려심이 많은 사람이다.	Y	N
141	엉뚱한 상상을 많이 하는 편이다.	Y	N
142	과정보다는 결과가 중요하다고 생각한다.	Y	N
143	자신감과 자존심이 강한 편이다.	Y	N
144	다른 사람과 의견 충돌이 있을 때 양보하는 편이다.	Y	N
145	나에게 호감이 없는 사람과는 잘 소통하지 않는 편이다.	Y	N
146	여러 사람과 있기보다는 혼자 있는 게 편하다.	Y	N

제3편

인성검사

147	일을 신속하고 추진력 있게 처리한다.	Y	N
148	한 가지 일에 몰두하며 집중한다.	Y	N
149	문제가 생겼을 때 새로운 방법으로 해결하고자 한다.	Y	N
150	결과가 뻔한 일에는 흥미가 없다.	Y	N
151	반드시 대가가 있는 일에만 행동한다.	Y	N
152	고민이 일을 때 항상 혼자 결정한다.	Y	N
153	일을 꼼꼼하게 처리한다.	Y	N
154	능력 이상의 일을 수행하기를 좋아한다.	Y	N
155	다른 사람을 설득하는 데 자신이 있다.	Y	N
156	다른 사람 앞에서 이야기하는 걸 좋아한다.	Y	N
157	융통성이 있는 편이다.	Y	N
158	자기계발을 위해 항상 노력한다.	Y	N
159	통계나 도표, 자료분석을 즐긴다.	Y	N
160	의사결정 시 다수결이 가장 합리적인 방법이라고 생각한다.	Y	N

161 질서보다는 자유를 존중한다.   Y   N

162 해야할 일을 조금씩 나누어 처리한다.   Y   N

163 나는 체면과 형식을 중시한다.   Y   N

164 풀기 어려운 문제에 대해 생각하기를 좋아한다.   Y   N

165 한 가지 일을 오랫동안 할 수 있다.   Y   N

166 마음먹은 일은 곧바로 행동에 옮긴다.   Y   N

167 소수 사람과의 깊은 만남을 선호한다.   Y   N

168 젊어서 하는 고생은 소중한 것이라고 생각한다.   Y   N

169 규칙을 중시하며 지키려고 노력한다.   Y   N

170 남에게 부탁하는 것을 잘 못한다.   Y   N

171 간결하고 핵심적인 말을 더 좋아한다.   Y   N

172 일의 완성도보다는 기한을 지키는 것이 더 중요하다.   Y   N

173 집단 내의 구성원 간에 협동심이 중요하다고 생각한다.   Y   N

174 나의 공적이나 공로를 내세우는 편이다.   Y   N

제3편 인성검사

175 집단 내에서 주도적인 역할을 맡는 편이다. | Y | N |

176 다른 사람의 잘못된 점을 잘 지적하는 편이다. | Y | N |

177 내가 옳다고 생각하는 일은 끝까지 밀고 나간다. | Y | N |

178 유행에 민감한 편이다. | Y | N |

179 친구들 모임에 자주 나가는 편이다. | Y | N |

180 스트레스가 있을 때 바로 푸는 편이다. | Y | N |

181 낯선 환경에서도 쉽게 적응하는 편이다. | Y | N |

182 남들이 이해 못하는 나만의 신념이 있다. | Y | N |

183 안전하게 일을 처리하고자 한다. | Y | N |

184 나는 소심하다고 생각한다. | Y | N |

185 고지식한 면이 있다. | Y | N |

186 무단횡단을 자주 하는 편이다. | Y | N |

187 물건을 살 때 망설이는 편이다. | Y | N |

188 쓸데없는 걱정을 많이 하는 편이다. | Y | N |

189 주변 사람의 영향을 잘 받는 편이다. | Y | N |

190 혼자 영화 보기를 즐기는 편이다. | Y | N |

191 가끔 의지가 약하다는 말을 듣는다. | Y | N |

192 무슨 일이든 빠르게 처리하는 편이다. | Y | N |

193 다른 사람과 언쟁이 있을 때 내 책임이 크다고 생각한다. | Y | N |

194 어떤 일을 하든지 어렵다고 생각한다. | Y | N |

195 다른 사람의 지적을 받으면 화가 난다. | Y | N |

196 충동구매를 잘하는 편이다. | Y | N |

197 다른 사람에 비해 결단력이 있는 편이다. | Y | N |

198 친구를 봐도 아는 척하지 않을 때가 있다. | Y | N |

199 그날 기분에 따라 즉흥적으로 행동한다. | Y | N |

200 나는 약간 신경질적이다. | Y | N |

201 다정한 사람이라는 소리를 자주 듣는 편이다. | Y | N |

202 나는 남들에 비해 잘 웃는다. | Y | N |

203　나는 다른 사람의 주목을 받는 것이 좋다.　　　| Y | N |

204　다른 사람과 함께 일을 하는 것이 귀찮을 때가 있다.　　| Y | N |

205　다른 사람이 내 물건과 똑같은 것을 쓰는 게 싫다.　　| Y | N |

206　영화나 드라마를 보고 잘 우는 편이다.　　| Y | N |

207　나는 사소한 일에 신경을 많이 쓴다.　　| Y | N |

208　나는 무리하게 일을 해도 잘 지치지 않는다.　　| Y | N |

209　거짓말을 해 본 적이 없다.　　| Y | N |

210　어떤 어려움이든 극복할 자신이 있다.　　| Y | N |

211　고집이 세다는 말을 자주 듣는다.　　| Y | N |

212　나는 내가 손해 보는 일은 하지 않는다.　　| Y | N |

213　주변의 변화를 잘 알아채는 편이다.　　| Y | N |

214　나는 변덕이 심하다고 생각한다.　　| Y | N |

215　나는 개성이 강한 편이라고 생각한다.　　| Y | N |

216　계획표대로 행동하는 것이 좋다.　　| Y | N |

제3표
인성검사

217	내 주장을 하지 않으면 손해를 볼 수 있다고 생각한다.	Y	N

218	나는 다른 사람을 미워해 본 적이 없다.	Y	N

219	나는 과거의 일에 대해 후회하는 편이다.	Y	N

220	나는 결점을 지적받아도 크게 신경 쓰지 않는다.	Y	N

221	나는 나의 일을 남과 상의하고 싶지 않다.	Y	N

222	확실하게 예측할 수 있는 일이 좋다.	Y	N

223	나는 감성적이며 눈물이 많은 편이다.	Y	N

224	나는 이성적이며 논리적이라고 생각한다.	Y	N

225	항상 정해진 시간에 식사를 한다.	Y	N

226	남의 기분이나 눈치를 살피는 편이다.	Y	N

227	나는 인정이 많은 사람을 좋아한다.	Y	N

228	일에서 인간관계를 중시하는 편이다.	Y	N

229	규칙을 어기면서까지 다른 사람을 돕고 싶지 않다.	Y	N

230	정기적으로 자원 봉사를 하고 있다.	Y	**N**

231	나는 무슨 일이든 깊이 생각하고 결정한다.	Y	N
232	처음 만나는 사람과 편하게 대화할 수 있다.	Y	N
233	진중한 사람을 좋아하는 편이다.	Y	N
234	나는 인내심이 많은 편이다.	Y	N
235	나의 희생이 불가피한 경우 기꺼이 희생한다.	Y	N
236	서투른 일에는 도전하지 않는 편이다.	Y	N
237	나는 다른 사람의 잘못도 쉽게 용서할 수 있다.	Y	N
238	조용하고 차분하다는 소리를 많이 듣는다.	Y	N
239	가끔일 아무 일도 아닌데 화가 날 때가 있다.	Y	N
240	직장 동료와도 친구 이상의 관계를 맺을 수 있다고 생각한다.	Y	N
241	나는 빨리 결정하고 과감하게 행동하는 편이다.	Y	N
242	독창적인 방식을 선호하는 편이다.	Y	N
243	정치적인 이슈에 민감한 편이다.	Y	N
244	경제적 동향에 관심이 많은 편이다.	Y	N

245 직장 동료에게 사생활을 이야기하는 것이 싫다.

| Y | N |

246 무슨 일이든 결심하기까지 시간이 오래 걸린다.

| Y | N |

247 문제가 발생했을 때 항상 원인을 따져보는 편이다.

| Y | N |

248 성취할 확률이 낮은 일에 도전하는 것은 시간 낭비라 생각한다.

| Y | N |

249 자유롭고 편안한 분위기에서 일을 하는 것이 좋다.

| Y | N |

250 사물을 종합적으로 판단하는 것을 잘한다.

| Y | N |

251 나는 의미와 도리를 중요하게 생각한다.

| Y | N |

252 남이 시키기 전에 내가 먼저 일을 찾아 하는 편이다.

| Y | N |

253 내 의견과 달라도 다수가 선택하면 그 의견을 따른다.

| Y | N |

254 나는 정해진 틀 안에서 내 능력이 더 발휘되는 편이다.

| Y | N |

255 잘 풀리지 않는 일도 끝까지 밀어붙여 해결하는 편이다.

| Y | N |

256 다른 사람과 경쟁해야 더 발전할 수 있다고 믿는다.

| Y | N |

257 나는 다른 어떤 것보다 일이 우선이다.

| Y | N |

258 여러 사람과 조직적으로 행동하는 것을 좋아한다.

| Y | N |

259　남에게 책임을 전가하는 경향이 있다.　　　| Y | N |

260　남의 눈에 띄거나 돋보이는 것을 싫어한다.　　　| Y | N |

261　침착하게 행동하는 편이다.　　　| Y | N |

262　보수적이라는 말을 자주 듣는 편이다.　　　| Y | N |

263　소문이나 최근 소식을 제일 늦게 듣는 편이다.　　　| Y | N |

264　남에게 자신의 기분을 확실하게 표현하는 것이 서툴다.　　　| Y | N |

265　감상 것이기보다는 논리적인 것을 더 선호한다.　　　| Y | N |

266　타인에게 잘 보이려고 내키지 않은 일을 한 적이 있다.　　　| Y | N |

267　무언가를 결정할 때 시간이 걸리는 편이다.　　　| Y | N |

268　노력하면 뭐든 이루어질 수 있다고 생각한다.　　　| Y | N |

269　나의 고민을 남과 잘 상의하는 편이다.　　　| Y | N |

270　지금까지 남을 속인 일이 없다.　　　| Y | N |

271　정직하게만 산다면 세상에 손해볼 일이 많다고 생각한다.　　　| Y | N |

272　어려운 일이 생기면 남에게 도움을 잘 청하는 편이다.　　　| Y | N |

273   한 가지 일을 계속해서 하지 못한다. | Y | N |

274   세상이 나를 필요로 한다고 생각한다. | Y | N |

275   인생을 살아가는 데에 있어 인간관계가 소중하다고 생각한다. | Y | N |

276   새로운 사람을 만나는 것이 두렵지 않다. | Y | N |

277   시끄러운 것보다는 조용한 느낌이 좋다. | Y | N |

278   가족 또는 친구들과의 여행 시 필요한 물건들을 직접 챙기는 편이다. | Y | N |

279   포기하지 않고 계속 도전하는 편이다. | Y | N |

280   문제가 발생하면 우선 내 잘못이라고 생각할 때가 많다. | Y | N |

281   다른 사람의 얘기나 고민을 잘 들어주는 편이다. | Y | N |

282   낯선 곳에 가는 것을 좋아한다. | Y | N |

283   여러 사람들 앞에 나서는 것이 두렵다. | Y | N |

284   일을 하면서 다음 일을 생각한다. | Y | N |

285   주말에는 아무 일 없이 집에서 쉬는 것이 좋다. | Y | N |

286   타인의 보호나 간섭을 받는 것을 별로 좋아하지 않는다. | Y | N |

287 타인의 장점이 먼저 눈에 들어온다. | Y | N |

288 기분에 따라 행동하는 편이다. | Y | N |

289 어떤 일을 하기 전에 그 결과에 대하여 미리 예측하고 행동하는 편이다.
| Y | N |

290 한번 시작한 일은 끝장을 봐야 마음이 편하다. | Y | N |

291 여럿이 모인 모임에서 주로 나서서 분위기를 주도하는 편이다. | Y | N |

292 계획은 세우지 않으면 잘 행동하지 않는 편이다. | Y | N |

293 사회 체제에 대한 불신과 저항의식이 강한 편이다. | Y | N |

294 미래보다는 현재의 삶에 만족하는 것이 더 행복하다고 생각한다. | Y | N |

295 가끔씩 제멋대로 행동하는 경향이 있다. | Y | N |

296 이유 없이 가끔 마음이 조급해질 때가 있다. | Y | N |

297 전통에 얽매이기보다는 새로운 방식을 선호하는 편이다. | Y | N |

298 내 이야기를 하기보다는 주로 남의 이야기를 들어주는 편이다. | Y | N |

299 몸이 아파도 결석하거나 결근을 해본 적이 없다. | Y | N |

300 여럿이 함께하는 여행보다는 계획 없이 혼자 훌쩍 떠나는 여행이 좋다. | Y | N |

301 시간에 쫓기면서 일을 하는 것이 더 보람있다고 생각한다. | Y | N |

302 어떤 일이든 도전해보는 것이 좋다고 생각한다. | Y | N |

303 활동적인 사람이라는 이야기를 많이 듣는 편이다. | Y | N |

304 다정다감하다는 소리를 자주 듣는 편이다. | Y | N |

305 생각하지 않고 먼저 행동할 때가 많다. | Y | N |

306 남보다 결정하는 속도가 느린 편이다. | Y | N |

307 타인의 부탁을 잘 거절하지 못하는 편이다. | Y | N |

308 혼자 밥 먹는 것이 어색해서 여럿이 어울려 다니는 편이다. | Y | N |

309 동아리나 단체활동 경험이 많다. | Y | N |

310 타인에게 속마음을 잘 털어놓는 편이다. | Y | N |

311 처음 본 사람과는 잘 친해지지 못하는 편이다. | Y | N |

312 만나기로 한 약속 직전에 취소하는 경우가 종종 있다. | Y | N |

313 곤란한 일을 당하면 어디론가 숨고 싶다. | Y | N |

제3편 인성검사

314 대중들 앞에서 나의 의견을 확실하게 이야기할 수 있다. | Y | N |

315 주변의 조언을 참고해서 일을 결정하는 편이다. | Y | N |

316 실내보다는 실외에서 활동하는 것을 좋아한다. | Y | N |

317 다양한 업무보다는 한 가지 업무를 오래 하는 것이 좋다. | Y | N |

318 위기상황에 처하더라도 쉽게 냉정을 찾는 편이다. | Y | N |

319 나는 내성적이며 조용한 편이라고 생각한다. | Y | N |

320 평범한 삶보다는 개성적인 삶이 더 좋다고 생각한다. | Y | N |

321 어린시절에 아버지보다는 어머니와 대화하는 시간이 더 많았다. | Y | N |

322 융통성이 부족하다는 소리를 자주 듣는다. | Y | N |

323 내가 주도하기보다는 남들 하는 대로 따라서 행동하는 것이 더 편하다. | Y | N |

324 시원시원한 성격이라는 소리를 자주 듣는다. | Y | N |

325 혼자서 하는 일보다는 여럿이 협동해서 하는 일이 좋다. | Y | N |

326 타인의 시선이나 감정에 민감한 편이다. | Y | N |

327 여가시간은 일을 모두 마친 후에 갖는 것이 편하다. | Y | N |

328 남이 잘되는 것을 보면 질투가 나고 그 사람이 밉다.

| Y | N |

329 마음먹은 일은 꼭 행동으로 옮기는 편이다.

| Y | N |

330 주위에 일어나는 일들이 신경이 쓰인다.

| Y | N |

331 다양한 분야의 사람들과 폭넓게 인간관계를 하는 편이다.

| Y | N |

332 계획을 세웠으면 그것을 지키는 편이다.

| Y | N |

333 지도자의 위치보다는 다른 사람의 지시를 받는 쪽이 더 편하다.

| Y | N |

334 여러 사람과 협력해서 처리하는 것보다는 혼자서 해결하는 것이 더 편하다.

| Y | N |

335 일이 뜻대로 풀리지 않을 때는 자신이 쓸모없다는 생각이 든다.

| Y | N |

336 남을 이기기 위해 거짓말을 한 적이 있다.

| Y | N |

337 사람들이 많이 모인 자리에서는 조용히 앉아 있다가 오는 편이다.

| Y | N |

338 학창시절에는 수학과목보다는 체육과목을 더 좋아했다.

| Y | N |

339 타인에게 나의 이야기를 하는 것을 좋아하는 편이다.

| Y | N |

340 포기하지 않고 끝까지 노력하는 것이 현명하다고 생각한다.

| Y | N |

341 부당한 일이 있으면 바로 흥분하는 편이다.

| Y | N |

제3편

인성검사

부록

지적능력평가 정복을 위한
핵심 다이제스트

● ● ● ●

CHAPTER

어휘

① 순우리말

> 사람의 신체와 관련된 어휘

- **가는 귀** : 작은 소리까지 듣는 귀 또는 그런 귀의 능력
- **거위영장** : 여위고 키가 크며 목이 긴 사람을 놀림조로 이르는 말
- **곡두** : 눈앞에 없는 것이 있는 것처럼 보이는 것 = 환영(幻影)
- **광대등걸** : 1. 거칠고 보기 흉하게 생긴 나뭇등걸 2. 살이 빠져 뼈만 남은 앙상한 얼굴
- **굴때장군** : 키가 크고 몸이 굵으며 살갗이 검은 사람을 놀림조로 이르는 말
- **귀밑머리** : 1. 이마 한가운데를 중심으로 좌우로 갈라 귀 뒤로 넘겨 땋은 머리 2. 뺨에서 귀의 가까이에 난 머리털
- **나룻** : 수염. 성숙한 남자의 입 주변이나 턱 또는 뺨에 나는 털
- **눈시울** : 눈언저리의 속눈썹이 난 곳
- **눈두덩** : 눈언저리의 두두룩한 곳
- **눈망울** : 눈알 앞쪽의 도톰한 곳. 또는 눈동자가 있는 곳
- **더벅머리** : 1. 더부룩하게 난 머리털 2. 터부룩한 머리털을 가진 사람
- **덩저리** : 1. 좀 크게 뭉쳐서 쌓인 물건의 부피 2. '몸집'을 낮잡아 이르는 말
- **멱살** : 1. 사람의 멱 부분의 살 또는 그 부분 2. 사람의 멱이 닿는 부분의 옷깃
- **명치** : 사람의 복장뼈 아래 한가운데의 오목하게 들어간 곳. 급소의 하나이다.
- **몽구리** : 바싹 깎은 머리
- **배코** : 상투를 앉히려고 머리털을 깎아 낸 자리
- **샅** : 1. 두 다리의 사이 2. 두 물건의 틈
- **손아귀** : 1. 엄지손가락과 다른 네 손가락과의 사이 2. 손으로 쥐는 힘 3. 세력이 미치는 범위
- **오금** : 무릎의 구부러지는 오목한 안쪽 부분
- **정강이** : 무릎 아래에서 앞 뼈가 있는 부분
- **정수리** : 머리 위의 숫구멍이 있는 자리
- **제비초리** : 뒤통수나 앞이마의 한가운데에 골을 따라 아래로 뾰족하게 내민 머리털
- **콧마루** : 콧등의 마루가 진 부분
- **콧방울** : 코끝 양쪽으로 둥글게 방울처럼 내민 부분
- **허우대** : 겉으로 드러난 체격. 주로 크거나 보기 좋은 체격을 이른다.
- **허구리** : 허리 좌우의 갈비뼈 아래 잘쏙한 부분
- **허울** : 실속이 없는 겉모양

사람의 행위와 관련된 어휘

- **가탈** : 1. 일이 순조롭게 나아가는 것을 방해하는 조건 2. 이리저리 트집을 잡아 까다롭게 구는 일
- **각다귀판** : 서로 남의 것을 뜯어먹으려고 덤비는 판을 비유적으로 이르는 말
- **갈무리** : 1. 물건 따위를 잘 정리하거나 간수함 2. 일을 처리하여 마무리함
- **구나방** : 말이나 행동이 모질고 거칠고 사나운 사람을 이르는 말
- **내친걸음** : 1. 이왕 나선 걸음 2. 이왕에 시작한 일
- **너스레** : 수다스럽게 떠벌려 늘어놓는 말이나 짓
- **넉장거리** : 네 활개를 벌리고 뒤로 벌렁 나자빠짐
- **뒷갈망** : 일의 뒤끝을 맡아서 처리함 = 뒷감당, 뒷담당
- **뒷말** : 1. 계속되는 이야기의 뒤를 이음. 또는 그런 말 2. 일이 끝난 뒤에 뒷공론으로 하는 말. ≒ 뒷소리
- **뒷배** : 겉으로 나서지 않고 뒤에서 보살펴 주는 일
- **뒷손** : 1. 일을 마친 뒤에 다시 하는 손질 2. 몰래 또는 뒤에서 손을 써서 하는 일
- **드난살이** : 남의 집에서 드난으로 지내는 생활
- **마수걸이** : 1. 맨 처음으로 물건을 파는 일 또는 거기서 얻은 소득 2. 맨 처음으로 부딪는 일
- **모꼬지** : 놀이나 잔치 또는 그 밖의 일로 여러 사람이 모이는 일
- **선걸음** : 이미 내디뎌 걷고 있는 그대로의 걸음
- **아귀다툼** : 각자 자기의 욕심을 채우고자 서로 헐뜯고 기를 쓰며 다투는 일
- **아람치** : 개인이 사사로이 차지하는 몫
- **어둑서니** : 어두운 밤에 아무것도 없는데, 있는 것처럼 잘못 보이는 것
- **엉너리** : 남의 환심을 사기 위하여 어벌쩡하게 서두르는 짓
- **옴니암니** : 1. 다 같은 이인데 자질구레하게 어금니 앞니 따진다는 뜻으로, 아주 자질구레한 것을 이르는 말
  2. 자질구레한 일에 대하여까지 좀스럽게 셈하거나 따지는 모양 ≒ 암니옴니
- **용고뚜리** : 지나치게 담배를 많이 피우는 사람을 놀림조로 이르는 말
- **잰걸음** : 보폭이 짧고 빠른 걸음
- **죽살이** : 죽고 사는 것을 다투는 정도의 고생
- **한동자** : 끼니를 마친 후 새로 밥을 짓는 일
- **허드렛일** : 중요하지 아니하고 허름한 일

사람의 성품 · 관계 · 직업 등과 관련된 어휘

- **가납사니** : 1. 쓸데없는 말을 지껄이기 좋아하는 수다스러운 사람 2. 말다툼을 잘하는 사람
- **가시버시** : '부부'를 낮잡아 이르는 말
- **갈가위** : 인색하여 제 욕심만을 채우려는 사람
- **갖바치** : 예전에, 가죽신을 만드는 일을 직업으로 하던 사람 ≒ 주피장, 혜장
- **골비단지** : 몹시 허약하여 늘 병으로 골골거리는 사람을 속되게 이르는 말
- **깜냥** : 스스로 일을 헤아림 또는 헤아릴 수 있는 능력
- **꽁무니바람** : 뒤쪽에서 불어오는 바람
- **꼽꼽쟁이** : 성질이 잘고 서두르는 사람을 낮잡아 이르는 말
- **대갈마치** : 온갖 어려운 일을 겪어서 아주 야무진 사람을 비유적 이르는 말
- **데퉁바리** : 말과 행동이 거칠고 미련한 사람
- **도섭쟁이** : 주책없이 능청맞고 수선스럽게 변덕을 아주 잘 부리는 사람을 낮잡아 이르는 말
- **따라지** : 보잘것없거나 하찮은 처지에 놓인 사람이나 물건을 속되게 이르는 말
- **뜨내기** : 1. 일정한 거처가 없이 떠돌아다니는 사람 2. 어쩌다가 간혹 하는 일
- **마당발** : 인간관계가 넓어서 폭넓게 활동하는 사람
- **마파람** : 뱃사람들의 은어로, '남풍'을 이르는 말
- **만무방** : 1. 염치가 없이 막된 사람 2. 아무렇게나 생긴 사람
- **망석중** : 1. 나무로 다듬어 만든 인형의 하나. 팔다리에 줄을 매어 그 줄을 움직여 춤을 추게 한다. 2. 남이 부추기는 대로 따라 움직이는 사람을 비유적으로 이르는 말
- **모도리** : 빈틈없이 아주 여무진 사람
- **몽니** : 정당한 대우를 받지 못할 때 권리를 주장하기 위하여 심술을 부리는 성질
- **무룡태** : 능력은 없고 그저 착하기만 한 사람
- **안다니** : 무엇이든지 잘 아는 체하는 사람
- **어정잡이** : 1. 겉모양만 꾸미고 실속이 없는 사람 2. 됨됨이가 조금 모자라 자기가 맡은 일을 제대로 처리하지 못하는 사람
- **자린고비** : 다라울 정도로 인색한 사람을 낮잡아 이르는 말
- **지체** : 어떤 집안이나 개인이 사회에서 차지하고 있는 신분이나 지위
- **트레바리** : 이유 없이 남의 말에 반대하기를 좋아함. 또는 그런 성격을 지닌 사람
- **하늬바람** : 서쪽에서 부는 바람. 주로 농촌이나 어촌에서 이르는 말
- **하리쟁이** : 하리노는 것을 일삼는 사람

자연현상이나 자연물과 관련된 어휘

- **가랑비** : 가늘게 내리는 비. 이슬비보다는 좀 굵다.
- **간자미** : 가오리의 새끼
- **개부심** : 장마로 큰물이 난 뒤, 한동안 쉬었다가 다시 퍼붓는 비가 명개를 부시어 냄 또는 그 비
- **개호주** : 범의 새끼
- **고도리** : 1. 고등어의 새끼 2. '고등어'의 옛말
- **굼벵이** : 매미, 풍뎅이, 하늘소와 같은 딱정벌레목의 애벌레로 누에와 비슷하게 생겼으나 몸의 길이가 짧고 뚱 뚱함
- **까막까치** : 까마귀와 까치를 아울러 이르는 말
- **너럭바위** : 넓고 평평한 큰 돌 = 반석(盤石)
- **너울** : 바다의 크고 사나운 물결
- **노가리** : 명태의 새끼
- **는개** : 안개비보다는 조금 굵고 이슬비보다는 가는 비
- **능소니** : 곰의 새끼
- **늦사리** : 제철보다 늦게 농작물을 수확하는 일 또는 그런 작물
- **도래샘** : 빙 돌아서 흐르는 샘물
- **동부레기** : 뿔이 날 만한 나이의 송아지
- **무녀리** : 한 태에 낳은 여러 마리 새끼 가운데 가장 먼저 나온 새끼
- **무서리** : 늦가을에 처음 내리는 묽은 서리
- **엇부루기** : 아직 큰 소가 되지 못한 수송아지
- **여우비** : 볕이 나 있는 날 잠깐 오다가 그치는 비
- **푸성귀** : 사람이 가꾼 채소나 저절로 난 나물 따위를 통틀어 이르는 말
- **하릅강아지** : 나이가 한 살 된 강아지
- **해거름** : 해가 서쪽으로 넘어가는 일 또는 그런 때
- **해넘이** : 해가 막 넘어가는 때 또는 그런 현상
- **해미** : 바다 위에 낀 아주 짙은 안개

사람의 성품과 관련된 어휘

- **감때사납다** : 1. 사람이 억세고 사납다. 2. 사물이 험하고 거칠다.
- **곰살맞다** : 몹시 부드럽고 친절하다.
- **공변되다** : 행동이나 일 처리가 사사롭거나 한쪽으로 치우치지 않고 공평하다.
- **괄괄스럽다** : 보기에 성질이 세고 급한 데가 있다.
- **굼슬겁다** : 성질이 보기보다 너그럽고 부드럽다.
- **끌밋하다** : 1. 모양이나 차림새 따위가 매우 깨끗하고 훤칠하다. 2. 손끝이 여물다.
- **뒤웅스럽다** : 생긴 꼴이 뒤웅박처럼 미련한 데가 있다.
- **맵짜다** : 1. 음식의 맛이 맵고 짜다. 2. 바람 따위가 매섭게 사납다. 3. 성미가 사납고 독하다. 4. 성질 따위가 야무지고 옹골차다.
- **맵차다** : 1. 맵고 차다. 2. 옹골차고 야무지다.
- **무람없다** : 예의를 지키지 않으며 삼가고 조심하는 것이 없다.
- **물색없다** : 말이나 행동이 형편에 맞거나 조리에 닿지 아니하다.
- **새실스럽다** : 성질이 차분하지 못하고 가벼워 말이나 행동이 실없고 부산한 데가 있다.
- **실팍지다** : 사람이나 물건 따위가 보기에 매우 실한 데가 있다.
- **아금받다** : 1. 야무지고 다부지다. 2. 무슨 기회든지 재빠르게 붙잡아 이용하는 소질이 있다.
- **암상스럽다** : 보기에 남을 시기하고 샘을 잘 내는 데가 있다.
- **어험스럽다** : 1. 짐짓 위엄이 있어 보이는 듯하다. 2. 굴이나 구멍 따위가 텅 비고 우중충한 데가 있다.
- **옹글다** : 1. 물건 따위가 조각나거나 손상되지 아니하고 본디대로 있다. 2. 조금도 축가거나 모자라지 아니하다. 3. 매우 실속 있고 다부지다.
- **의뭉하다** : 겉으로는 어리석은 것처럼 보이면서 속으로는 엉큼하다.
- **찬찬스럽다** : 보기에 성질, 솜씨, 행동 따위가 꼼꼼하고 자상한 데가 있다.
- **춥춥스럽다** : 보기에 너절하고 염치없는 데가 있다.

상황 또는 상태, 외양과 관련된 어휘

- **가년스럽다** : 보기에 가난하고 어려운 데가 있다.
- **가멸다** : 재산이나 자원 따위가 넉넉하고 많다.
- **가뭇없다** : 1. 보이던 것이 전혀 보이지 않아 찾을 곳이 감감하다. 2. 눈에 띄지 않게 감쪽같다.
- **거방지다** : 1. 몸집이 크다. 2. 하는 짓이 점잖고 무게가 있다. 3. 매우 푸지다.
- **깔밋하다** : 1. 모양새나 차림새 따위가 아담하고 깔끔하다. 2. 손끝이 야물다.
- **남우세스럽다** : 남에게 놀림과 비웃음을 받을 듯하다.
- **녹녹하다** : 1. 촉촉한 기운이 약간 있다. 2. 물기나 기름기가 있어 딱딱하지 않고 좀 무르며 보드랍다.
- **대근하다** : 견디기가 어지간히 힘들고 만만치 않다.
- **매캐하다** : 연기나 곰팡이 따위의 냄새가 맵고 싸하다.
- **몽실하다** : 통통하게 살이 쪄서 보드랍고 야들야들한 느낌이 있다.
- **스산스럽다** : 어수선하고 쓸쓸한 분위기가 있다.
- **시금떨떨하다** : 맛이나 냄새 따위가 조금 시면서도 떫다.
- **실팍하다** : 사람이나 물건 따위가 보기에 매우 실하다.
- **싱겁다** : 사람의 말이나 행동이 상황에 어울리지 않고 다소 엉뚱한 느낌을 주다.
- **어금지금하다** : 서로 엇비슷하여 정도나 수준에 큰 차이가 없다. = 어금버금하다.
- **영절스럽다** : 아주 그럴듯하다.
- **옴팡지다** : 1. 보기에 가운데가 좀 오목하게 쏙 들어가 있다. 2. 아주 심하거나 지독한 데가 있다.
- **잗다랗다** : 1. 꽤 잘다. 2. 아주 자질구레하다. 3. 볼만한 가치가 없을 정도로 하찮다.
- **좀스럽다** : 1. 사물의 규모가 보잘것없이 작다. 2. 도량이 좁고 옹졸한 데가 있다.
- **찹찹하다** : 1. 포개어 쌓은 물건이 엉성하지 아니하고 차곡차곡 가지런하게 가라앉아 있다. 2. 마음이 들뜨지 아니하고 차분하다.
- **푼푼하다** : 1. 모자람이 없이 넉넉하다. 2. 옹졸하지 아니하고 시원스러우며 너그럽다.
- **헌칠하다** : 키나 몸집 따위가 보기 좋게 어울리도록 크다.
- **헤식다** : 1. 바탕이 단단하지 못하여 헤지기 쉽다. 또는 차진 기운이 없이 푸슬푸슬하다. 2. 맺고 끊는 데가 없이 싱겁다. 3. 일판이나 술판 따위에서 흥이 깨어져 서먹서먹하다.
- **훗훗하다** : 1. 약간 갑갑할 정도로 훈훈하게 덥다. 2. 마음을 부드럽게 녹여 주는 듯한 훈훈한 기운이 있다.

- **가붓가붓** : 여럿이 다 조금 가벼운 듯한 느낌
- **갈근갈근** : 목구멍에 가래 따위가 걸려 간지럽게 자꾸 가치작거리는 모양
- **감실감실** : 사람이나 물체, 빛 따위가 먼 곳에서 자꾸 아렴풋이 움직이는 모양
- **곰실곰실** : 작은 벌레 따위가 한데 어우러져 조금씩 자꾸 굼뜨게 움직이는 모양
- **깨죽깨죽** : 1. 자꾸 불평스럽게 종알거리는 모양 2. 자꾸 음식을 먹기 싫은 듯이 되씹는 모양
- **남상남상** : 1. 자꾸 좀 얄밉게 넘어다보는 모양 2. 남의 것을 탐내어 가지려고 좀스럽게 자꾸 기회를 엿보는 모양 3. 액체가 그릇에 가득 차서 넘칠 듯한 모양
- **녹신녹신** : 질기거나 차진 물체가 여럿이 다 또는 매우 무르고 보드라운 모양
- **다문다문** : 1. 시간적으로 잦지 아니하고 좀 드문 모양 2. 공간적으로 배지 아니하고 사이가 좀 드문 모양
- **데면데면** : 1. 사람을 대하는 태도가 친밀감이 없이 예사로운 모양 2. 성질이 꼼꼼하지 않아 행동이 신중하거나 조심스럽지 않은 모양
- **몬닥몬닥** : 작은 덩이로 자꾸 똑똑 끊어지거나 잘라지는 모양
- **미적미적** : 1. 무거운 것을 조금씩 앞으로 자꾸 내미는 모양 2. 해야 할 일이나 날짜 따위를 미루어 자꾸 시간을 끄는 모양 = 미루적미루적 3. 자꾸 꾸물대거나 망설이는 모양
- **배죽배죽** : 언짢거나 비웃거나 울려고 할 때 소리 없이 입을 내밀고 샐룩거리는 모양
- **뿌득뿌득** : 억지를 부려 제 생각대로만 하려고 자꾸 우기거나 조르는 모양
- **스멀스멀** : 살갗에 벌레가 자꾸 기어가는 것처럼 근질근질한 느낌
- **슴벅슴벅** : 1. 눈꺼풀을 움직이며 눈을 자꾸 감았다 떴다 하는 모양 2. 눈이나 살 속이 찌르듯이 자꾸 시근시근한 모양
- **씨엉씨엉** : 걸음걸이나 행동 따위가 기운차고 활기 있는 모양
- **아등바등** : 무엇을 이루려고 애를 쓰거나 우겨 대는 모양
- **올강올강** : 단단하고 오돌오돌한 물건이 잘 씹히지 아니하고 입 안에서 요리조리 자꾸 미끄러지는 모양
- **워석버석** : 얇고 뻣뻣한 물건이나 풀기가 센 옷 따위가 부스러지거나 서로 크게 스치는 소리. 또는 그 모양
- **자밤자밤** : 나물이나 양념 따위를 손가락 끝으로 집을 만한 정도의 분량만큼 잇따라 집는 모양

숫자를 나타내는 어휘

- **강다리** : 쪼갠 장작을 묶어 세는 단위. 한 강다리는 쪼갠 장작 백 개비를 이른다.
- **거리** : 오이나 가지 따위를 묶어 세는 단위(한 거리는 오이나 가지 오십 개)
- **꾸러미** : 꾸리어 싼 물건을 세는 단위. 달걀 열 개를 묶어 세는 단위
- **담불** : 벼를 백 섬씩 묶어 세는 단위
- **매** : 젓가락 한 쌍을 세는 단위
- **모숨** : 길고 가느다란 물건의, 한 줌 안에 들어올 만한 분량을 세는 단위
- **뭇** : 1. 짚, 장작, 채소 따위의 작은 묶음을 세는 단위 2. 볏단을 세는 단위 3. 생선을 묶어 세는 단위(한 뭇은 생선 열 마리) 4. 미역을 묶어 세는 단위(한 뭇은 미역 열 장)
- **벌** : 옷, 그릇 따위가 두 개 또는 여러 개 모여 갖추는 덩어리를 세는 단위
- **섬** : 부피의 단위. 곡식, 가루, 액체 따위의 부피를 잴 때 쓴다(한 섬은 한 말의 열 배)
- **손** : 한 손에 잡을 만한 분량을 세는 단위. 조기, 고등어, 배추 따위 한 손은 큰 것 하나와 작은 것 하나를 합한 것을 이르고, 미나리나 파 따위 한 손은 한 줌 분량을 이른다.
- **쌈** : 1. 바늘을 묶어 세는 단위(한 쌈은 바늘 스물네 개) 2. 옷감, 피혁 따위를 알맞은 분량으로 싸 놓은 덩이를 세는 단위. 3. 금의 무게를 나타내는 단위(한 쌈은 금 백 냥쭝)
- **접** : 채소나 과일 따위를 묶어 세는 단위(한 접은 채소나 과일 백 개)
- **제** : 한약의 분량을 세는 단위. 한 제는 탕약 스무 첩. 또는 그만한 분량으로 지은 환약 따위를 이른다.
- **죽** : 옷, 그릇 따위의 열 벌을 묶어 이르는 말
- **줌** : 주먹으로 쥘 만한 분량
- **첩** : 반상기 한 벌에 갖추어진 쟁첩을 세는 단위
- **켤레** : 신, 양말, 버선, 방망이 따위의 짝이 되는 두 개를 한 벌로 세는 단위
- **쾌** : 1. 북어를 묶어 세는 단위(한 쾌는 북어 스무 마리) 2. 엽전을 묶어 세던 단위(한 쾌는 엽전 열 냥)
- **타래** : 사리어 뭉쳐 놓은 실이나 노끈 따위의 뭉치를 세는 단위
- **토리** : 실뭉당이를 세는 단위
- **톳** : 김을 묶어 세는 단위. 한 톳은 김 100장을 이른다.

② 주요 관용구·속담

> 신체와 관련 있는 관용구

- **가슴을 저미다** : 생각이나 느낌이 매우 심각하고 간절하여 가슴을 칼로 베는 듯한 아픔을 느끼게 하다.
- **가슴에 칼을 품다** : 상대편에게 모진 마음을 먹거나 흉악한 생각을 하다.
- **가슴이 콩알만 하다(해지다)** : 불안하고 초조하여 마음을 펴지 못하고 있다.
- **간도 쓸개도 없다** : 용기나 줏대 없이 남에게 굽히다.
- **간에 기별도 안 가다** : 먹은 것이 너무 적어 먹으나 마나 하다.
- **간장을 녹이다** : 감언이설, 아양 따위로 상대편의 환심을 사다.
- **귀를 씻다** : 세속의 더러운 이야기를 들은 귀를 씻는다는 뜻으로, 세상의 명리를 떠나 깨끗하게 삶을 비유적으로 이르는 말
- **눈에 어리다** : 어떤 모습이 잊혀지지 않고 머릿속에 뚜렷하게 떠오르다.
- **눈에 불을 켜다** : 1. 몹시 욕심을 내거나 관심을 기울이다. 2. 화가 나서 눈을 부릅뜨다.
- **다리가 길다** : 음식 먹는 자리에 우연히 가게 되어 먹을 복이 있다.
- **다리품을 팔다** : 1. 길을 많이 걷다. 2. 남에게 품삯을 받고 먼 길을 걸어서 다녀오다.
- **머리가 굳다** : 1. 사고방식이나 사상 따위가 완고하다. 2. 기억력 따위가 무디다.
- **머리에 서리가 앉다** : 머리가 희끗희끗하게 세다. 또는 늙다.
- **목에 힘을 주다** : 거드름을 피우거나 남을 깔보는 듯한 태도를 취하다.
- **발을 구르다** : 매우 안타까워하거나 다급해하다.
- **배를 두드리다** : 생활이 풍족하거나 살림살이가 윤택하여 안락하게 지내다.
- **배알이 꼴리다(뒤틀리다)** : 비위에 거슬려 아니꼽게 생각된다.
- **손에 장을 지지다** : 어떤 사실이나 사건 따위를 전혀 믿을 수가 없다.
- **손톱도 안 들어가다** : 사람됨이 몹시 야무지고 인색하다.
- **어깨를 겨누다(겨루다)** : 서로 비슷한 지위나 힘을 가지다.
- **얼굴이 넓다** : 사귀어 아는 사람이 많다.
- **엉덩이가 가볍다** : 어느 한자리에 오래 머물지 못하고 바로 자리를 뜨다.
- **입을 씻다(닦다)** : 이익 따위를 혼자 차지하거나 가로채고서는 시치미를 떼다.
- **코가 빠지다** : 근심에 싸여 기가 죽고 맥이 빠지다.
- **코빼기도 내밀지(나타나지) 않다** : 도무지 모습을 나타내지 아니함을 낮잡아 이르는 말
- **피가 거꾸로 솟다(돌다)** : 피가 머리로 모인다는 뜻으로, 매우 흥분한 상태를 비유적으로 이르는 말
- **허리가 휘다(휘어지다)** : 감당하기 어려운 일을 하느라 힘이 부치다.
- **허리띠를 졸라매다** : 1. 검소한 생활을 하다. 2. 마음먹은 일을 이루려고 새로운 결의와 단단한 각오로 일에 임하다.
- **허파에 바람 들다** : 실없이 행동하거나 지나치게 웃어 대다.

사물 · 자연물과 관련 있는 관용구

- **강 건너 불구경** : 자기에게 관계없는 일이라고 하여 무관심하게 방관하는 모양 = 강건너 불 보듯

- **경종을 울리다** : 잘못이나 위험을 미리 경계하여 주의를 환기시키다.

- **나발을 불다** : (속되게) 1. 당치 않은 말을 함부로 하다. 2. 터무니없이 과장하여 말을 하다. 3. 술이나 음료를 병째로 마시다. 4. 어떤 사실을 자백하다. 5. 어린아이가 소리 내어 시끄럽게 울다.

- **달밤에 체조하다** : 격에 맞지 않은 짓을 함을 핀잔하는 말

- **돌개바람에 먼지 날리듯** : 갑자기 모두 없어지는 것을 비유적으로 이르는 말

- **돌을 던지다** : 1. 남의 잘못을 비난하다. 2. 바둑을 두는 도중에 자기가 졌음을 인정하고 그만두다.

- **땅이 꺼지도록(꺼지게)** : 한숨을 쉴 때 몹시 깊고도 크게.

- **땅에 떨어지다** : 명예나 권위 따위가 회복하기 어려울 정도로 손상되다.

- **물 건너가다** : 일의 상황이 끝나 어떠한 조치를 할 수 없다.

- **물결을 타다** : 시대의 풍조나 형세에 맞게 처신하다.

- **물로 보다** : 사람을 하찮게 보거나 쉽게 생각한다.

- **물 위의 기름** : 서로 어울리지 못하여 겉도는 사이

- **물불을 가리지(헤아리지) 않다** : 위험이나 곤란을 고려하지 않고 막무가내로 행동하다.

- **바가지를 쓰다** : 1. 요금이나 물건값을 실제 가격보다 비싸게 지불하여 억울한 손해를 보다. 2. 어떤 일에 대한 부당한 책임을 억울하게 지게 되다.

- **바람을 일으키다** : 1. 사회적으로 많은 사람에게 영향을 미치다. 2. 사회적 문제를 만들거나 소란을 일으키다.

- **방아를 찧다** : 방아를 찧듯이 고개나 몸을 끄덕이다.

- **불을 받다** : 남에게 큰 모욕을 당하거나 재해를 입다.

- **불을 끄다** : 급한 일을 처리하다.

- **불을 보듯 뻔하다(훤하다)** : 앞으로 일어날 일이 의심할 여지가 없이 아주 명백하다.

- **불꽃이 튀다** : 1. 겨루는 모양이 치열하다. 2. 격한 감정이 눈에 내비치다.

- **붓을 꺾다(던지다)** : 1. 문필 활동을 그만두다. 2. 글을 쓰는 문필 활동에 관한 희망을 버리고 다른 일을 하다.

- **산통을 깨다** : 다 잘되어 가던 일을 이루지 못하게 뒤틀다.

- **하늘과 땅** : 둘 사이에 큰 차이나 거리가 있음을 비유적으로 이르는 말

- **하늘이 노래지다** : 갑자기 기력이 다하거나 큰 충격을 받아 정신이 아찔하게 되다.

- **해가 서쪽에서 뜨다** : 전혀 예상 밖의 일이나 절대로 있을 수 없는 희한한 일을 하려고 하거나 하였을 경우를 비유적으로 이르는 말

주요 속담

· **가난 구제는 나라님(임금)도 못한다** : 남의 가난한 살림을 도와주기란 끝이 없는 일이어서, 개인은 물론 나라의 힘으로도 구제하지 못한다는 말

· **가는 말에 채찍질** : 1. 열심히 하는데도 더 빨리 하라고 독촉함을 비유적으로 이르는 말 2. 형편이나 힘이 한창 좋을 때라도 더욱 힘써야 함을 비유적으로 이르는 말

· **가루는 칠수록 고와지고 말은 할수록 거칠어진다** : 가루는 체에 칠수록 고와지지만 말은 길어질수록 시비가 붙을 수 있고 마침내는 말다툼까지 가게 되니 말을 삼가라는 말

· **감나무 밑에 홍시 떨어지기를 기다린다(바란다)** : 아무런 노력도 아니하면서 좋은 결과가 이루어지기만 바람을 비유적으로 이르는 말

· **경주 돌이면 다 옥석인가** : 1. 좋은 일 가운데 궂은일도 섞여 있다는 말 2. 사물을 평가할 때, 그것이 나는 곳이나 그 이름만을 가지고서 판단할 수 없다는 말

· **곶감 꼬치에서 곶감 빼(뽑아) 먹듯** : 애써 알뜰히 모아 둔 재산을 조금씩 조금씩 헐어 써 없앰을 비유적으로 이르는 말

· **굿이나 보고 떡이나 먹지(먹으면 된다)** : 남의 일에 쓸데없는 간섭을 하지 말고 되어 가는 형편을 보고 있다가 이익이나 얻도록 하라는 말

· **꿈에 나타난 돈도 찾아 먹는다** : 매우 깐깐하고 인색하여 제 몫은 어떻게 해서든지 찾아가고야 마는 경우를 비유적으로 이르는 말

· **나무라도 고목이 되면 오던 새도 아니 온다** : 사람이 세도가 좋을 때는 늘 찾아오다가 그 처지가 보잘것없게 되면 찾아오지 아니함을 비유적으로 이르는 말 = 꽃이라도 십일홍이 되면 오던 봉접도 아니 온다.

· **낙숫물이 댓돌을 뚫는다** : 작은 힘이라도 꾸준히 계속하면 큰일을 이룰 수 있음을 비유적으로 이르는 말

· **남의 염병이 내 고뿔만 못하다** : 남의 괴로움이 아무리 크다고 해도 자기의 작은 괴로움보다는 마음이 쓰이지 아니함을 비유적으로 이르는 말

· **누울 자리 봐 가며 발을 뻗어라** : 1. 어떤 일을 할 때 그 결과가 어떻게 되리라는 것을 생각하여 미리 살피고 일을 시작하라는 말 2. 시간과 장소를 가려 행동하라는 말

· **다 된 죽에 코 풀기** : 1. 거의 다 된 일을 망쳐버리는 주책없는 행동을 비유적으로 이르는 말 2. 남의 다 된 일을 악랄한 방법으로 방해하는 것을 비유적으로 이르는 말

· **당장 먹기엔 곶감이 달다** : 1. 당장 먹기 좋고 편한 것은 그때 잠시뿐이지 정작 좋고 이로운 것은 못 된다는 말 2. 나중에 가서야 어떻게 되든지 당장 하기 쉽고 마음에 드는 일을 잡고 시작함을 비유적으로 이르는 말

· **도끼가 제 자루 못 찍는다** : 자기의 허물을 자기가 알아서 고치기 어려움을 비유적으로 이르는 말

· **뚝배기보다 장맛이 좋다** : 겉모양은 보잘것없으나 내용은 훨씬 훌륭함을 이르는 말

· **마른나무를 태우면 생나무도 탄다** : 안 되는 일도 대세를 타면 잘될 수 있음을 비유적으로 이르는 말

· **마파람에 게 눈 감추듯** : 음식을 매우 빨리 먹어 버리는 모습을 비유적으로 이르는 말 ⑩ 남양 원님 굴회 마시듯, 두꺼비 파리 잡아먹듯

- 말 많은 집은 장맛도 쓰다 : 1. 집안에 잔말이 많으면 살림이 잘 안 된다는 말 2. 입으로는 그럴듯하게 말하지만 실상은 좋지 못하다는 말
- 밑구멍으로 호박씨 깐다 : 겉으로는 점잖고 의젓하나 남이 보지 않는 곳에서는 엉뚱한 짓을 하는 경우를 비유적으로 이르는 말
- 바닷속의 좁쌀알 같다 : 넓고 넓은 바닷속에 뜬 조그만 좁쌀알만 하다는 뜻으로, 그 존재가 대비도 안 될 만큼 보잘것없거나 매우 작고 하찮은 경우를 비유적으로 이르는 말
- 비단옷 입고 밤길 가기 : 비단옷을 입고 밤길을 걸으면 아무도 알아주지 않는다는 뜻으로, 생색이 나지 않는 공연한 일에 애쓰고도 보람이 없는 경우를 비유적으로 이르는 말
- 산 까마귀 염불한다 : 산에 있는 까마귀가 산에 있는 절에서 염불하는 것을 하도 많이 보고 들어서 염불하는 흉내를 낸다는 뜻으로, 무엇을 전혀 모르던 사람도 오랫동안 보고 듣노라면 제법 따라할 수 있게 됨을 비유적으로 이르는 말
- 삼밭에 쑥대 : 쑥이 삼밭에 섞여 자라면 삼대처럼 곧아진다는 뜻으로, 좋은 환경에서 자라면 좋은 영향을 받게 됨을 비유적으로 이르는 말
- 성난 황소 영각하듯 : 성난 황소가 크게 울듯이 무섭게 고함치는 모양을 비유적으로 이르는 말
- 소문난 잔치에 먹을 것 없다 : 떠들썩한 소문이나 큰 기대에 비하여 실속이 없거나 소문이 실제와 일치하지 아니하는 경우를 비유적으로 이르는 말
- 술 익자 체 장수(장사) 간다 : 술이 익어 체로 걸러야 할 때에 마침 체 장수가 지나간다는 뜻으로, 일이 공교롭게 잘 맞아 감을 비유적으로 이르는 말
- 얼음에 박 밀듯 : 말이나 글을 거침없이 줄줄 내리읽거나 내리외는 모양을 비유적으로 이르는 말
- 오뉴월 감주 맛 변하듯 : 매우 빨리 변하여 못 쓰게 됨을 비유적으로 이르는 말
- 입은 비뚤어져도 말은 바로 해라(하랬다) : 상황이 어떻든지 말은 언제나 바르게 하여야 함을 이르는 말 ㉴ 입은 비뚤어져도 주라는 바로 불어라
- 자빠져도 코가 깨진다 : 일이 안되려면 하는 모든 일이 잘 안 풀리고 뜻밖의 큰 불행도 생긴다는 말
- 치마가 열두 폭인가 : 남의 일에 쓸데없이 간섭하고 참견함을 비꼬는 말
- 코 막고 답답하다(숨막힌다)고 한다 : 제힘으로 쉽게 할 수 있는 일을 어렵게 생각하여 다른 곳에서 해결책을 찾으려 함을 비유적으로 이르는 말
- 터진 꽈리 보듯 한다 : 사람이나 물건을 아주 쓸데없는 것으로 여겨 중요시하지 아니함을 비유적으로 이르는 말
- 파방에 수수엿 장수 : 기회를 놓쳐서 이제는 별 볼일 없게 된 사람이나 그런 경우를 비유적으로 이르는 말
- 하루가 여삼추(라) : 하루가 삼 년과 같다는 뜻으로, 짧은 시간이 매우 길게 느껴짐을 비유적으로 이르는 말
- 혀 아래 도끼 들었다 : 말을 잘못하면 재앙을 받게 되니 말조심을 하라는 말
- 황소 뒷걸음치다가 쥐 잡는다 : 어쩌다 우연히 이루거나 알아맞힘을 비유적으로 이르는 말

③ 주요 한자성어

ㄱ

- 가렴주구(苛斂誅求) : 세금을 가혹하게 거두거나 백성의 재물을 무리하게 빼앗음을 이르는 말
- 각골난망(刻骨難忘) : 남에게 입은 은혜가 뼈에 깊이 사무치어 결코 잊혀지지 아니함 ㈜ 백골난망(白骨難忘)
- 각주구검(刻舟求劍) : '칼을 강물에 떨어뜨리자 뱃전에 그 자리를 표시했다가 나중에 그 칼을 찾으려 한다' 라는 뜻으로, 융통성 없이 현실에 맞지 않는 생각을 고집하는 어리석음을 이르는 말
- 간담상조(肝膽相照) : '간과 쓸개를 내놓고 서로에게 내보인다' 라는 뜻으로, 서로 속마음을 털어놓고 친밀하게 사귐을 이르는 말
- 강구연월(康衢煙月) : 태평한 세상의 평화로운 풍경을 이르는 말 ㈜ 고복격양(鼓腹擊壤), 태평성대(太平聖代)
- 견강부회(牽强附會) : 이치에 맞지 않는 말을 억지로 끌어 붙여 자기에게 유리하게 함
- 고식지계(姑息之計) : 우선 당장 편한 것만을 택하는 꾀나 방법. 임시변통의 계책. 고식책
- 고장난명(孤掌難鳴) : '외손뼉만으로는 소리가 울리지 아니한다' 라는 뜻으로, 혼자의 힘만으로 어떤 일을 이루기 어려움을 이르는 말
- 교각살우(矯角殺牛) : '소의 뿔을 잡으려다가 소를 죽인다' 라는 뜻으로 잘못된 점을 고치려다가 수단이 지나쳐 오히려 일을 그르침을 이르는 말
- 구우일모(九牛一毛) : '아홉 마리의 소 가운데 박힌 하나의 털' 이라는 뜻으로, 매우 많은 것 가운데 극히 적은 수를 이르는 말
- 권토중래(捲土重來) : '흙먼지를 날리며 다시 온다' 라는 뜻으로, 한 번 실패에 굴하지 않고 몇 번이고 다시 일어남을 이르는 말

ㄴ

- 난형난제(難兄難弟) : '누구를 형이라 하고 누구를 아우라 하기 어렵다는 뜻' 으로, 두 사물이 비슷하여 낫고 못함을 정하기 어려움을 이르는 말
- 낭중지추(囊中之錐) : '주머니 속에 있는 송곳' 이란 뜻으로, 재능이 뛰어난 사람은 숨어 있어도 저절로 사람들에게 알려짐을 이르는 말
- 능소능대(能小能大) : 모든 일에 두루 능함

ㄷ

- 단사표음(簞食瓢飮) : '대나무로 만든 밥그릇에 담은 밥과 표주박에 든 물' 이라는 뜻으로, 청빈하고 소박한 생활을 이르는 말
- 당랑거철(螳螂拒轍) : 자기 힘은 헤아리지 않고 강자에게 함부로 덤빔을 비유적으로 이르는 말

- 동상이몽(同床異夢) : 겉으로는 같이 행동하면서도 속으로는 각각 딴 생각을 하고 있음을 이르는 말
- 등고자비(登高自卑) : 1. 일을 순서대로 하여야 함을 이르는 말 2. 지위가 높을수록 스스로 몸을 낮춤

ㅁ

- 마부위침(磨斧爲針) : '도끼를 갈아 바늘을 만든다' 라는 뜻으로, 아무리 이루기 힘든 일도 끊임없는 노력과 끈기 있는 인내로 성공하고야 만다는 뜻
- 마중지봉(麻中之蓬) : '구부러진 쑥도 꼿꼿한 삼밭에 나면 자연히 꼿꼿하게 자란다' 라는 뜻으로 선한 사람과 사귀면 감화를 받아 자연히 선해짐을 이르는 말
- 망양보뢰(亡羊補牢) : '양을 잃고 우리를 고친다' 라는 뜻으로, 이미 어떤 일을 실패한 뒤에 뉘우쳐도 아무 소용이 없음을 이르는 말
- 면종복배(面從腹背) : 겉으로는 복종하는 체하면서 속으로는 배반함을 이르는 말
- 묘두현령(猫頭縣鈴) : '고양이 목에 방울 달기' 라는 뜻으로, 헛된 일을 의논함을 이르는 말
- 미생지신(尾生之信) : 미련하고 우직하게 지키는 약속을 이르는 말

ㅂ

- 백년하청(百年河淸) : 아무리 바라고 기다려도 이루어지기 어려움을 이르는 말
- 백척간두(百尺竿頭) : 매우 어렵고 위태로운 지경을 이르는 말
- 불공대천(不共戴天) : 하늘을 함께 이지 못한다는 뜻으로, 이 세상에서 같이 살 수 없을 만큼 큰 원한을 가짐을 비유적으로 이르는 말
- 불치하문(不恥下問) : 손아랫사람이나 지위나 학식이 자기만 못한 사람에게 모르는 것을 묻는 일을 부끄러워하지 아니함
- 빙탄지간(氷炭之間) : '얼음과 숯 사이' 란 뜻으로, 둘이 서로 어긋나 맞지 않는 사이나 서로 화합할 수 없는 사이를 말함

ㅅ

- 사면초가(四面楚歌) : 사방이 모두 적으로 둘러싸인 형국이나 누구의 도움도 받을 수 없는 '고립된 상태' 에 빠짐을 이르는 말
- 새옹지마(塞翁之馬) : 인생의 길흉화복은 변화가 많아 미리 헤아릴 수가 없다는 말
- 수주대토(守株待兎) : '그루터기를 지켜 토끼를 기다린다' 라는 뜻으로, 달리 변통할 줄 모르고 한 가지 일에만 얽매여 발전을 모르는 어리석은 사람을 비유적으로 이르는 말
- 순망치한(脣亡齒寒) : '입술이 없으면 이가 시리다' 라는 뜻으로, 서로 이해관계가 밀접한 사이에 어느 한쪽이 망하면 다른 한쪽도 그 영향을 받아 온전하기 어려움을 이르는 말

- 양두구육(羊頭狗肉) : '양의 머리를 걸어 놓고 개고기를 판다' 라는 뜻으로, 겉은 훌륭해 보이나 속은 그렇지 못한 경우를 이르는 말
- 염량세태(炎凉世態) : 권세가 있을 때는 아부하고, 몰락하면 푸대접하는 세상인심을 비유적으로 이르는 말
- 오비이락(烏飛梨落) : '까마귀 날자 배 떨어진다' 라는 뜻으로, 아무런 관계도 없이 한 일이 공교롭게 다른 일과 때가 일치해서 혐의를 받게 됨을 이르는 말
- 오상고절(傲霜孤節) : '서릿발이 심한 속에서도 굴하지 아니하고 외로이 지키는 절개' 라는 뜻으로, 충신 또는 국화를 뜻함
- 우공이산(愚公移山) : '우공이 산을 옮긴다' 는 말로 남이 보기엔 어리석은 일처럼 보이지만 어떤 일이라도 끊임없이 노력하면 반드시 이루어짐을 이르는 말
- 인면수심(人面獸心) : '사람의 얼굴을 하고 있으나 마음은 짐승과 같다' 라는 뜻으로, 마음이나 행동이 몹시 흉악함을 이르는 말

- 적반하장(賊反荷杖) : '도둑이 도리어 매를 든다' 라는 뜻으로, 잘못한 사람이 아무 잘못도 없는 사람을 나무라는 경우를 이르는 말
- 전인미답(前人未踏) : 이제까지 아무도 발을 들여놓거나 손을 댄 일이 없음을 이르는 말
- 전전긍긍(戰戰兢兢) : 몹시 두려워서 벌벌 떨며 조심함을 이르는 말
- 절차탁마(切磋琢磨) : 부지런히 학문과 덕행을 갈고닦음을 이르는 말
- 조령모개(朝令暮改) : 법령을 자꾸 고쳐서 갈피를 잡기가 어려움을 비유하는 말
- 조변석개(朝變夕改) : 아침저녁으로 뜯어고친다는 뜻으로, 계획이나 결정을 일관성 없이 자주 고치는 것을 이르는 말
- 지어지앙(池魚之殃) : '연못에 사는 물고기의 재앙' 이라는 뜻으로, 아무런 상관도 없는데 화를 당하는 경우를 이름

- 창해일속(滄海一粟) : 넓고 큰 바닷속의 좁쌀 한 알이라는 뜻으로, 아주 많거나 넓은 것 가운데 있는 매우 하찮고 작은 것을 이르는 말
- 천의무봉(天衣無縫) : '선녀의 옷에는 바느질한 자리가 없다' 라는 뜻으로, 1. 성격이나 언동 등이 매우 자연스러워 조금도 꾸민 데가 없음 2. 시나 문장이 기교를 부린 흔적(痕跡)이 없어 극히 자연스러움을 이르는 말
- 천재일우(千載一遇) : '천 년에 한 번 만난다' 라는 뜻으로, 좀처럼 얻기 어려운 좋은 기회를 말함

- 청출어람(靑出於藍) : '쪽에서 뽑아 낸 푸른 물감이 쪽보다 더 푸르다' 라는 뜻으로, 제자나 후배가 스승이나 선배보다 나음을 비유적으로 이르는 말
- 초미지급(焦眉之急) : '눈썹이 타게 될 만큼 위급한 상태' 란 뜻으로, 그대로 방치할 수 없는 매우 다급한 일이나 경우를 이르는 말

ㅌ

- 타산지석(他山之石) : '다른 산의 돌' 이라는 뜻으로, 다른 사람의 하찮은 언행도 자기의 지식과 인격을 닦는 데 도움이 될 수 있음을 뜻함
- 토사구팽(兎死拘烹) : '토끼를 다 잡고 나면 사냥개를 삶는다' 라는 뜻으로, 필요할 때 요긴하게 써먹고 쓸모가 없어지면 가혹하게 버리는 경우를 이르는 말

ㅍ

- 파죽지세(破竹之勢) : '대나무를 쪼개는 기세' 라는 뜻으로, 적을 거침없이 물리치고 쳐들어가는 기세를 이르는 말
- 풍수지탄(風樹之嘆) : 부모에게 효도를 다하려고 할 때에는 이미 돌아가셔서 그 뜻을 이룰 수 없음을 이르는 말
- 필부지용(匹夫之勇) : 좁은 소견을 가지고 어떤 계획이나 방법도 없이 혈기만을 믿고 마구 날뛰는 행동을 뜻함

ㅎ

- 허장성세(虛張聲勢) : 실속 없이 큰소리치거나 허세를 부림
- 호가호위(狐假虎威) : '여우가 호랑이의 위세를 빌려 호기를 부린다' 라는 뜻으로, 남의 권세를 빌려 위세를 부림
- 후생가외(後生可畏) : 젊은 후학들을 두려워할 만하다는 뜻으로, 후진들이 선배들보다 젊고 기력이 좋아, 학문을 닦음에 따라 큰 인물이 될 수 있으므로 가히 두렵다는 말
- 흥진비래(興盡悲來) : 즐거운 일이 다하면 슬픈 일이 닥쳐온다는 뜻으로, 세상일은 순환되는 것임을 이르는 말

④ 주제별 한자성어

효(孝)

- **冬溫夏淸(동온하청)** : 부모에 효도함. 부모님을 겨울에는 따뜻하게 여름에는 시원하게 해드림을 이르는 말
- **望雲之情(망운지정)** : '멀리 구름을 바라보며 어버이를 생각한다' 라는 뜻으로, 자식이 객지에서 고향에 계신 어버이를 생각하는 마음 ㉮ 望雲之懷(망운지회)
- **反哺之孝(반포지효)** : 자식이 자란 후에 어버이의 은혜를 갚는 효성을 이르는 말
- **白雲孤飛(백운고비)** : 멀리 떠나는 자식이 어버이를 그리워 함
- **伯俞之孝(백유지효)** : 중국 한나라 때 효자로 유명한 한백유(韓伯兪)와 관련된 고사에서 유래한 말로, 어버이에 대한 지극한 효심을 일컫는 말 ㉮ 伯兪泣杖(백유읍장)
- **出必告反必面(출필고반필면)** : 나갈 때는 반드시 가는 곳을 아뢰고, 되돌아와서는 반드시 얼굴을 보여 드림을 이르는 말 ㉮ 出告反面(출고반면)
- **風樹之歎(풍수지탄)** : 효도하고자 할 때에 이미 부모는 돌아가셔서, 효행을 다하지 못하는 슬픔을 이르는 말
- **昊天罔極(호천망극)** : 어버이의 은혜가 넓고 큰 하늘과 같이 다함이 없음을 이르는 말
- **昏定晨省(혼정신성)** : '저녁에 잠자리를 살피고 아침에 일찍이 문안을 드린다' 라는 뜻으로, 부모를 잘 섬기고 효성을 다함을 이르는 말

우정(友情)

- **肝膽相照(간담상조)** : '간과 쓸개를 내놓고 서로에게 보인다' 라는 뜻으로, 서로 마음을 터놓고 친하게 사귐을 이르는 말
- **管鮑之交(관포지교)** : 관중과 포숙의 사귐이란 뜻으로, 우정이 아주 돈독한 친구 관계를 이르는 말
- **膠漆之交(교칠지교)** : 아주 친밀하여 서로 떨어질 수 없는 교분을 이르는 말
- **金蘭之契(금란지계)** : 친구 사이의 매우 두터운 정을 이르는 말 ㉮ 金蘭之交(금란지교)
- **金石之交(금석지교)** : 쇠와 돌처럼 굳고 변함없는 사귐을 이르는 말
- **斷金之交(단금지교)** : '쇠라도 자를 수 있을 만큼 우정이 단단히 맺어져 있다' 라는 뜻으로, 매우 두터운 우정을 이르는 말 ㉮ 斷金之契(단금지계)
- **莫逆之友(막역지우)** : 허물이 없이 아주 친한 친구를 이르는 말 ㉮ 莫逆之間(막역지간)
- **刎頸之交(문경지교)** : 죽고 살기를 같이 할 만한 아주 가까운 사이나 친구를 이르는 말
- **朋友有信(붕우유신)** : 친구 사이의 도리는 믿음에 있음을 뜻하는 말로 오륜(五倫)의 하나
- **水魚之交(수어지교)** : '물과 고기의 관계' 처럼 아주 친밀하여 떨어질 수 없는 사이를 이르는 말
- **知音知己(지음지기)** : 소리를 듣고 나를 인정해 주는 친구를 이르는 말
- **布衣之交(포의지교)** : 베옷을 입고 다닐 때의 사귐이라는 뜻으로, 벼슬을 하기 전에 사귄 친구를 이르는 말

학문(學問)

- 曲學阿世(곡학아세) : 바른 길에서 벗어난 학문으로 세상 사람에게 아첨함
- 敎學相長(교학상장) : 가르치는 사람과 배우는 사람이 서로의 학업을 증진시킨다는 뜻
- 讀書三到(독서삼도) : 독서하는 데는 눈으로 보고, 입으로 읽고, 마음으로 깨우쳐야 한다는 뜻 ㉒ 讀書三昧 (독서삼매), 讀書尙友(독서상우), 三餘(삼여)
- 亡羊之歎(망양지탄) : '갈림길이 많아 양을 잃고 탄식한다' 라는 뜻으로, 학문의 길이 여러 갈래여서 한 갈래의 진리도 얻기 어렵다는 말 ㉒ 多岐亡羊(다기망양)
- 發憤忘食(발분망식) : 일을 이루려고 끼니조차 잊고 분발하여 노력함을 이르는 말
- 手不釋卷(수불석권) : 손에서 책을 놓을 사이 없이 늘 책을 가까이 하여 열심히 공부함을 이르는 말
- 盈科後進(영과후진) : 구덩이에 물이 찬 후 밖으로 흐르듯 학문도 단계에 맞게 진행해야 한다는 뜻
- 日就月將(일취월장) : 학문이 날로 달로 성장함을 이르는 말 ㉒ 刮目相對(괄목상대)
- 切磋琢磨(절차탁마) : '옥 · 돌 따위를 갈고 닦아 빛을 낸다' 라는 뜻으로, 부지런히 학문이나 인격을 배우고 닦음을 뜻함
- 走馬加鞭(주마가편) : '달리는 말에 채찍을 더한다' 라는 뜻으로, 잘하는 사람을 더욱 장려함
- 換骨奪胎(환골탈태) : '뼈를 바꾸어 끼고 태를 바꾸어 쓴다' 라는 뜻으로, 1. 옛사람이나 타인의 글에서 그 형식이나 내용을 취하거나 모방하여 자기의 작품인 것처럼 꾸미는 일 2. 용모가 환하고 아름다워 딴 사람처럼 됨
- 螢窓雪案(형창설안) : '반딧불이 비치는 창과 눈(雪)이 비치는 책상' 이라는 뜻으로, 어려운 가운데서도 학문에 힘씀을 비유한 말 ㉒ 螢雪之功(형설지공)

부부(夫婦)

- 琴瑟之樂(금슬지락) : 거문고와 비파의 조화로운 소리라는 뜻으로, 부부 사이의 다정하고 화목함을 이르는 말
- 夫唱婦隨(부창부수) : 남편이 주장하면 부인이 이에 잘 따른다는 뜻으로, 부부 화합의 도리를 이르는 말
- 賢婦令夫貴和六親(현부영부귀화육친) : 현명한 부인은 남편을 귀하게 하고 또한 일가친척을 화목하게 함을 이르는 말
- 百年佳約(백년가약) : 젊은 남녀가 부부가 되어 평생을 같이 지낼 것을 굳게 다짐하는 아름다운 언약

세태(世態)

- 桑田碧海(상전벽해) : 뽕나무밭이 변하여 푸른 바다가 됨, 즉 세상이 몰라볼 정도로 바뀐 것을 이르는 말
- 天旋地轉(천선지전) : 세상일이 크게 변함을 이르는 말
- 吳越同舟(오월동주) : 서로 적의를 품은 사람들이 한자리에 있게 된 경우나 서로 협력하여야 하는 상황을 비유적으로 이르는 말

일의 형세(形勢)

- 鷄肋(계륵) : '닭의 갈비' 라는 뜻으로, 먹자니 먹을 것이 없고 버리자니 아까워 이러지도 저러지도 못하는 형편
- 累卵之勢(누란지세) : 새알을 층층이 쌓아놓은 듯한 위태로운 형세를 이르는 말
- 命在頃刻(명재경각) : 거의 죽게 되어 숨이 끊어질 지경에 이름을 뜻하는 말
- 百尺竿頭(백척간두) : '백 척 높이의 장대 위에 올라섰다' 라는 뜻으로, 몹시 어렵고 위태로운 지경을 이르는 말
- 如履薄氷(여리박빙) : '살얼음을 밟는 것과 같다' 라는 뜻으로, 아슬아슬하고 위험한 일을 비유적으로 이르는 말
- 一觸卽發(일촉즉발) : 한 번 건드리기만 해도 폭발할 것같이 몹시 위급한 상태
- 進退兩難(진퇴양난) : 앞으로 나아가기도 어렵고 뒤로 물러나기도 어려워 이러지도 저러지도 못하는 어려운 처지를 비유하는 말 ㉤ 進退維谷(진퇴유곡)
- 風前燈火(풍전등화) : '바람 앞에 놓인 등불' 이라는 뜻으로, 매우 위태로운 처지에 놓여 있음을 비유하는 말

미인(美人)

- 傾國之色(경국지색) : 임금이 혹하여 나라가 기울어져도 모를 정도의 미인이라는 뜻으로, 뛰어나게 아름다운 미인을 이르는 말
- 傾城之美(경성지미) : 한 성(城)을 기울어뜨릴 만한 미색(美色)을 이르는 말
- 丹脣皓齒(단순호치) : 붉은 입술에 하얀 치아라는 뜻으로, 아름다운 여자를 이르는 말
- 花容月態(화용월태) : 꽃같은 얼굴과 달 같은 자태, 아름다운 여인의 얼굴과 맵시를 이르는 말

거리(距離)

- 咫尺之地(지척지지) : 매우 가까운 곳을 뜻함
- 咫尺之間(지척지간) : 매우 가까운 거리를 뜻함
- 指呼之間(지호지간) : 손짓하여 부를 만큼 가까운 거리를 뜻함

희생(犧牲)

- 先公後私(선공후사) : 공적인 것을 앞세우고 사적인 것은 뒤로 미룸을 이르는 말
- 大義滅親(대의멸친) : 큰 도리를 지키기 위하여 부모나 형제도 돌아보지 않음
- 見危致命(견위치명) : 나라가 위태로울 때 자기의 몸을 나라에 바침
- 滅私奉公(멸사봉공) : 사(私)를 버리고 공(公)을 위해 힘씀을 이르는 말

향수(鄕愁)

- 首邱初心(수구초심) : 여우가 죽을 때에 머리를 자기가 살던 굴 쪽으로 향한다는 뜻으로, 고향을 그리워하는 마음을 이르는 말
- 看雲步月(간운보월) : 낮에는 구름을 바라보고 밤에는 달빛 아래 거닌다는 뜻으로, 객지에서 집을 생각함을 이르는 말

자연 친화적인 삶

- 吟風弄月(음풍농월) : '바람을 읊고 달을 보고 시를 짓는다'라는 뜻으로, 시를 짓고 흥취를 자아내며 즐김을 뜻함
- 煙霞痼疾(연하고질) : 자연의 아름다운 경치를 몹시 사랑하는 것이 마치 고치지 못할 병이 든 것과 같음을 이르는 말 ㉤ 泉石膏肓(천석고황)
- 羽化登仙(우화등선) : 사람의 몸에 날개가 돋아 하늘로 올라가 신선이 됨을 이르는 말
- 風月主人(풍월주인) : 맑은 바람과 밝은 달 따위의 아름다운 자연을 즐기는 사람을 이르는 말

독서(讀書)

- 韋編三絕(위편삼절) : 옛날에 공자(孔子)가 주역(周易)을 즐겨 열심히 읽은 나머지 책을 맨 가죽 끈이 세 번이나 끊어졌다는 데서 유래한 말로, 책을 정독(精讀)함을 일컬음
- 男兒須讀五車書(남아수독오거서) : 당(唐)의 두보(杜甫)가 한 말로, 남자라면 다섯 수레 정도의 책은 읽어야 한다는 뜻으로 책을 다독(多讀)할 것을 당부하는 말
- 晝耕夜讀(주경야독) : 낮에는 밭을 갈고 밤에는 책을 읽는다는 뜻으로, 어려운 여건 속에서도 꿋꿋이 공부함을 이르는 말
- 三餘之功(삼여지공) : 독서하기에 가장 좋은 '겨울, 밤, 음우(陰雨)'를 일컬음
- 汗牛充棟(한우충동) : '수레에 실으면 소가 땀을 흘리고, 쌓아 올리면 들보에까지 찬다'라는 뜻으로, 가지고 있는 책이 매우 많음을 이르는 말
- 博而不精(박이부정) : 여러 방면으로 널리 알고 있으나 정밀하지는 못함

소문(所聞)

- 街談巷語(가담항어) : 거리나 항간에 떠도는 소문을 이르는 말 ㉤ 街談巷說(가담항설)
- 道聽途說(도청도설) : 길거리에 퍼져 떠돌아다니는 뜬소문을 이르는 말
- 流言蜚語(유언비어) : 아무 근거 없이 널리 퍼진 소문, 풍설, 떠돌아다니는 말을 뜻함

애정(愛情)

- 戀慕之情(연모지정) : 이성을 사랑하여 간절히 그리워하는 마음
- 相思不忘(상사불망) : 서로 그리워하여 잊지 못함
- 同病相憐(동병상련) : 같은 병을 앓는 사람끼리 서로 가엾게 여김. 처지가 비슷한 사람끼리 동정함을 이르는 말

기쁨 / 좋음

- 錦上添花(금상첨화) : '비단 위에 꽃을 놓는다' 는 뜻으로, 좋은 일이 겹침을 비유하는 말
- 弄璋之慶(농장지경) / 弄璋之喜(농장지희) : '장(璋)' 은 사내아이의 장난감인 '구슬' 이라는 뜻으로, 아들을 낳은 기쁨. 또는 아들을 낳은 일을 이르는 말
- 弄瓦之慶(농와지경) / 弄瓦之喜(농와지희) : '와(瓦)' 는 계집아이의 장난감인 '실패' 라는 뜻으로, 딸을 낳은 기쁨을 이르는 말
- 拍掌大笑(박장대소) : 손뼉을 치며 크게 웃음을 이르는 말
- 抱腹絕倒(포복절도) : 배를 끌어안고 넘어질 정도로 몹시 웃음을 이르는 말

슬픔

- 悲憤慷慨(비분강개) : 슬프고 분한 느낌이 마음속에 가득 차 있음을 뜻함
- 哀而不悲(애이불비) : 속으로는 슬프지만 겉으로는 슬픔을 나타내지 아니힘을 이르는 말
- 哀而不傷(애이불상) : 슬퍼하되 정도를 넘지 아니함을 이르는 말
- 切齒腐心(절치부심) : 몹시 분하여 이를 갈면서 속을 썩임을 이르는 말
- 天人共怒(천인공노) : 하늘과 사람이 함께 분노한다는 뜻으로, 누구나 분노할 만큼 증오스럽거나 도저히 용납할 수 없음을 이르는 말
- 含憤蓄怨(함분축원) : 분하고 원통한 마음을 품는 것을 이르는 말

불행 / 행복

- 雪上加霜(설상가상) : '눈 위에 서리가 덮인다' 라는 뜻으로, 불행한 일이 거듭하여 일어남을 비유함
- 七顚八倒(칠전팔도) : '일곱 번 구르고 여덟 번 거꾸러진다' 라는 말로, 수없이 실패를 거듭하거나 매우 심하게 고생함을 이르는 말

- 鷄卵有骨(계란유골) : '달걀에도 뼈가 있다' 라는 뜻으로, 운수가 나쁜 사람은 좋은 기회를 만나도 역시 일이 잘 안됨을 이르는 말
- 前途有望(전도유망) : 앞으로 잘 될 희망이 있음. 장래가 유망함을 일컫는 말
- 風雲兒(풍운아) : 좋은 기회를 타고 활약하여 세상에 두각을 나타내는 사람을 뜻하는 말
- 遠禍召福(원화소복) : 재앙을 물리치고 복을 불러들임

무례(無禮)

- 傍若無人(방약무인) : 곁에 사람이 없는 것처럼 거리낌 없이 함부로 행동하는 태도가 있음
- 眼下無人(안하무인) : 방자하고 교만하여 다른 사람을 업신여김을 이르는 말
- 回賓作主(회빈작주) : '손님으로 온 사람이 도리어 주인 행세를 한다' 는 뜻으로, 남의 의견이나 주장을 무시하고 자기 마음대로 행동함을 이르는 말
- 厚顔無恥(후안무치) : 뻔뻔스러워 부끄러움이 없음

무식(無識) / 어리석음

- 目不識丁(목불식정) : '고무래를 보고도 그것이 고무래 정(丁) 자인줄 모른다' 라는 뜻으로, 글자를 전혀 모름, 또는 그런 사람을 비유하는 말
- 魚魯不辨(어로불변) : '어(魚)자와 노(魯)자를 구별하지 못한다' 라는 뜻으로, 아주 무식함을 비유적으로 이르는 말
- 菽麥不辨(숙맥불변) : '콩인지 보리인지를 구별하지 못한다' 라는 뜻으로 세상 물정을 잘 모름을 이르는 말
- 牛耳讀經(우이독경) : '쇠귀에 경 읽기' 라는 뜻으로, 아무리 가르치고 일러주어도 알아듣지 못함을 이르는 말
- 緣木求魚(연목구어) : '나무에 올라가서 물고기를 구한다' 라는 뜻으로, 불가능한 일을 굳이 하려 함을 비유적으로 이르는 말

인재(人才)

- 群鷄一鶴(군계일학) : '닭의 무리 가운데 있는 한 마리의 학' 이란 뜻으로, 여럿 가운데서 가장 뛰어난 사람을 이르는 말
- 棟梁之材(동량지재) : 한 집안이나 한 나라의 기둥이 될 만한 훌륭한 인재를 이르는 말
- 鐵中錚錚(철중쟁쟁) : 평범한 사람들 가운데서 특별히 뛰어난 사람을 이르는 말
- 囊中之錐(낭중지추) : '주머니 속의 송곳' 이란 뜻으로, 재능이 뛰어난 사람은 숨어 있어도 저절로 사람들에게 알려짐을 이르는 말
- 泰斗(태두) : '泰山北斗(태산북두)' 의 준말로 남에게 존경받는 뛰어난 존재를 이르는 말

⑤ 한자 유의어 · 반의어

한자 유의어

가공(架空) = 허구(虛構)
가권(家眷) = 권솔(眷率)
가련(可憐) = 측은(惻隱)

가벌(家閥) = 문벌(門閥)
가정(苛政) = 패정(悖政)
각축(角逐) = 축록(逐鹿)

간난(艱難) = 고초(苦楚)
간병(看病) = 간호(看護)
간주(看做) = 치부(置簿)

갈등(葛藤) = 알력(軋轢)
감시(瞰視) = 부감(俯瞰)
강박(强迫) = 겁박(劫迫)

강탈(强奪) = 늑탈(勒奪)
개량(改良) = 개선(改善)
개전(改悛) = 반성(反省)

개제(皆濟) = 완료(完了)
검약(儉約) = 절약(節約)
격조(隔阻) = 적조(積阻)

결재(決裁) = 재가(裁可)
결핍(缺乏) = 부족(不足)
고무(鼓舞) = 고취(鼓吹)

공명(共鳴) = 수긍(首肯)
공헌(公憲) = 기여(寄與)
과격(過激) = 급진(急進)

광정(匡正) = 확정(廓正)
괴수(魁首) = 원흉(元兇)
교란(攪亂) = 요란(擾亂)

교사(敎唆) = 사주(使嗾)
교섭(交涉) = 절충(折衷)
구속(拘束) = 속박(束縛)

구축(驅逐) = 구출(驅出)
구획(區劃) = 경계(境界)
귀감(龜鑑) = 모범(模範)

귀향(歸鄕) = 귀성(歸省)
기대(企待) = 촉망(囑望)
기아(飢餓) = 기근(饑饉)

기질(氣質) = 성격(性格)
나태(懶怠) = 태만(怠慢)
낙담(落膽) = 실망(失望)

남상(濫觴) = 효시(嚆矢)
달변(達辯) = 능변(能辯)
대가(大家) = 거성(巨星)

독점(獨占) = 전유(專有)
등한(等閑) = 소홀(疏忽)
망각(忘却) = 망기(忘棄)

매료(魅了) = 매혹(魅惑)
매진(邁進) = 맥진(驀進)
명석(明晳) = 총명(聰明)

명함(名銜) = 명판(名判)
모반(謀反) = 반역(反逆)
목도(目睹) = 목격(目擊)

미연(未然) = 사전(事前)
민첩(敏捷) = 신속(迅速)
발췌(拔萃) = 선택(選擇)

백미(白眉) = 출중(出衆)
범상(凡常) = 심상(尋常)
불후(不朽) = 불멸(不滅)

사려(思慮) = 분별(分別)
산책(散策) = 소요(逍遙)
선철(先哲) = 선현(先賢)

쇄도(殺到) = 답지(遝至)
수척(瘦瘠) = 초췌(憔悴)
시사(示唆) = 암시(暗示)

시정(市井) = 여염(閭閻)
시조(始祖) = 비조(鼻祖)
알선(斡旋) = 주선(周旋)

압박(壓迫) = 위압(威壓)
연혁(沿革) = 변천(變遷)
영원(永遠) = 영구(永久)

요서(夭逝) = 요절(夭折)
위엄(威嚴) = 위신(威信)
유명(有名) = 고명(高名)

유미(唯美) = 탐미(耽美)
은닉(隱匿) = 은폐(隱蔽)
일률(一律) = 획일(劃一)

일치(一致) = 합치(合致)
일호(一毫) = 추호(秋毫)
자부(自負) = 자신(自信)

재능(才能) = 기량(器量)
저가(低價) = 염가(廉價)
전심(專心) = 몰두(沒頭)

질곡(桎梏) = 속박(束縛)
질책(叱責) = 문책(問責)
창공(蒼空) = 벽공(碧空)

천지(天地) = 건곤(乾坤)
초옥(草屋) = 모옥(茅屋)
최고(最高) = 지상(至上)

타계(他界) = 영면(永眠)
표변(豹變) = 돌변(突變)
풍부(豊富) = 윤택(潤澤)

풍정(風情) = 정취(情趣)
피력(披瀝) = 고백(告白)
하자(瑕疵) = 결함(缺陷)

횡사(橫死) = 비명(非命)
후락(朽落) = 퇴락(頹落)
힐난(詰難) = 지탄(指彈)

한자 반의어

가결(可決) ↔ 부결(否決)
간선(幹線) ↔ 지선(支線)
간섭(干涉) ↔ 방임(放任)

간헐(間歇) ↔ 지속(持續)
감퇴(減退) ↔ 증진(增進)
강건(剛健) ↔ 유약(柔弱)

강고(強固) ↔ 박약(薄弱)
개방(開放) ↔ 폐쇄(閉鎖)
개연(蓋然) ↔ 필연(必然)

객체(客體) ↔ 주체(主體)
거부(拒否) ↔ 승인(承認)
건조(乾燥) ↔ 습윤(濕潤)

걸작(傑作) ↔ 졸작(拙作)
경박(輕薄) ↔ 중후(重厚)
경상(經常) ↔ 임시(臨時)

경솔(輕率) ↔ 신중(愼重)
경직(硬直) ↔ 유연(柔軟)
경화(硬化) ↔ 연화(軟化)

계람(繫纜) ↔ 해람(解纜)
고답(高踏) ↔ 세속(世俗)
고상(高尙) ↔ 저속(低俗)

고아(高雅) ↔ 비속(卑俗)
곤란(困難) ↔ 용이(容易)
공명(共鳴) ↔ 반박(反駁)

공용(共用) ↔ 전용(專用)
관목(灌木) ↔ 교목(喬木)
관철(貫徹) ↔ 좌절(挫折)

교묘(巧妙) ↔ 졸렬(拙劣)
구심(求心) ↔ 원심(遠心)
균점(均霑) ↔ 독점(獨占)

근면(勤勉) ↔ 태타(怠惰)
근소(僅少) ↔ 과다(過多)
급성(急性) ↔ 만성(慢性)

급행(急行) ↔ 완행(緩行)
기결(旣決) ↔ 미결(未決)
기립(起立) ↔ 착석(着席)

긴밀(緊密) ↔ 소원(疏遠)
긴장(緊張) ↔ 해이(解弛)
긴축(緊縮) ↔ 완화(緩和)

길조(吉兆) ↔ 흉조(凶兆)
낙관(樂觀) ↔ 비관(悲觀)
낙천(樂天) ↔ 염세(厭世)

낭독(朗讀) ↔ 묵독(默讀)
내포(內包) ↔ 외연(外延)
노마(駑馬) ↔ 준마(駿馬)

노회(老獪) ↔ 순진(純眞)
농후(濃厚) ↔ 희박(稀薄)
눌변(訥辯) ↔ 달변(達辯)

능멸(凌蔑) ↔ 추앙(推仰)
단축(短縮) ↔ 연장(延長)
담천(曇天) ↔ 청천(晴天)

도심(都心) ↔ 교외(郊外)
동요(動搖) ↔ 안정(安定)
둔감(鈍感) ↔ 민감(敏感)

둔탁(鈍濁) ↔ 예리(銳利)
득의(得意) ↔ 실의(失意)
만조(滿潮) ↔ 간조(干潮)

모두(冒頭) ↔ 말미(末尾)
모방(模倣) ↔ 창조(創造)
밀집(密集) ↔ 산재(散在)

박무(薄霧) ↔ 농무(濃霧)
박토(薄土) ↔ 옥토(沃土)
백발(白髮) ↔ 홍안(紅顔)

보수(保守) ↔ 혁신(革新)
부상(扶桑) ↔ 함지(咸池)
비번(非番) ↔ 당번(當番)

비범(非凡) ↔ 평범(平凡)
상술(詳述) ↔ 약술(略述)
세모(歲暮) ↔ 연두(年頭)

수리(受理) ↔ 각하(却下)
수절(守節) ↔ 훼절(毁節)
심야(深夜) ↔ 백주(白晝)

쌍리(雙利) ↔ 편리(片利)
애호(愛好) ↔ 혐오(嫌惡)
양수(讓受) ↔ 양도(讓渡)

억제(抑制) ↔ 촉진(促進)
엄격(嚴格) ↔ 관대(寬大)
역경(逆境) ↔ 순경(順境)

영겁(永劫) ↔ 편각(片刻)
영전(榮轉) ↔ 좌천(左遷)
요절(夭折) ↔ 장수(長壽)

우연(偶然) ↔ 필연(必然)
우회(迂廻) ↔ 첩경(捷徑)
원양(遠洋) ↔ 근해(近海)

유사(類似) ↔ 상위(相違)
융기(隆起) ↔ 함몰(陷沒)
이단(異端) ↔ 정통(正統)

임대(賃貸) ↔ 임차(賃借)
정산(精算) ↔ 개산(槪算)
정착(定着) ↔ 표류(漂流)

조객(弔客) ↔ 하객(賀客)
조악(粗惡) ↔ 정교(精巧)
직계(直系) ↔ 방계(傍系)

질서(秩序) ↔ 혼돈(混沌)
참신(斬新) ↔ 진부(陳腐)
치졸(稚拙) ↔ 세련(洗練)

편파(偏頗) ↔ 공평(公平)
폐지(廢止) ↔ 존속(存續)
하락(下落) ↔ 앙등(仰騰)

할인(割引) ↔ 할증(割增)
호전(好轉) ↔ 악화(惡化)
횡단(橫斷) ↔ 종단(縱斷)

⑥ 유사 한자성어

가담항설(街談巷說) 도청도설(道聽塗說) 유언비어(流言蜚語)	객반위주(客反爲主) 적반하장(賊反荷杖) 주객전도(主客顚倒)	견토지쟁(犬兔之爭) 어부지리(漁夫之利) 어인득리(漁人得利)	고식지계(姑息之計) 동족방뇨(凍足放尿) 하석상대(下石上臺)
가렴주구(苛斂誅求) 가정맹어호(苛政猛於虎)	거안사위(居安思危) 유비무환(有備無患)	경국지색(傾國之色) 단순호치(丹脣皓齒) 무비일색(無比一色) 설부화용(雪膚花容)	공자천주(孔子穿珠) 불치하문(不恥下問)
각골난망(刻骨難忘) 결초보은(結草報恩) 백골난망(白骨難忘)	건곤일척(乾坤一擲) 재차일거(在此一擧)	계군일학(鷄群一鶴) 군계일학(群鷄一鶴) 백미(白眉)	과유불급(過猶不及) 교각살우(矯角殺牛) 교왕과직(矯枉過直)
각주구검(刻舟求劍) 수주대토(守株待兔) 연목구어(緣木求魚) 육지행선(陸地行船)	격세지감(隔世之感) 금석지감(今昔之感) 능곡지변(陵谷之變) 상전벽해(桑田碧海)	계륵(鷄肋) 양수집병(兩手執餠)	구밀복검(口蜜腹劍) 면종복배(面從腹背) 양두구육(羊頭狗肉) 표리부동(表裏不同)
간두지세(竿頭之勢) 누란지위(累卵之危) 초미지급(焦眉之急)	견마지로(犬馬之勞) 구마지심(狗馬之心) 분골쇄신(粉骨碎身) 진충갈력(盡忠竭力)	계명구도(鷄鳴狗盜) 함곡계명(函谷鷄鳴)	구상유취(口尙乳臭) 황구유취(黃口乳臭)
갑남을녀(甲男乙女) 우부우부(愚夫愚婦) 장삼이사(張三李四) 초동급부(樵童汲婦) 필부필부(匹夫匹婦)	견문발검(見蚊拔劍) 노승발검(怒蠅拔劍)	고굉지신(股肱之臣) 고장지신(股掌之臣) 동량지재(棟梁之材) 사직지신(社稷之臣) 주석지신(柱石之臣)	구우일모(九牛一毛) 대해일속(大海一粟) 창해일적(滄海一滴)
강구연월(康衢煙月) 고복격양(鼓腹擊壤) 함포고복(含哺鼓腹)	견원지간(犬猿之間) 불구대천(不俱戴天) 빙탄지간(氷炭之間)	고립무원(孤立無援) 사면초가(四面楚歌) 진퇴양난(進退兩難)	권불십년(權不十年) 세불십년(勢不十年) 화무십일홍(花無十日紅)

금란지교(金蘭之交) 문경지교(刎頸之交) 수어지교(水魚之交) 죽마고우(竹馬故友) 지음(知音)	마부위침(磨斧爲針) 십벌지목(十伐之木) 우공이산(愚公移山) 철저성침(鐵杵成針)	사불범정(邪不犯正) 사필귀정(事必歸正)	오거지서(五車之書) 한우충동(汗牛充棟)
금의주행(錦衣晝行) 금의환향(錦衣還鄉) 의금지영(衣錦之榮)	만시지탄(晚時之歎) 망양보뢰(亡羊補牢) 사후약방문(死後藥方文) 십일지국(十日之菊)	사생취의(捨生取義) 살신성인(殺身成仁)	이관규천(以管窺天) 정저지와(井底之蛙) 좌정관천(坐井觀天) 통관규천(通管窺天)
남가일몽(南柯一夢) 일장춘몽(一場春夢) 한단지몽(邯鄲之夢) 황량지몽(黃粱之夢)	망국지한(亡國之恨) 맥수지탄(麥秀之嘆)	삼인성호(三人成虎) 시호삼전(市虎三傳) 증삼살인(曾參殺人)	인과응보(因果應報) 종두득두(種豆得豆)
다기망양(多岐亡羊) 망양지탄(亡羊之歎)	명약관화(明若觀火) 불문가지(不問可知)	새옹지마(塞翁之馬) 전화위복(轉禍爲福)	인사유명(人死留名) 호사유피(虎死留皮)
단기지계(斷機之戒) 맹모단기(孟母斷機)	명재경각(命在頃刻) 풍전등화(風前燈火)	설상가상(雪上加霜) 전호후랑(前虎後狼)	일거양득(一擧兩得) 일석이조(一石二鳥)
단사표음(簞食瓢飲) 단표누항(簞瓢陋巷)	이율배반(二律背反) 자가당착(自家撞着)	소탐대실(小貪大失) 수주탄작(隨珠彈雀)	작심삼일(作心三日) 조석변개(朝夕變改)

독해

① 어휘 간 의미 관계

(1) 계열 관계

① 유의 관계와 동의 관계 : 형태가 다른 두 어휘들 간에 의미가 유사성을 띠고 상호 교체될 수 있는 경우를 말한다. 예를 들어 '낯' 과 '얼굴' 의 경우 '사람의 눈, 코, 입 등이 있는 얼굴의 앞면' 을 의미한다는 점에서 의미가 유사하다. 그리고 '낯이 뜨겁다', '얼굴이 뜨겁다' 와 같이 문맥상 교체가 가능한 것은 유의 관계로 볼 수 있지만, '낯이 없다', '얼굴이 없다' 와 같이 문맥상 교체가 어려운 경우도 발생하는 경우는 유의 관계라고 할 수 없다. 한편 형태가 다른 두 어휘가 의미가 같으며 모든 문맥에서 교체가 가능한 경우에는 동의 관계에 있다고 한다.

- 높임 체계에 따른 유의 관계 : 밥/진지, 주다/드리다, 먹다/잡수시다
- 고유어와 한자어의 대립에 따른 유의 관계 : 생각/사고(思考), 슬픔/비애(悲哀), 사람/인간(人間), 말미/휴가(休暇)
- 고유어와 외래어의 대립에 따른 유의 관계 : 만남/미팅(meeting), 동아리/써클(circle), 집/아파트(apartment)
- 표준어와 방언에 따른 유의 관계 : 옥수수/강냉이, 고깃간/푸줏간

② 반의 관계와 대립 관계 : 어떤 어휘들 간의 관계에서 한 가지 요소를 제외한 나머지 의미 요소가 동일할 때의 관계를 말한다. '처녀' 와 '총각' 이라는 어휘를 살펴보면 '사람', '미혼' 이라는 공통점은 있지만, 오직 '여성', '남성' 이라는 성의 요소만 차이가 나기 때문에 반의 관계에 해당한다. 대립 관계는 반의 관계와 혼동하기 쉽지만, '하늘' 과 '땅' 이라는 어휘를 살펴보면 공통된 의미 요소가 없고 '위', '아래' 라는 위치 요소만 대립한다. 따라서 '하늘' 과 '땅' 은 반의 관계로 보기 힘들다.

예 '팽창' 과 '수축'

- 팽창 : 1. 부풀어서 부피가 커짐 2. 수량이 본디의 상태보다 늘어나거나 범위, 세력 따위가 본디의 상태보다 커지거나 크게 발전함
- 수축 : 1. 근육 따위가 오그라듦 2. 부피나 규모가 줄어듦

예 '부상' 과 '추락'

- 부상 : 1. 물 위로 떠오름 2. 어떤 현상이 관심의 대상이 되거나 어떤 사람이 훨씬 좋은 위치로 올라섬
- 추락 : 1. 높은 곳에서 떨어짐 2. 위신이나 가치 따위가 떨어짐 3. 할아버지나 아버지의 공덕에 미치지 못하고 떨어짐

예 '증가' 와 '감소'

- 증가 : 양이나 수치가 늚
- 감소 : 양이나 수치가 줆 또는 양이나 수치를 줄임

③ 상하 관계

한쪽이 의미상 다른 쪽을 포함하거나 다른 쪽에 포함되는 의미 관계를 상하 관계라고 한다. 이때 포함하는 단어를 상의어, 포함되는 단어를 하의어라 한다. 흔히 상하 관계는 생물학적 분류기준인 종(種)이 유지되는 단어들 사이에서 나타난다.

> **예** 새 : 참새, 갈매기, 꿩, 까마귀, 독수리 … : 매(송골매, 보라매 …)

④ 부분−전체 관계

한 단어가 다른 단어의 부분이 되는 관계가 부분 관계, 전체 부분 관계라고 한다. 부분 관계에서 부분을 가리키는 단어를 부분어, 전체를 가리키는 단어를 전체어라고 한다. 예를 들면, '머리, 팔, 몸통, 다리' 는 '몸' 의 부분어이며, 이러한 부분어들에 의해 이루어진 '몸' 은 전체어이다.

(2) 복합 관계

① **다의 관계** : 어떤 어휘에 대응하는 의미가 여러 개일 경우를 말한다. 다의 관계에 있는 어휘들은 중심 의미를 바탕으로 주변 의미로 확장되거나 비유에 의해 의미가 확장되기도 한다.

- '길' 의 경우 중심 의미는 '사람이나 동물 또는 자동차 따위가 다닐 수 있는 공간' 이지만, '시간의 흐름에 따른 개인의 삶이나 사회 · 역사적 발전이 전개되는 과정' 등 주변적 의미나 비유적 의미로 확장되어 다의 관계를 형성하기도 한다.

> **예** 출근길이 막혀서 회사에 늦을 뻔했다. → 중심 의미로 사용되었다.
>
> 내가 살아갈 길은 희망으로 가득 차 있다. → 주변 의미로 사용되었다.
>
> 그 양반이 어제 저승길로 갔다. → 비유적인 의미로 사용되었다.

- '같다' 의 중심 의미는 '서로 다르지 않고 같다' 이지만, '기준에 합당한' 과 같은 주변적 의미로 쓰여 다의 관계를 형성하기도 한다.

> **예** 그는 나와 같은 학교를 졸업하였다. → 중심 의미로 사용되었다.
>
> 우리 언니 같은 사람은 세상에 또 없을 거야. → 주변 의미로 사용되었다.
>
> 나 같으면 이를 악물고 더 열심히 할 거야. → 주변 의미로 사용되었다.

② **동음이의 관계** : 서로 다른 의미를 가진 어휘가 시간의 흐름에 따라 발음이 변하여 우연히 형태가 같아진 경우가 있다. '배' 의 경우 '과일의 한 종류' 나 '사람의 가슴 아래 부분' , '바다에서 사람이나 화물을 수송하는 교통수단' 모두 같은 형태를 지니고 있으나, 의미상의 연관성이 없어 중심 의미에서 주변 의미로 확장된 경우로 볼 수 없는 경우에는 다의 관계와 구분하여 '동음이의 관계' 에 있다고 하며 사전에서도 서로 다른 어휘로 취급한다.

② 비문 알아두기

(1) 정확하지 못한 표현

① 주어와 서술어의 쓰임이 잘못된 경우

- 주어를 빠뜨린 경우

  예 새로 생긴 식당에 갔는데 초등학교 동창이었다. → '식당 주인이'를 빠뜨렸다.

- 주어와 서술어의 호응이 제대로 이루어지지 않은 경우

  예 우리가 이 전쟁에서 패한 이유는 상대방을 너무 얕잡아 보았다. → '이유'는 '때문이다'와 호응하므로 '보았기 때문이다'로 고쳐야 한다.

- 문장 안에서 주어가 바뀌는 경우

  예 그는 그녀에게 조금 더 걷자고 말했지만, 고개를 저었다. → 걷자고 요청한 사람은 '그'이고, 요청 대상은 '그녀'이다. 따라서 고개를 저은 사람은 그녀이므로 '고개를'의 앞에 '그녀는'을 넣어야 한다.

② 구조어의 호응 관계가 어색한 경우

예 그는 행동력이 있을 뿐만 아니라 꼼꼼할 뿐이다. → '뿐만 아니라'라는 부분이 제시되었으므로 '꼼꼼할 뿐이다'가 아닌 '꼼꼼하기까지 하다'가 와야 한다.

③ 높임법의 호응이 이루어지지 않은 경우

예 아버지께서 방에 들어갔다. → '들어갔다'를 '들어가셨다'로 고쳐야 한다.

④ 시제의 호응이 이루어지지 않은 경우

예 작년에는 때맞춰 내린 눈 덕분에 화이트 크리스마스를 맞이한다. → 시제가 작년, 즉 과거이므로 '맞이한다'가 아니라 '맞이했다'로 고쳐야 한다.

(2) 문장 접속이 어색한 표현

① 접속한 두 문장의 구조가 문법적으로 대등하지 않은 경우

예 세계는 받아들이는 사람만의 독특한 인식 세계를 구축하지만, 그 구축은 홀로 이루어지는 것이 아니라 삶을 공유하고 교류하는 사람들 사이에서 상호 공통적인 요소를 확인하면서 하나의 세계관을 형성한다. → 앞에서 인식 체계의 구축에 대해 언급하면서 '이루어지는 것이 아니라'라고 하였으므로 '공통적인 요소를 확인하면서 하나의 세계관을 형성한다'를 '공통적인 요소를 확인하면서 이루어지고, 그것으로 하나의 세계관이 형성된다'로 고치는 것이 바람직하다.

② 공통적으로 들어가는 요소 이외의 것을 생략한 경우

예 제2차 세계 대전에서 미군은 많은 일본군을 생포하였는데, 스스로를 명예를 잃은 자라고 여기며 일본인으로서의 생명이 끝났다고까지 생각했다. → '스스로를 명예를 ~ 끝났다'고 생각한 사람은 생포된 일본군이다. 그러므로 '스스로를'의 앞에 '사로잡힌 일본군은' 등을 넣어야 한다.

③ 두 절의 관계가 논리적으로 호응하지 않는 경우

예 감기를 예방하는 가장 좋은 방법은 외출하고 돌아온 후 손과 발을 씻고 입을 헹구는 것과 충분한 수면을 취

한다. → '손과 발을 씻고 입을 헹구는 것'이라고 하였으므로 '충분한 수면을 취하는 것이다'로 고치는 것이 바람직하다.

(3) 명료하지 못한 표현

① 중의적 어휘를 사용한 경우

예 다리가 정말 길구나. → '다리'가 신체의 일부인지, 책상 등 물건의 일부인지, 건너기 위한 시설물인지 알 수 없다.

② 중의적 구조를 사용한 경우

예 친구들이 다 웃지 않았다. → 친구들 중 웃은 사람이 단 한 사람도 없다는 의미와, 일부는 웃고 일부는 웃지 않았다는 두 가지 의미로 해석된다.

③ 중의적 은유를 사용한 경우

예 우리 아버지는 호랑이이다. → 아버지가 실제로 호랑이인지, 아버지의 성격이나 외모가 호랑이 같은지, 또는 아버지가 연극 · 영화에서 호랑이 역할을 맡았는지 알 수 없다.

(4) 간결하지 못한 표현

① 단어가 중복 사용된 경우

예 역전 앞, 모래 사장, 해변가 등

② 문장 내에서 의미가 중복 사용된 경우

예 우리는 그 안건에 대해 재차 다시 생각해야만 했다. → '재차'에는 '다시'라는 의미가 포함되어 있다.

(5) 기타 표현

① 피동형 문장의 남용

예 그 단계에서 우선되어야 할 것이 바로 분석이다. → '우선되어야'를 '우선해야'로 바꿔야 한다.

② 조사의 오용과 부당한 생략

예 그는 구세군 냄비에게 5만 원권 지폐를 넣었다. → '에게'는 사람이나 동물에게만 쓰이는 조사이므로 '구세군 냄비에'로 고쳐야 한다.

③ 단어의 오용

예 칠칠맞게 그 지저분한 꼴이 뭐냐? → '칠칠맞다'는 '칠칠하다'를 속되게 이르는 말로, '주접이 들지 아니하고 깨끗하고 단정하다', '성질이나 일 처리가 반듯하고 야무지다'를 의미한다. 그러므로 '칠칠맞게'를 '칠칠하지 못하게', '칠칠맞지 못하게' 등으로 고쳐야 한다.

③ 독해 비법

(1) 지문의 핵심 파악하기

① 핵심어 찾기 : 자주 반복되는 어휘는 그 글의 중심 화제나 관점일 가능성이 크다. 주로 명사이다.

② 각 문단의 중심 문장 찾기 : 핵심어에 대한 설명, 필자의 의견을 나타내는 부분일수록 중심 문장일 가능성이 크다. 주로 일반적 진술로 이루어진 문장이며, 각 문단의 처음이나 끝에 위치하는 경우가 많다.

③ 주제문 확정하기 : 각 문단의 중심 문장을 종합하면 필자가 말하고자 하는 바, 즉 주제를 파악하는 것이 수월해진다. 주제문은 각 문단의 중심 문장을 포괄할 수 있어야 한다.

(2) 글의 구조 파악하기

① 문단의 성격 알기 : 글의 구조를 파악하기 위해 가장 먼저 해야 할 것은 문단의 내용과 성격을 파악하는 것이다. 문단들 간의 관련성을 파악한 후 중심 문단과 뒷받침 문단으로 나눈다.

② 글의 구조 알기 : 글 전체를 이해하기 위해서는 글의 구조와 전개 방식을 알아야 한다. 서론-본론-결론이나 기-승-전-결 등의 전개 방식을 고려하여 글을 구조화한다.

③ 단락의 구조 파악하기

• 단락의 구성 : 단락은 원칙적으로 하나의 중심 단락과 중심 단락을 상술하거나 중심 문장의 논거를 제시하는 복수의 뒷받침 단락으로 구성된다.

• 단락의 종류

  − 도입 단락 : 글을 쓰게 된 동기와 독자의 관심 유도, 주제의 방향 등이 제시된다.

  − 전제 단락 : 본격적으로 주제를 논하기 전에 배치되며, 논리적인 밑바탕이 된다.

  − 연결 단락 : 내용의 차이가 있는 단락을 이어 주는 역할을 한다.

  − 전개 단락 : 글 전체의 주제를 구체적으로 전개시켜 나간다.

  − 주제 단락 : 글 전체의 주제와 핵심 내용이 담겨 있는 단락이다.

  − 부연 단락 : 앞에서 언급한 중심 내용을 보충해서 풀어준다.

  − 강조 단락 : 앞의 내용과 별다른 차이 없이 반복해서 강조하며, 보통 주제와 관련이 있다.

  − 정리 단락 : 주제에 대한 일반적인 언급, 본론에서 강조한 필자의 주장, 견해 등의 요점을 제시한다.

④ 문장 및 문단 간의 관계 파악하기

• 문장 또는 문단을 글의 구성단위로 보았을 때, 그것이 주어진 글에서 어떤 기능을 하는지 살펴야 한다.

• 부연, 예시, 상술, 전환 등 문장 또는 문단 간의 관계를 알려면 구조화가 필요하다. 이를 위해서는 주제문 또는 중심 문장을 찾아 다른 문장들과 관계를 살펴야 하며, 다른 문단과의 연결관계를 파악해야 한다.

• 불필요한 구성요소를 삭제하는 것도 하나의 방법이다.

• 접속어는 문장 및 문단 간의 관계를 가장 확실하게 나타내준다.

(3) 글 속의 정보 파악하기

① **설명문** : 주로 분석에 따른 지식을 전달하고자 하는 글이므로 정확하고 객관적이다. 주요 용어, 이론, 개념 등에 주의해야 한다. 서두에는 주로 집필 배경 · 목적 · 대상 등을 끝부분에는 요약을 나타내는 경우가 많다.

② **논설문** : 제시된 주장으로써 독자를 설득하고자 하는 글이다. 주장을 객관화하기 위해서는 근거가 타당해야 하고, 논지 전개가 적절해야 하며, 수용 가능성에 대해 판단이 올발라야 한다.

(4) 글 속의 정보 추론하기

① **정보 추론하기**

- 세부 정보의 추론 : 명시된 정보가 포괄적인 경우에는 세부적인 정보가 제시되지 않는다. 따라서 포괄적인 정보를 바탕으로 연역적으로 추론하여 세부적인 정보를 추론해야 한다.
- 생략된 정보의 추론 : 문장이 생략된 경우에는 앞 문장과 뒤 문장의 논리적 흐름과 정보 관계를 파악하여 추론한다. 단락이 생략된 경우에는 앞 단락과 뒤 단락의 요지를 파악하고 각 단락의 역할(주지, 예시, 상세화 등)을 파악하여 종합적인 추론을 한다.

② **상황 추론하기** : 읽기 자료를 바탕으로 알게 된 사실을 구체적인 상황에 적용할 줄 알아야 한다. 제시된 정보에 해당하는 구체적인 사례를 추론하거나 제시된 정보를 구체적인 상황에 적용했을 때 결과를 추론하는 것이 중요하다.

(5) 어휘 파악하기

글을 이해하기 위해서는 먼저 어휘의 의미를 알아야 한다. 이때 글에 등장하는 모든 어휘의 사전적 의미를 아는 것이 가장 좋겠지만, 그렇지 못한 경우에도 글의 문맥이나 정황을 살피면 어휘의 의미를 파악할 수 있다.

우선, 모르는 어휘가 속한 문장의 앞뒤에 있는 연결어에 주목하자. 특히 살펴야 하는 것은 접속어이다. '그리고', '그리하여' 등 순접 관계의 접속어가 나왔다면 해당 내용과 유사한 의미로 해석하며, '따라서', '그래서' 등의 인과 관계의 접속어가 나왔다면 원인과 결과를 생각하자. '그러나', '반면에' 등 역접 관계의 접속어가 나왔다면 반대의 의미로 해석해야 한다.

(6) 추론 과정 파악하기

① **전제, 논지, 논거 찾기** : 전제는 결론을 도출하기 위한 배경이라고 할 수 있다. 그러므로 결론에서 역으로 추론하면 찾을 수 있다. 이유와 결과가 나오는 경우에는 이유 부분이 전제이다. 논지는 글의 취지를, 논거는 필자가 주장에 대한 근거로서 제시하는 통계 · 사료 · 사건 · 상식 등을 말한다. 이 세 요소를 명확히 구분해야 한다.

② **재구조화하기** : 전제, 논지, 논거를 찾은 다음에는 그 중에 핵심이 되는 것을 추려서 다시 구조화한다.

④ 접속어

문장 내부의 두 성분, 또는 문장과 문장을 이어주는 역할을 한다.

(1) 병립 접속어

동일 범주의 항목을 나열한다.

예 그리고, 더구나, 또(는), 하물며 등

(2) 상술 접속어

설명이나 예시 등을 제시할 때 사용된다.

예 내용인즉, 말하자면, 사실인즉, 예컨대 등

(3) 대립 접속어

앞서 제시한 내용을 부정할 때 사용된다.

예 그러나, 그러기보다, 그렇지만, 도리어, 반면, 차라리, 하지만 등

(4) 전환 접속어

내용을 전환한다. 새 단락의 시작 부분에 주로 사용된다.

예 각설하고, 그러면, 그런데, 다음으로, 돌이켜 보건대, 아무튼, 어쨌든, 한편 등

(5) 인과 접속어

원인과 결과를 제시할 때 사용된다.

예 그러므로, 그런즉, 그리하여, 왜냐하면 등

(6) 귀결 접속어

결론이나 요약을 도출할 때 사용된다.

예 결국, 결론적으로, 그래서, 그렇다면, 요는 등

(7) 보충 접속어

이유나 근거를 제시할 때 사용된다.

예 다만, 만약, 뿐더러, 왜냐하면, 특히 등

⑤ 서술 방식의 종류

(1) 정태적 서술 방법

① **정의** : 일정 대상이나 용어의 법칙, 개념 등을 규정 · 진술하며, 정의항과 피정의항으로 이루어진다.

> **예** <u>국어란</u> <u>한 나라의 국민이 공통으로 사용하는 언어이다.</u>
>   피정의항   정의항

② **예시** : 세부적인 사례를 제시함으로써 원리, 법칙 등을 구체화하는 서술 방식이다. 설명 대상이 추상적 · 관념적일 경우에 효과적이다.

> **예** 동종 요법은 유사성의 원리에 근거한 것으로, 동일한 증상을 인공적으로 만들어 치료하는 것이다. 벨라도나를 건강한 사람이 먹을 경우 열이 나거나 얼굴에 반점이 생길 수도 있다. 따라서 감기에 걸렸거나 햇빛에 피부가 심하게 노출되었을 경우 벨라도나를 조금만 먹으면 증상을 없앨 수 있다.

③ **구분** : 상위 개념을 하위 개념으로 나누어 서술한다.

> **예** 소설에는 콩트, 단편, 중편, 장편, 대하 소설이 있다.

④ **분류** : 하위 개념을 상위 개념으로 묶어 서술한다.

> **예** 도마뱀, 거북, 악어, 뱀은 모두 파충류에 속해 있다.

⑤ **분석** : 유기적으로 결합된 전체를 성분 · 규모 · 속성 등의 구성 요소로 나누어 서술한다.

> **예** 케이크는 밀가루, 설탕, 베이킹파우더, 소금, 달걀, 버터 등으로 이루어져 있다.

⑥ **묘사** : 형태 · 색깔 · 감촉 · 향기 · 소리 등 감각적 인상에 의존하여 대상을 있는 그대로 그려낸다. 구체성 · 감각성을 특징으로 한다.

> **예** 짐승 같은 달의 숨소리가 손에 잡힐 듯이 들리며, 콩포기와 옥수수 잎새가 한층 달에 푸르게 젖었다. 산허리는 온통 메밀밭이어서 피기 시작한 꽃이 소금을 뿌린 듯이 흐뭇한 달빛에 숨이 막힐 지경이다. 붉은 대궁이 향기같이 애잔하고, 나귀들의 걸음도 시원하다.

⑦ **비교** : 복수 대상들 간의 유사점을 밝힌다.

> **예** 관객의 반응을 중시할 수밖에 없다는 점에서 영화와 연극은 유사하다고 할 수 있다.

⑧ **대조** : 복수 대상들 간의 차이점을 밝힌다.

> **예** 서양 사람들에게 길은 정신적 여행을 의미하는 경향이 있다. 서양 사람들은 길 위에서 어떤 것 – 신이든 자기 자신이든 – 을 발견하고자 한다. 반면 고대 중국인들은 신이나 내적 자신을 만나기 위해 도(道)를 따른 것은 아니었다. 그들은 도를 따름으로써 인간으로서의 가장 높은 가능성을 완성할 수 있다고 생각했다.

⑨ **유추** : 생소하고 어려운 개념이나 대상에 대하여 쉽고 친숙한 대상을 제시함으로써 이해를 돕는다. 이때 두 개념 또는 대상 사이에는 유사성이 있어야 한다.

> **예** 인생은 마라톤이다.

(2) 동태적 서술 방법

① 서사 : 시간의 흐름에 따라 전개되는 사건이나 행동의 변화에 초점을 둔다. 사건 또는 행동 그 자체를 보여 준다.

> **예** 그녀는 가게 문을 열고 안으로 들어갔다. 가게 안을 둘러 본 그녀는 창가 자리를 차지하고 앉았다. 그녀에게 다가간 점원이 메뉴판을 내밀었다. 그녀는 메뉴판을 받아 테이블 위에 올려놓으며 고개를 저었다. 점원이 가게 안쪽으로 들어가자 그녀는 핸드폰을 꺼냈다.

② 과정 : 특정 결과를 가져오게 한 절차나 방법 등을 단계별로 서술한다. '어떻게'라는 측면에 초점을 맞춘다.

> **예** 냄비에 물을 붓고 소금을 넣은 후, 물이 끓으면 스파게티 면을 넣고 8분가량 삶는다. 면이 다 익으면 체에 밭쳐 물기를 뺀 후 올리브유 한 스푼을 넣어 버무려 둔다. 프라이팬을 불에 올려 달궈지면 올리브유를 두른 후 얇게 썬 마늘을 넣어 볶는다. 마늘이 다 익으면 베이컨을 넣어 볶는데, 베이컨이 노릇해지면 우유와 생크림을 붓는다. 소스가 끓으면 체에 밭쳐 두었던 면을 넣어 버무린다.

③ 인과 : 특정 결과를 가져오게 한 원인이나 이유 등을 중심으로 한다. 주로 현상에 대한 설명이나 논증에서 사용된다.

> **예** 지금으로부터 약 30억 년 전쯤, 광합성 박테리아의 일부는 물에서 직접 산소를 분해할 수 있게 되었다. 그 결과, 그들은 생명 활동에 필요한 에너지를 효율적으로 생산하게 되었다.

6 논지 전개 방식의 종류

(1) **연역적 추론**

일반적인 것, 즉 진위 여부가 확실한 사실이나 원리를 통해 특수한 지식·원리·사실을 논증하는 방법이다.

① **삼단 논법** : 대전제, 소전제, 결론의 3단계를 통한 추론이다. 일반적인 사실·원리를 대전제, 참된 것으로 인정되는 제한적 성격의 명제를 소전제, 대전제와 소전제를 통해 도출된 특수한 지식·원리·사실을 결론으로 한다.

> **예** 대전제 : 인간은 죽는다.
>
> 소전제 : 소크라테스는 인간이다.
>
> 결론 : 그러므로 소크라테스는 죽는다.

② **직접 추론** : 추가 매개 없이 하나의 참된 전제로부터 결론을 도출하는 방법이다. 전제와 결론 사이에 필연성이 존재해야 한다.

> **예** 전제 : 바위는 무생물이다.
>
> 결론 : 그러므로 바위는 생물이 아니다.

(2) 귀납적 추론

특별한 것, 즉 구체적이거나 개별적인 사례들을 통해 일반적 · 보편적인 원리를 이끌어내는 방법이다. 논거와 주장 사이에는 필연성이 아닌, 개연성과 확률이 존재한다.

① 일반화 : 사례들을 제시한 후 그를 통해 다른 사례들도 모두 마찬가지라는 결론을 도출한다.

> **예** 사례 : 국어는 소리, 의미, 어법의 3요소로 이루어져 있다.
>
> 영어도 마찬가지이다.
>
> 중국어도 마찬가지이다.
>
> 일본어도 마찬가지이다.
>
> 독일어도 마찬가지이다.
>
> 프랑스어도 마찬가지이다.
>
> 결론 : 그러므로 모든 언어는 소리, 의미, 어법의 3요소로 이루어져 있다.

② 유추 : 서로 다른 범주에 속하는 두 대상 간에 존재하는 유사성을 근거로 하여 구체적 속성도 일치할 것이라는 결론을 도출한다.

> **예** 현상 : 지구에는 생물이 산다.
>
> 유사성 : 화성에는 지구와 마찬가지로 공기, 육지, 물이 있다.
>
> 결론 : 화성에도 생물이 살 것이다.

(3) 변증법적 추론

서로 대립 · 모순되는 두 주장을 보다 높은 차원에서 종합하여 새 결론을 도출하는 방법이다. 정(正)-반(反)-합(合)의 기본 원리를 토대로 한다. 이때 합은 정과 반의 절충이 아니므로, 다시 정이 되어 새로운 반과 함께 다른 합을 도출한다.

> **예** 갑 : 오늘은 회사 근처 패밀리 레스토랑에서 점심을 먹자. (정)
>
> 을 : 거긴 비싸잖아. (반)
>
> 갑 : 11시부터 2시까지는 음식값을 50% 할인해 준대. (합 → 정)
>
> 을 : 그래도 거기는 음식이 너무 늦게 나와서 느긋하게 먹기가 힘들어. (반)
>
> 갑 : 그럼 1층에 있는 식당에 갈까? 주문한 지 5분 만에 음식이 나오는 곳이야. (합 → 정)
>
> 을 : 그 집은 위생 상태가 별로 좋지 않아. 지난번에 갔을 때 음식 안에서 수세미 조각이 나왔거든. (반)

7 오류의 종류

(1) 심리적 오류

① 감정에의 호소 : 동정, 연민, 공포, 증오 등의 감정에 호소함으로써 논지를 받아들이게 하는 오류

> **예** 내가 시키는 대로 하지 않으면 죽어 버릴 거야!

② 사적 관계에의 호소 : 정 때문에 논지를 받아들이게 하는 오류

  예 넌 내 아들이잖아. 네가 날 이해해주지 않는다면 난 누굴 믿고 이 세상을 살아가야 하겠니?

③ 군중에의 호소 : 군중 심리를 자극하여 논지를 받아들이게 하는 오류

  예 ○○화장품은 세계의 여성이 애용하고 있습니다. 아름다운 여성의 필수품, ○○화장품을 소개합니다.

④ 부적합한 권위에의 호소 : 논지와 직접적인 관련이 없는 권위자의 견해를 근거로 하는 오류

  예 이 아파트가 얼마나 좋은 아파트인줄 아니? 그 정치인 ○○○도 10년째 이 아파트에서 살고 있다고.

⑤ 인신공격의 오류 : 주장하는 사람의 인품, 직업, 과거 정황 등에 대한 트집을 잡아 비판하는 오류

  예 그 남자의 말은 믿을 만한 게 못 돼. 그 남자는 사기꾼이거든.

⑥ 피장파장(역공격)의 오류 : 비판받은 내용이 비판한 사람에게도 동일하게 적용됨을 근거로 비판에서 벗어나려는 오류

  예 엄만 뭐 잘했다고 그래? 엄마는 더하잖아.

⑦ 원천 봉쇄의 오류 : 반론의 가능성이 있는 요소를 원천적으로 비난하여 봉쇄하는 오류

  예 현종아, 빨리 가서 자야지. 늦게 자는 어린이는 착한 어린이가 아니야.

(2) **자료적 오류**

① 성급한 일반화의 오류 : 제한된 정보, 부적합한 증거, 대표성이 결여된 사례 등을 근거로 일반화하는 오류

  예 하나를 보면 열을 안다고, 너 지금 행동하는 걸 보니 형편없는 애구나.

② 잘못된 유추의 오류 : 비유를 부당하게 적용함으로써 발생하는 오류

  예 컴퓨터와 사람은 유사한 점이 많아. 그러니 컴퓨터도 사람처럼 감정을 느낄 거야.

③ 무지에의 호소 : 증명할 수 없거나 알 수 없음을 들어 거짓이라고 추론하는 오류

  예 귀신은 분명히 있어. 귀신이 없다고 증명한 사람이 이제까지 없었거든.

④ 논점 일탈(무관한 결론의 오류) : 논점과 관계없는 것을 제시하여 무관한 결론에 이르게 되는 오류

  예 너희들 왜 먹을 것 갖고 싸우니? 빨리 방에 들어가서 공부나 해!

⑤ 우연(원칙 혼동)의 오류 : 상황에 따라 적용되어야 할 원칙이 다른데도, 이를 혼동하여 생기는 오류

  예 빌린 물건을 주인이 달라고 하면 언제든지 돌려주어야 하는 법 아닌가. 그러니 친구가 화가 나서 자기 아내를 죽이려는 걸 알았지만 난들 어떻게 하겠나. 자기 칼을 돌려달라니 돌려줄 수밖에.

⑥ 의도 확대의 오류 : 의도하지 않은 결과를 의도가 있다고 판단하여 생기는 오류

  예 담배를 그렇게나 많이 피우다니, 죽고 싶은 모양이구나!

⑦ 잘못된 인과 관계의 오류 : 단순한 선후 관계를 인과 관계로 추리하는 오류

  예 너 어제 명자 만났지? 네가 커피숍에 들어간 지 10분쯤 뒤에 명자가 그리로 들어가는 것을 내가 봤어.

⑧ 합성·분할의 오류 : 부분의 속성을 전체도 가진다거나, 전체의 속성을 부분도 가진다고 추론하는 오류

  예 나트륨이나 염소를 유독성 물질이야. 그러니 염화나트륨도 유독성 물질이지 ⇔ 염화나트륨은 독성이 없어. 그러니 나트륨이나 염소도 독성이 없긴 마찬가지지.

⑨ **흑백 논리의 오류** : 어떤 집합의 원소가 단 두 개밖에 없다고 여기고 추론하는 오류

   例 우리 집에 올 수 없다니, 너 나한테 안 좋은 감정 있니?

⑩ **복합 질문의 오류** : 수긍할 수 없거나 수긍하고 싶지 않은 것을 전제하고 질문함으로써 수긍하게 만드는 오류

   例 너 오늘도 늦잠 잤니?

(3) 언어적 오류

① **애매어의 오류** : 둘 이상의 의미를 가진 말을 애매하게 사용함으로써 생기는 오류

   例 모든 인간은 죄인입니다. 따라서 모든 인간은 감옥에 가야 합니다.

② **은밀한 재정의의 오류** : 용어의 의미를 자의적으로 재정의하여 사용함으로써 생기는 오류

   例 그 남자 미친 거 아냐? 그냥 주는 돈을 마다하다니 제정신이 아니고야 어떻게 그럴 수 있어?

③ **애매문의 오류** : 어떤 문장의 의미가 두 가지 이상으로 해석되는 오류

   例 그는 나보다 커피를 더 좋아한다.

④ **강조의 오류** : 문장의 어느 한 부분을 강조하여 발생하는 오류

   例 "우리는 우리의 친구들에 대하여 험담해서는 안 된다."

     "그래요? 그러면 선생님에 대한 험담은 상관없겠네요?"

⑤ **사용과 언급을 혼동하는 오류** : 사용한 말과 언급한 말을 혼동해서 생기는 오류

   例 고대사는 성경에 실려 있다. 성경은 베스트셀러이자 스테디셀러이다. 그러므로 고대사는 베스트셀러와 스테디셀러에 실려 있다.

⑥ **'-이다'를 혼동하는 오류** : 술어적인 '-이다'와 동일성의 '-이다'를 혼동해서 생기는 오류

   例 신은 사랑이다. 그런데 진실한 사랑은 흔치 않으므로, 진실한 신도 흔치 않다.

⑦ **범주의 오류** : 서로 다른 범주에 속하는 것을 같은 범주의 것으로 혼동하는 데서 생기는 오류

   例 운동장이랑 교실은 다 둘러봤는데, 그럼 학교는 어디에 있습니까?

자료해석

1 자료해석의 의의와 절차

(1) 자료해석의 의의

수집된 자료(도표, 그림 등)에 대한 분석을 바탕으로 정보를 추론하는 것을 의미한다.

(2) 자료해석 문제를 풀이할 때의 절차

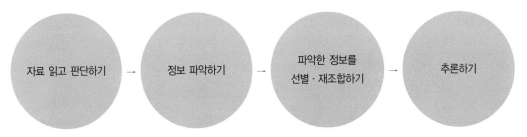

자료 읽고 판단하기 → 정보 파악하기 → 파악한 정보를 선별·재조합하기 → 추론하기

2 자료해석에 필요한 사항

(1) 자료해석에 필요한 능력

① 자료 판단 능력 : 자료해석 문제에 나오는 자료의 대부분은 표, 그래프, 그림 등으로 구성된다. 문제에 따라서 여러 개의 자료가 한꺼번에 등장하기도 한다. 그러므로 빠르고 정확한 문제 풀이를 위해서는 자료의 유형을 파악하여 그에 맞는 해석 방법을 적용하는 능력, 자료를 빠르게 읽은 후 필요한 내용을 파악하는 능력이 필요하다.

② 기본 지식 : 간혹 일상에서 잘 쓰지 않는 단위 등을 이해하고 있어야만 해결할 수 있는 문제가 출제되기도 한다. 꼼꼼하게 대비하여 실수를 방지하자.

③ 계산 능력 : 대부분의 자료는 숫자로 구성되어 있다. 문제 역시 계산 능력을 필요로 하는 경우가 많으며, 그 중 상당수는 몇 가지 계산 노하우 및 암산을 통해 해결할 수 있다.

(2) 자료해석 영역을 위한 노하우

① 오답부터 제거할 것 : 자료해석 영역은 이름 그대로 자료를 얼마나 빠르고 정확하게 해석할 수 있는가에 중점을 두고 있으므로, 선택지 중에는 계산 과정 없이도 걸러낼 수 있는 오답이 상당수 포함되어 있다. 예를 들어 조건에 A와 B 중 하나만 포함한다는 내용이 있는 경우, A와 B 둘 다 포함된 선택지는 오답이 된다. 조건에 A가 반드시 포함되어야 한다는 내용이 있는 경우, A가 포함되지 않는 선택지는 오답이 된다. 이런 식으로 오답을 걸러 나가면 정답 찾기가 한결 수월해질 것이다.

② **자의적으로 판단하지 말 것** : 자료해석 문제를 해결하기 위해서는 대부분 추론 과정을 거쳐야 한다. 여기서 주의해야 할 점은 어디까지나 주어진 자료 내에서의 추론이어야 한다는 것이다. 예를 들어 2000년부터 현재까지의 노령화 통계를 제시한 후 '농촌의 노령화 현상이 심화된 원인으로는 경제 개발 5개년 계획으로 야기된 청년층의 이농 현상 등이 있다' 라는 선택지가 있다고 하자. 내용상으로는 사실인 문장이지만 이 문제 내에서만큼은 틀린 선택지, 또는 주어진 자료만으로는 판단할 수 없는 선택지가 된다. 의외로 실수하기 쉬운 부분이므로 주의가 필요하다.

③ **지시문과 선택지를 통해 문제를 파악할 것** : 지시문과 선택지를 먼저 파악할 경우 풀이 시간을 줄일 수 있는 문제들이 상당수 존재한다. 지시문과 선택지를 읽어 그 문제를 통해 구해야 하는 것이 무엇인지 확인한 후, 주어진 자료를 훑어보면서 필요 항목에 체크하며 문제를 풀어 나가는 것이 좋다.

④ 새로운 용어, 지수의 정의가 있는 경우에는 지문을 읽기 전에 이것부터 확인한다. 같은 순서의 계산이 반복되는 비교문제의 경우 먼저 식을 깔끔하게 나열하고 시작하면 시간을 단축할 수 있다.

⑤ 표가 여러 개 있는 경우 각 표의 제목을 먼저 확인하고 표 안의 단위를 잘 살핀다.

⑥ 분수가 1보다 작은 경우 분모와 분자에 같은 값을 더하면 분자의 변화가 더 크다. 분수가 1보다 큰 경우 분모와 분자에 같은 값을 더하면 분모의 변화가 더 크다. A에 대한 B, 사업장 A당 가입자 B의 수라는 내용이 있을 경우 분자와 분모가 무엇인지 정확하게 파악한다.

⑦ 지속적으로 증가했다고 하더라도 중간에 정체구간이 있으면 '증가' 는 아니다. 단, 정체구간이 있다고 하더라도 '증가하는 추세' 라는 표현은 맞는 표현이다. 증가율은 증가 속도와 같지만 'A의 증가율이 증가하다' 와 'A가 증가하다' 는 다르다.

⑧ 소수점 이하는 함부로 줄이지 않는다. 근사계산은 반올림해서 유효숫자를 곱한다.

⑨ 작은 수에서 동일한 크기의 변화는 큰 수에서의 변화율보다 더 크게 나타난다. 그러므로 비율의 증감만 보고 비교 값과 기준 값의 변화를 말할 수 없다.

⑩ 표에서는 합계 항목이 갖는 의미가 매우 중요하므로 반드시 파악해야 한다. 합계 항목은 대개 표의 한쪽 끝이나 맨 위 또는 맨 아래에 주어진다.

근대 사회의 전개

① 근대 사회의 정치 변동

(1) 흥선대원군과 강화도 조약

① 흥선대원군의 집권

- 국내외 정세 : 19세기 중엽, 안으로는 세도정치의 폐단이 극에 달하여 민중의 저항이 커지고 있었고 밖으로는 일본과 서양 열강이 통상 수교를 요구
- 정치개혁 : 사색 등용, 세도정치 타도, 비변사 폐지, 행정권은 의정부로 이전, 군사권은 3군부에 귀속, 「대전회통」, 「육전조례」 편찬, 경복궁의 중건
- 위민정치 : 삼정의 개혁, 서원 철폐

군정(軍政)의 개혁	• 호포법(戶布法)을 실시하여 양반에게도 군포를 징수(양반의 거센 반발을 초래) • 양반 지주층의 특권적 면세 철회(민란 방지 목적)
환곡(還穀)의 개혁	• 가장 폐단이 심했던 환곡제를 사창제(社倉制)로 개혁하여 농민 부담을 경감하고 재정 수입 확보 • 지역과 빈부에 따른 환곡의 차등 분배 : 불공정한 폐단이 없도록 함
전정(田政)의 개혁	양전 사업을 실시하여 양안(토지 대장)에서 누락된 토지를 발굴(전국적 사결 작업(査結作業)을 통해 토호와 지방 서리의 은루결을 적발하여 수세결로 편입)

- 개혁의 의의와 한계
  - 의의 : 전통적 통치 체제를 재정비하여 국가 기강을 바로잡고, 국가 재정을 확충, 양반의 수탈 방지와 민생 안정에 어느 정도 기여
  - 한계 : 사회 모순에 대한 구조적·근본적 해결이 아닌 전통 체제 내의 개혁(복고적 개혁)으로, 조선 왕조의 모순·폐단을 고치는 것보다 왕권과 봉건 체제의 확립을 우선시함. 부세 체제의 개선을 통해 향촌 사회의 안정에 어느 정도 기여했으나 삼정의 폐단이 계속되어 농민 항쟁이 격화됨

② 병인양요와 신미양요

- 병인양요(1866) : 병인박해 때 프랑스 신부 처형의 책임을 묻는다는 구실 아래 무력을 앞세워 문호를 개방시키고자 로즈 제독이 군함을 파병했으나, 한성근·양헌수 부대의 항전으로 문수산성과 정족산성에서 프랑스 군을 격퇴시켰다.
- 신미양요(1871) : 미국 상선 제너럴셔먼호가 통상을 요구하다 평양 군민과 충돌하여 충돌하였는데, 이를 구실로 로저스 제독이 이끄는 군함이 강화도를 공격한 사건이다. 어재연 등이 이끄는 광성보, 갑곶 등지에서 격퇴하고 척화비를 건립했다.

(2) 개화정책

① 개화론의 대두 : 경복궁 중건과 농민 봉기 등으로 대원군이 하야하고 명성황후가 집권하면서 조선의 개화론자들의 세력이 성장하여 문호개방의 여건을 마련했다.